天津经济发展报告
（2025）

ANNUAL REPORT ON ECONOMIC DEVELOPMENT
OF TIANJIN（2025）

主　编　钟会兵　王　双

执行主编　王立岩

天津社会科学院出版社

图书在版编目（CIP）数据

天津经济发展报告. 2025 / 钟会兵，王双主编 ；王立岩执行主编. -- 天津 ：天津社会科学院出版社，2025. 1. --（天津蓝皮书）. -- ISBN 978-7-5563-1062-3

Ⅰ. F127.21

中国国家版本馆 CIP 数据核字第 20243X7N72 号

天津经济发展报告. 2025

TIANJIN JINGJI FAZHAN BAOGAO. 2025

责任编辑： 付聿炜
责任校对： 杜敬红
装帧设计： 高馨月
出版发行： 天津社会科学院出版社
地　　址： 天津市南开区迎水道 7 号
邮　　编： 300191
电　　话： （022）23360165
印　　刷： 雅迪云印（天津）科技有限公司
开　　本： 710×1000　　1/16
印　　张： 19
字　　数： 264 千字
版　　次： 2025 年 1 月第 1 版　　2025 年 1 月第 1 次印刷
定　　价： 108.00 元

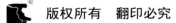

前　言

　　2024 年，是实现"十四五"规划目标任务的关键一年。面对复杂严峻的外部环境和国内改革发展中的新情况新问题，以习近平同志为核心的党中央团结带领全党全国各族人民，坚持稳中求进工作总基调，沉着应变、综合施策，新质生产力稳步发展，改革开放持续深化，重点领域风险化解有序有效，民生保障扎实有力，经济运行总体平稳、稳中有进。2025 年，是高质量完成"十四五"规划目标任务的收官之年，也是实现"十五五"良好开局打牢基础的关键之年，以习近平新时代中国特色社会主义思想为指导，全面贯彻落实党的二十大和二十届二中、三中全会精神，扎实推动高质量发展，进一步全面深化改革开放，加快建设现代化产业体系，全方位扩大国内需求，防范化解重点领域风险，有效应对外部冲击，推动经济持续回升向好。

　　过去的一年，天津坚持以习近平新时代中国特色社会主义思想为指导，深入贯彻落实习近平总书记视察天津重要讲话精神和对天津工作的一系列重要指示批示精神，聚焦经济建设这一中心工作和高质量发展这一首要任务，以推进京津冀协同发展为战略牵引，落实"四个善作善成"重要要求，扎实推动高质量发展"十项行动"，新质生产力发展势头持续向好，发展新动能不断增强，全市经济运行总体平稳。2025 年，天津要全面贯彻落实党的二十大和二十届二中、三中全会精神，落实市委十二届六次全会精神，完整准确全面贯彻新发展理念，积极融入新发展格局建设，全面发挥京津冀协同发展战略牵引作用，用足用好一揽子增量政策和各项存量政策，推动高质量发展"十项行动"不断取得新成效,圆满完成"十四五"规划任务目标。

《天津经济发展报告(2025)》由天津社会科学院联合天津市统计局、国家海洋信息中心、天津市经济发展研究院、天津市科学技术发展战略研究院以及天津滨海综合发展研究院等单位共同编写完成,天津社会科学院出版社出版发行。

《天津经济发展报告(2025)》共收录天津经济 2024 年十大亮点和 2025 年十大看点,以及 21 篇研究报告,分为总报告、宏观经济分析篇、"京津冀协同发展十周年"专题篇、加快发展新质生产力篇、全面深化改革开放篇五部分。研究内容涵盖天津经济形势发展分析和预测,信创产业、未来产业、智能网联车产业、新能源产业等重点产业发展,以及科技创新、开放型经济、民营经济等重点领域,对京津冀协同发展十年来在产业体系融合、要素市场一体化、京津同城化等方面取得的重要成效进行了总结分析。

《天津经济发展报告》已成为国内外了解天津、认识天津、研究天津的重要载体。报告紧盯天津经济发展中的热点问题、关键问题,系统研究并深度剖析新发展阶段出现的新趋势、新特征,对经济运行未来走势进行研判。《天津经济发展报告(2025)》作为具有科学性、前瞻性、权威性的最新智库研究成果,将为市委、市政府及相关部门科学决策提供助力,为社会主义现代化大都市建设提供智力支持,为谱写中国式现代化天津篇章贡献力量。

目　录

天津经济发展 2024 年十大亮点和 2025 年十大看点

·· 天津社会科学院课题组 001

总报告

2024—2025 天津经济发展形势分析报告

··························· 天津社会科学院经济分析与预测课题组 001

宏观经济分析篇

2024—2025 天津宏观经济景气分析与预测报告 ···················· 刘永明 022

天津固定资产投资运行研究报告 ····························· 陈　申 033

"京津冀协同发展十周年"专题篇

以推进京津冀协同发展为战略牵引促进天津高质量发展研究报告

··· 刘俊利 044

001

京津冀产业体系融合发展研究报告 ·················· 吕静韦 056

京津同城化发展体制机制创新研究报告

·············· 天津社会科学院区域经济与城市发展课题组 072

京津冀要素市场一体化建设研究报告 ·················· 张新宇 086

京津冀消费市场扩容升级研究报告 ·················· 李晓欣 101

加快发展新质生产力篇

天津科技创新发展研究报告 ·················· 张冬冬 李小芬 112

天津科创园区发展研究报告 ·················· 涂峰达 125

天津信创产业发展研究报告 ·················· 李 李 139

天津未来产业发展研究报告 ·················· 吴建新 谷印麟 150

天津智能网联车产业发展研究报告 ·················· 王雪滔 169

天津新能源产业发展研究报告 ·················· 尹晓丹 180

天津生物医药产业发展研究报告 ·················· 丁绪晨 193

天津文化与科技深度融合发展研究报告 ·················· 单 晨 207

全面深化改革开放篇

天津北方国际航运核心区建设研究报告 ·················· 石森昌 218

天津外资外贸高质量发展研究报告 ·················· 赵文霞 232

天津海洋经济发展研究报告 ·················· 徐丛春 李明昕 247

天津金融业高质量发展研究报告 ·················· 沈艳兵 260

天津民营经济发展研究报告

·············· 天津社会科学院区域经济与城市发展课题组 272

天津经济发展2024年十大亮点和2025年十大看点

天津社会科学院课题组①

一、天津经济发展2024年十大亮点

亮点一：习近平总书记视察天津提出"四个善作善成"重要要求，为谱写中国式现代化天津篇章提供行动遵循

2024年2月1日至2日，习近平总书记亲临天津视察并发表重要讲话，提出了对新征程上天津工作的总体要求，明确了"四个善作善成"的重要要求和巩固拓展主题教育成果、加强党的建设的部署要求，深刻阐述了事关天津长远发展的全局性、根本性、战略性问题，赋予天津新目标、新使命、新任务，为天津发展提供了行动遵循、注入强大动力，这在天津发展历史进程中具有标志性里程碑意义。天津牢记习近平总书记殷殷嘱托，聚焦经济建设这一中心工作和高质量发展这一首要任务，以推进京津冀协同发展为战略牵引，以更大决心和力度推进改革开放，全面建设社会主义现代化大都市，奋力谱写中国式现代化天津篇章。

亮点二：京津冀协同发展战略迎来十周年，三地合力打造协同发展新高地

2024年是京津冀协同发展战略实施十周年。十年来，京津冀在创新、产

---

① 执笔人：王会芝

业、生态、交通、医疗、养老等领域协同效应凸显,经济总量连跨 5 个万亿元台阶。北京流向津冀技术合同成交额累计超过 2800 亿元,中关村企业在津冀两地累计设立分支机构超过 1 万家,三地签订重点产业链协同机制方案,共同编制推动 6 条重点产业链图谱落地的行动方案,京津冀国家技术创新中心天津中心实体化运作,联合布局 11 个创新平台,京津冀形成了更加紧密的协同推进格局。十年来,京津冀探索人口经济密集地区优化开发的新模式,谋求区域发展的新路子,打造经济社会发展新的增长极,从谋篇布局的"大写意"到精耕细作的"工笔画",京畿大地发生着深刻变化。

亮点三:天开园加速打造创新策源地,新质生产力激活发展新动能

习近平总书记视察天津时提出,要在发展新质生产力上勇争先、善作为。作为天津的科技创新策源地、科技成果孵化器、科技服务资源集聚区,天开园正加速成为发展新质生产力的前沿阵地。开园以来,吸引了人工智能、生物医药、新能源新材料等领域 2500 余家企业入驻。成立的天开实验室创新发展联盟吸纳了 447 家实验室和服务机构,包括 115 家全国重点实验室、3 家省部共建国家重点实验室、6 家海河实验室、377 家市级重点实验室、46 家科技和金融服务机构,聚天下科研资源为天津创新创业赋能,上下游产业链条逐步搭建,创新创业氛围日益浓厚。天开园正以日新月异的面貌,成为津沽大地创新创业、实现梦想的新沃土,描绘出大学与城市相互赋能、相辅相成良性发展的新图景。

亮点四:国家出台新一轮支持滨海新区高质量发展政策,滨海新区持续打造高质量发展主引擎和增长极

滨海新区是天津发展的龙头、引擎和重要增长极。2024 年 7 月,国务院出台《进一步支持天津滨海新区高质量发展的若干政策措施》,提出增强科技研发转化能力、强化海空两港枢纽作用、提升金融赋能实体经济发展质效、加快改革创新步伐、完善城市服务功能,将支持天津滨海新区高质量发展放在京津冀协同发展重大国家战略实施中谋划,赋予滨海新区新的重大任务和历史使

命。2024 年,滨海新区加快构建"8 大主导产业 + 8 大服务业 + 8 大未来产业"的现代化产业体系,拥有绿色石化、电子信息等 5 个千亿级工业产业集群,现代物流、信息服务等 5 个千亿级生产性服务业产业集群,信创、集成电路、航空航天、车联网 4 条产业链增加值增速超过 20%。滨海新区持续支撑引领全市高质量发展,更好发挥服务京津冀协同发展和共建"一带一路"的战略支点作用。

亮点五:坚持以文塑旅、以旅彰文,文旅融合在更广范围更深层次更高水平上展现新面貌

展现城市文化特色和精神气质,是传承发展城市文化、培育滋养城市文明的目的所在。2024 年,天津坚持以文塑旅、以旅彰文,对接国内文旅"规上企业",前三季度文旅行业固定资产投资增速 140.9%,位居全市第一。文旅显示度和影响力大大提升,1—10 月共接待国内游客 2.28 亿人次,同比增长 12%;国内游客旅游花费 2563.56 亿元,同比增长 33.7%;游客人均花费 1122.79 元,同比增长 19.4%。天津成为假期全国热门旅游目的地和北京人首选出游目的地,国际邮轮母港接待邮轮航次及旅客量稳居全国第二、北方第一。海河游船入选交旅融合全国范例,累计接待游客 800 万人次。成功举办 2024 中国文化旅游产业博览会,吸引 2000 余家企业参展参会,签约项目额 300.7 亿元。建设成为特色鲜明的文化旅游目的地,这座城市锚定目标、步履坚实。

亮点六:港产城"融"出发展新气象,世界级港口城市发展蹄疾步稳

天津加快建设北方国际航运核心区,努力打造世界一流智慧港口、绿色港口,港产城"融"出发展新气象。天津港与全球 180 多个国家和地区的 500 多个港口保持贸易往来,拥有 40 余条海铁联运通道、147 条集装箱航线,成为全球智慧绿色港口建设领跑者。航运服务集聚区累计引进航运相关企业 560 家,船舶融资租赁业务规模在全国占比超 80%。举办国际航运产业博览会,65 个签约项目涉及投资额近 400 亿元。有色矿交易基地启动建设,京东、菜鸟等跨境电商分拨中心在津落户。滨海新区形成以海洋油气、装备制造、海洋文

旅、航运服务等为代表的海洋产业体系，海洋经济规模达 3300 多亿元。天津以港口优势资源牵引临港产业发展，加快建设北方国际航运核心区，孕育出打造世界级港口城市发展的新动力。

亮点七：国家赋予天津首个综合性金融支持政策，金创区建设提速加力驶入快车道

金融业已成为支撑全市高质量发展的支柱产业之一。2024 年，天津金融创新扎实推进，自贸（FT）账户业务规模超万亿元，全市跨境人民币收付总量超 2300 亿元，人民币在跨境交易中的份额首次突破 40%，创历史新高。融资（金融）租赁公司机构数量和管理资产规模居全国前列，东疆租赁飞机数量全国占比达 70%，是全球第二大飞机租赁聚集地。商业保理公司资产总额和保理融资款余额均稳居全国首位。2024 年 8 月，中国人民银行等四部门联合天津市人民政府发布《关于金融支持天津高质量发展的意见》，这是金融创新运营示范区获批以来，党中央给予天津首个国家层面的综合性金融支持政策，对于推动天津金融高质量发展、增强金融服务实体经济能力、更好提升金融支持京津冀协同发展具有重要意义。随着政策落地实施，天津有望成为全国金融创新示范区和高质量发展先锋。

亮点八：吸引民间投资达千亿元，民营经济跑出发展"加速度"

民营经济是推进中国式现代化和高质量发展的生力军。近年来，天津亮出多项实招，着力稳增长、提信心，多维服务民营企业、激发民营经济活力。2024 年，天津民营经济发展势头良好，呈现"总量扩大、动力提升、活力增强、贡献突出"的特点。前三季度，民营经济增加值 4798.3 亿元，同比增长 6.0%；民营经营主体 174.6 万户，占全市经营主体比重 97.8%；民营经济占全市地区生产总值的比重为 37.9%，对经济增长的支撑作用持续增强。通过国家推介平台面向民间资本推介项目总投资 990.3 亿元，推介个数位居直辖市第一，民间投资达到千亿元，同比增长 8.6%。天津民营经济发展实力更强、势头更稳、底气更足，民营经济发展成为高质量发展的"金名片"。

亮点九:城市更新"焕"化产业新生态,高质量发展注入强劲动能

九河入海处,一城日日新。乘着产业焕新和城市更新的东风,天津以产业发展需求为导向,盘活闲置资源、完善基础设施建设、引入新的经济业态、打造多元消费场景,形成一批既要"面子"也要"里子"的城市更新典型示范项目。改造后的天津第一热电厂成为金茂汇商业综合体,实现了老厂房与新业态的有机融合;修缮改造后的天津第三棉纺织厂旧址成为集创意设计、时尚消费、文化演出于一体的"棉3创意街区";改造后天津美术印刷厂老旧厂房实现产业转型升级,打造成为天津数字出版产业的新兴聚集地;天津第一机床总厂变身为"津一·park",中国红色工业博物馆、天津工业风咖啡馆、月湾公园、林下球场、濒河露营地等多个场景吸引大批游客感受老厂房的"旧貌"和"新颜"……以产业焕新促进经济提质,以城市更新加快有机循环,向"新"而行,向"新"而兴,天津正朝着高品质现代化城市加速迈进。

亮点十:首家一级央企总部落地天津,循环经济迎来广阔发展前景

循环经济是建设现代化产业体系的重要组成部分,是实现高质量发展的关键环节。2024年10月18日,中国资源循环集团正式落户天津,习近平总书记就组建中国资源循环集团有限公司作出重要指示,这是全国首家以循环经济为主营业务的一级央企总部,也是天津首家一级央企总部,为天津产业转型、行业创新、绿色发展注入新动力。天津是国家循环经济示范试点城市,天津经济技术开发区、临港工业区、子牙经济技术开发区等国家级循环经济示范试点探索形成了一系列发展循环经济的典型模式,废弃电子产品回收处理、园区循环化改造、水资源循环利用等方面走在全国前列。未来,天津将加强与中国资源循环集团在产业协同、科技创新、绿色转型升级等领域深入合作,优化产业布局,形成新的业态集群,努力打造国内外具有影响力的资源循环利用示范城市。

二、天津经济发展 2025 年十大看点

看点一:"十四五"规划建设亮出成绩单,重要改革举措有望全面落地见效

2025 年是"十四五"规划的收官之年。天津围绕全面建设社会主义现代化大都市的目标导向,提出"十四五"时期基本建成全国先进制造研发基地,形成更加健全的自主可控安全高效的产业链;北方国际航运枢纽地位更加凸显,智慧绿色港口建设实现重大突破;金融改革的能力和水平显著增强,形成更加健康良性的金融生态环境;更高水平开放型经济新体制基本形成,营商环境处于全国领先水平;创新能力明显增强,对打造我国自主创新的重要源头和原始创新的主要策源地形成有力支撑;初步建成国际消费中心城市、区域商贸中心城市……一系列重大战略任务、重大改革举措、重大工程项目正在落地见效。

看点二:以推进京津冀协同发展为战略牵引,合力打造中国式现代化先行区示范区

2025 年,天津坚持以推进京津冀协同发展为战略牵引,主动服务北京非首都功能疏解和"新两翼"建设,更加注重市场化引聚资源要素,统筹承接好国企资源、民企资源、科创资源、产业配套资源和生产性服务资源。加强科技创新协同和产业体系融合,着力贯通区域创新链、产业链、供应链、资金链、人才链,构建产学研合作新模式,共建现代产业体系。争取更多国家战略科技力量在津布局,加强天开高教科创园与北京科教资源对接合作,合力打造自主创新的重要源头和原始创新的主要策源地。围绕科技创新、产业协作、基础设施、公共服务、社会治理、生态环保等领域唱好京津"双城记",为京津冀建设中国式现代化的先行区、示范区提供重要支撑。

看点三：打好深化改革"攻坚战"，国资国企迈向"二次创业"新征程

国有企业是国家经济发展的重要支柱，也是推动经济高质量发展的关键力量。2025 年，天津将持续打好深化国资国企改革"攻坚战"，把国企改革三年行动中形成的中国特色现代公司治理、市场化机制长效化制度化。着力发挥国有企业的科技创新、产业控制、安全支撑作用，破解国企实际运行中的突出问题，围绕"三新""三量"工作和"十项行动"，增强国有企业服务国家和区域战略功能作用，提升国有企业城市运营和民计民生服务保障功能。继续做强做优优势产业集团，加快建设一流企业、育精培优专精特新企业，将发展成果更好回馈社会，创造更大更优的社会价值，为新时代新征程天津建设贡献国企力量。

看点四：打造特色鲜明的文化旅游目的地，文旅深度融合"出圈"更"出彩"

文旅融合发展是旅游业发展壮大的重要抓手，是拉动经济发展的重要动力。2024 年 11 月，天津市召开推动文化传承发展工作会议暨全市旅游发展大会，提出要在推动文化传承发展上善作善成，在加强文旅深度融合上见行见效，促进旅游业高质量发展，着力打造特色鲜明的文化旅游目的地、国际消费中心城市。2025 年，天津将围绕河海文化、红色文化、建筑文化、工商文化、民俗文化、演艺文化、文博文化、休闲文化等八种文化形态，努力打造特色鲜明、内涵深刻的津派文化品牌，加快建设文化强市。紧扣都市型特点、把握体验式需求、顺应年轻态趋势、厚植人文韵优势，加快建设特色鲜明的文化旅游目的地，持续绘就文旅融合"诗和远方"新画卷。

看点五：加快建设"北方会展之都"，会展经济为城市繁荣发展注入新动力

会展业是推动城市经济发展的重要力量，是衡量城市经济活跃开放度的重要风向标。2024 年 9 月，天津通过了《天津市促进会展业发展条例》，提出

要促进会展业高质量发展，打造北方会展之都。2025年，天津将充分挖掘产业特色、城市韵味和优秀传统文化内涵，支持国际性、全国性、区域性的大型特色品牌展会，推动国际会展产业要素聚集。着力推动中小会展企业规模化、专业化、品牌化发展，推动会展业数字化、智慧化转型升级，培育会展经济的新场景、新业态、新模式。随着更多高质量展会的举办和会展业的不断壮大，天津作为中国北方重要的会展之都，必将以更加开放的姿态拥抱世界，书写更加精彩的会展篇章。

看点六：以"未来产业"开创产业未来，点燃新质生产力新引擎

未来产业是新质生产力的重要组成部分，代表着新一轮科技革命和产业变革的重要方向。《天津市未来产业培育发展行动方案（2024—2027）》提出将以"优势产业未来化"和"未来技术产业化"为主线，抢先布局未来产业。2025年，天津将在下一代信息技术、未来智能、生命科学、空天深海、新型能源、前沿材料六大方向发展18个重点领域抢占"新赛道"，着力实施创新引领、强基助推、产业集聚、场景驱动、金融赋能、人才支撑等系列工程，推动未来产业整体规模持续扩大，支撑全市现代化产业体系构建的引领效能凸显，力争2027年未来产业综合竞争优势和发展水平位居国家第一梯队。

看点七：加快塑造"五型"开放新优势，建设全国高水平对外开放高地

天津自贸试验区是天津乃至中国北方地区对外开放的重要平台，承担着为国家试制度、探新路的使命任务。2024年7月发布的《中国（天津）自由贸易试验区提升行动方案》提出加快构建更高水平开放型经济新体制，建成高水平开放引领区、制度创新先行区、特色产业集聚区，全面建成世界一流自由贸易园区。2025年，天津将加快塑造"通道型、平台型、海洋型、制度型、都市型"开放新优势，推进产业开放、贸易升级、创新开放、制度开放和中新合作。提升对接国际高标准经贸规则水平，在知识产权、政府采购、环境保护等领域提高开放水平。提升制度创新质效，建立更加便利的贸易流通体系，探索建设绿色转型综合服务平台。以高水平对外开放促进高质量发展，天津不断释放发展

新动能新优势。

看点八：国土空间总体规划开始实施，探索城市转型发展新范式

2024 年国务院批复的《天津市国土空间总体规划（2021—2035 年）》是天津第一部"多规合一"、全域全要素的国土空间总体规划，是天津空间发展的指南、可持续发展的空间蓝图，是各类保护修复和开发建设活动的法定依据。规划从统筹山水林田湖草等自然资源保护与利用出发，结合产业、居住、交通等空间发展需求，对农业空间、生态空间、城镇空间、海洋空间、产业空间、创新空间、历史文化资源、重大基础设施等各个方面统筹谋划、前瞻布局，引领市域国土空间高质量发展，为天津市全面建设社会主义现代化大都市提供有力支撑和空间保障。

看点九：建设首个国家绿色发展示范区，为城市可持续发展提供示范样本

中新天津生态城是中国和新加坡两国政府间重大合作项目，是世界上首个国家间合作开发的生态城市。2024 年 8 月，国家发展改革委印发《中新天津生态城建设国家绿色发展示范区实施方案（2024—2035 年）》，对推进生态城建设国家绿色发展示范区作出系统部署，提出要打造以绿色低碳高质量发展为主线、以高附加值细分产业为重点、以国际一流营商环境为特征的国家绿色发展示范区发展目标。2025 年，生态城将锚定建设国家绿色发展示范区升级版目标，以高端制造、绿色建筑、绿色交通物流、绿色能源、绿色金融、数字经济、绿色创新园区建设为重点，加大绿色产业培育力度，努力实现绿色低碳经济与城市建设融合发展，为城市可持续发展探索新路径。

看点十：着力打造算力产业发展高地，数实融合赋能经济高质量发展

数实融合是推动经济高质量发展的重要途径。天津数字经济蓬勃发展，在全国率先构建起涵盖芯片、操作系统、数据库、计算机整机、服务器、超算的完整产业链，国家超级计算天津中心成为国内应用范围最广、能力最强、规模

最大的超算中心。《天津市算力产业发展实施方案（2024—2026 年）》提出要打造立足京津冀、辐射服务全国的算力产业发展高地。2025 年，天津将强化平台建设，加快形成特色突出的算力产业布局，聚焦电子信息、智能终端、工业机器人、车联网等领域，打造具有国际竞争力的数字产业集群，提高数字经济对经济社会发展的贡献率和驱动力。数实深度融合为高质量发展插上"数字羽翼"，引领我们进入一个更加智能、高效的新时代。

总报告

2024—2025 天津经济发展形势分析报告

天津社会科学院经济分析与预测课题组①

摘　要： 2024年，全球经济持续恢复，但发展的不平衡问题依然存在，不同国家经济复苏存在差异，各类不稳定因素影响着世界经济的稳定发展。2024年前三季度，天津聚焦"四个善作善成"重要要求，扎实推动高质量发展"十项行动"，推进各项利好政策落实落细，宏观经济保持平稳增长，现代化产业体系加速构建，固定资产投资总体平稳，新型消费持续壮大，外贸总体稳中有进，经济发展动力和活力不断增强。随着经济发展中的有利因素持续增多，预计天津2025年地区生产总值同比增长在4.8%到5.3%之间，经济稳定增长的基础将更加巩固。为推动天津经济高质量发展，不断提升经济发展质效，加快社会主义现代化大都市建设，提出充分发挥京津冀协同发展战略牵引作用，凝心聚力发展新质生产力，不断健全现代化产业体系，进一步刺激消费、扩大有效投资，以"五型"开放塑造发展新优势等对策建议。

关键词： 天津经济　平稳增长　高质量发展

---

① 执笔人：董微微、李晓欣、单晨、王立岩、王瀚林、耿仁强

一 天津经济运行的国内外环境

（一）国际政治经济环境风云变幻

2024 年,全球经济呈现复苏态势趋稳但挑战犹存的复杂局面。主要国家通过稳健的财政政策和货币政策支持,有效应对地缘政治紧张、供应链重组和气候变化带来的挑战,数字化、绿色化转型成为新的经济增长点,为全球经济持续注入了活力。但是,国家间经济复苏差异显著,全球发展不平衡问题依旧严峻,新的不安全、不稳定因素时有涌现,对全球经济稳定构成持续威胁。

第一,全球经济复苏分化,经济下行风险犹存。国际货币基金组织在 2024 年 10 月发布的《世界经济展望》中预计,2024 年全球经济增速为 3.2% ,世界经济总体呈现恢复性增长态势。预计 2024 年发达经济体增长 1.8% ,较 7 月的预期上调了 0.1 个百分点。新兴市场和发展中经济体继续保持稳定增长,预测值为 4.2% ,成为全球经济的重要推动力量。受地缘冲突、欧美市场需求放缓、贸易割裂、高利率高债务持续等因素影响,全球经济增长动能不足,依然存在较大下行风险,预计 2025 年增速为 3.2% ,较 7 月预测值下调 0.1 个百分点。联合国贸易和发展会议发布的《2024 年贸易与发展报告》则预计 2024 年和 2025 年全球经济增长率为 2.7% 。

第二,全球通胀形势趋于缓和,主要经济体货币政策走势分化。通胀率逐渐下降并趋于稳定,《世界经济展望》预计 2024 年全球平均通胀率为 5.8% ,到 2025 年将进一步下降至 4.3% ,有助于缓解全球经济的不确定性。印度、巴西、南非、东盟等主要发展中经济体通胀率已达到目标区间,但美欧通胀粘性仍然存在。美联储、欧洲央行等发达经济体央行进入降息周期,日本央行则提高利率中枢,部分新兴经济体维持宽松货币政策,全球货币政策周期步伐分异[①]。

---

① 国家发展改革委政策研究室、金贤东、林楠,等:《世界经济延续低位复苏态势不稳定不确定因素需高度关注——上半年世界经济形势分析与下一步展望》,《宏观经济管理》2024 年第 8 期。

第三,全球贸易不确定性增加。全球贸易在复杂多变的国际环境中展现出复苏态势,据世界贸易组织发布《全球贸易展望与统计》10 月更新版报告预计,2024 年全球货物贸易量将增长 2.7%,主要得益于全球市场预期的改善和经济增长的企稳。亚洲国家在制造业和出口导向型经济模式中的持续强劲表现,特别是中国为全球贸易的增长提供了动力。但持续的地缘政治冲突、贸易争端、发达经济体货币政策转变等因素,导致全球贸易前景仍然高度不确定。相比货物贸易,服务贸易的增长动力较为稳定,有助于缓解全球贸易面临的不确定性。

(二)国内宏观经济运行呈稳中有进态势

2024 年以来,面对更趋复杂的国际政治经济环境和我国经济社会发展出现的新趋势、新情况、新问题,在以习近平同志为核心的党中央坚强领导下,各地区各部门全面深入贯彻落实党中央、国务院决策部署,审时度势加大宏观经济调控力度,有利于刺激经济增长、释放经济活力的增量政策频出,重点领域改革不断深化、经济结构持续优化、新质生产力稳步发展、国内需求有效扩大,国民经济运行总体平稳、稳中有进,重要经济指标呈现向好变化,市场预期显著改善,高质量发展扎实推进。

第一,国民经济持续向上发展。经国家统计局初步核算,前三季度,国内生产总值 949746 亿元,按不变价格计算,同比增长 4.8%。从环比增长来看,第三季度国内生产总值增长 0.9%。从三次产业来看,第一产业增加值 57733 亿元,同比增长 3.4%,其中,农业(种植业)增加值同比增长 3.7%;第二产业增加值 361362 亿元,增长 5.4%,其中,规模以上工业增加值同比增长 5.8%;第三产业增加值 530651 亿元,增长 4.7%,对国民经济增长的贡献率为 53.9%。

第二,经济发展转型升级步伐加快。制造业高端化、智能化、绿色化深入推进,前三季度,我国规模以上装备制造业、高技术制造业增加值同比增长分别为 7.5%、9.1%,增速分别快于全部规模以上工业 1.7 和 3.3 个百分点,其中,装备制造业占规模以上工业比重达到 33.8%,已连续 19 个月保持在 30%

以上;我国集成电路、3D 打印设备、虚拟现实设备、智能手机等产品产量同比增长分别为 26.0%、25.4%、11.0%、10.5%,智能无人飞行器制造、智能车载设备制造等行业增加值分别增长 56.4%、30.7%;我国新能源汽车产量增长 33.8%,充电桩产量增长 57.2%,太阳能电池产量增长 12.8%。现代服务业持续蓬勃发展,我国信息传输、软件和信息技术服务业,租赁和商务服务业,金融业增加值同比增长分别达到 11.3%、10.1% 和 5.2%,共拉动服务业增加值增长 2.4 个百分点,9 月份这三类行业的生产指数同比分别增长 11.4%、9.7% 和 6.5%。

第三,经济增长需求动力不断增强。前三季度,消费市场平稳增长,国内社会消费品零售总额 353564 亿元,同比增长 3.3%;互联网消费快速增长,实物商品网上零售额同比增长 7.9%,高于社会消费品零售总额增长 4.6 个百分点,占社会消费品零售总额比重达到 25.7%;文旅市场热度不减,带动餐饮、交通等消费持续增长,餐饮收入同比增长 6.2%。有效投资继续扩大,制造业投资同比增长 9.2%,快于全国固定资产投资(不含农户)5.8 个百分点,其中,高技术制造业投资增长 9.4%;大项目投资对经济增长的支撑力持续提升,计划总投资亿元及以上项目投资同比增长达到 7.1%;民间投资积极性不断提高,制造业民间投资、基础设施民间投资分别增长 11.6%、4.7%。外贸市场保持活跃,货物贸易进出口同比增长 5.3%,进出口规模创历史同期新高,达到 32.33 万亿元人民币。

二 2024 年天津经济发展形势分析

(一)经济运行总体平稳,发展质量持续提升

2024 年以来,天津深入贯彻落实党的二十大和二十届二中、三中全会精神,全面贯彻落实习近平总书记视察天津重要讲话精神,按照党中央、国务院决策部署,在市委、市政府坚强领导下,聚焦经济建设这一中心工作和高质量发展这一首要任务,以推进京津冀协同发展为战略牵引,坚持稳中求进工作总

基调,落实"四个善作善成"重要要求,扎实推进高质量发展"十项行动",经济发展不断取得新成效。

第一,宏观经济保持平稳增长。根据地区生产总值统一核算结果,前三季度,我市地区生产总值为 12673.87 亿元,按不变价格计算,同比增长 4.7%,增速较去年同期提升 0.1 个百分点,继续呈现稳定增长态势。分产业看,第一产业增加值为 157.19 亿元,同比增长 2.9%,增速较上半年加快 0.1 个百分点;第二产业增加值为 4493.31 亿元,同比增长 3.3%,增速快于去年同期 0.5 个百分点;第三产业增加值为 8023.37 亿元,同比增长 5.4%,增速较上半年加快 0.2 个百分点。

第二,经济发展质效持续提升。前三季度,我市工业稳步发展,全市规模以上工业增加值同比增长 3.2%;从行业大类看,共有 25 个行业增加值实现同比增长,合计拉动全市规模以上工业增长 4.5 个百分点。1—8 月,我市服务业增势良好,规模以上服务业实现营业收入同比增长 8.4%,其中,商务服务业、软件和信息技术服务业营业收入增速分别为 17.6% 和 16.0%。中小微企业表现活跃,规模以上中小微工业企业增加值增长 4.9%;1—8 月份,规模以上中小微服务业企业营业收入增长 9.8%。前三季度,我市居民收入持续增长,全市居民人均可支配收入达到 42499 元,同比增长 4.4%。价格水平总体保持平稳,居民消费价格同比上涨 0.3%。

第三,经济增长活力不断显现。前三季度,我市耐用消费品零售额实现较快增长,限额以上单位家用电器和音像器材零售额增长 12.3%,文化办公用品类零售额增长 12.0%。前三季度,我市部分实体零售快速增长,限额以上折扣店、购物中心零售额分别同比增长 5.3%、8.2%。前三季度,我市固定资产投资需求较为旺盛,其中,民间投资增长比全市投资高 4.4 个百分点,成为拉动全市投资增长的重要力量。

(二)现代化产业体系加速构建,激发新质生产力发展动能

第一,工业生产实现稳步增长。天津深入落实《天津市推动制造业高质量发展若干政策措施》,产业结构升级步伐加快,制造业高质量发展行动见行见效。前三季度,规模以上工业增加值同比增长3.2%。现代工业产业体系初步形成,对经济发展支撑作用不断提升,规模以上工业中现代工业产业体系工业增加值同比增长3.3%。工业母机、轨道交通、海工平台、核磁医疗等高端设备研制取得突破,装备制造业发展质效大幅提升,金属制品业,铁路、船舶、航空航天和其他运输设备制造业,计算机、通信和其他电子设备制造业领域呈现稳中有升的良好态势,分别同比增长12.4%、20.4%、12.6%。

第二,高技术制造业提质增效。天津主动适应和引领新一轮科技革命和产业变革,推动制造业高端化、智能化发展取得显著成效。前三季度,规模以上高技术制造业增加值同比增长6.7%,快于规模以上工业3.5个百分点,对规模以上工业生产增长的贡献率为29.7%。高技术制造产品产能大幅提升,电子计算机整机产量241.0万台,同比增长3.1倍;集成电路产量19.7亿块,同比增长10.0%;工业机器人产量0.6万套,同比增长11.3%。航空、航天器及设备制造业和计算机及办公设备等细分领域呈现两位数增长,增速分别为38.4%、39.4%。同时,得益于天开高教科创园"一核两翼多点"格局建设扎实推进,企业和人才的创新活力进一步释放,为高技术制造业发展提供了良好的创新环境。

第三,现代服务业运行稳中向好。天津着力提升服务业现代化水平,出台《天津市促进现代服务业高质量发展实施方案》,促进现代服务业品质化升级、数字化赋能、融合化发展、绿色化转型、国际化拓展。前三季度,服务业增加值增长5.4%,占全市地区生产总值的比重为63.3%,金融服务、科技服务、信息服务、平台服务、航运物流服务等现代服务业加速发展。1—8月份,生产性租赁服务、人力资源管理与职业教育培训服务等生产性服务业营业收入分别同比增长30.2%、26.7%,不断引导生产性服务业向专业化和价值链高端延伸。商贸服务、文化旅游、健康服务、会展服务等高品质生活性服务业产业集群初步形成,1—8月份,健康服务、旅游游览和娱乐服务等生活性服务业营业收入均保持较快增长,增幅分别为47.4%和28.1%。

第四,重点产业链规模持续壮大。京津冀产业链供应链协同发展深入推进,三地共同编制《推动6条重点产业链图谱落地的行动方案》,动态更新"六链"图谱,6条产业链招商方案已逐链出台,区域协作更加紧密,产业协同发展效能不断提升。前三季度,天津工业重点产业支撑作用更加明显,12条重点产业链在链规模以上工业企业增加值占比达到82.6%,同比提高2.1个百分点,其中,信创、车联网、集成电路产业链增加值同比分别增长26.6%、19.8%和14.1%。十大现代产业体系规模以上工业增加值占比超九成,达到92.2%,同比提高1.3个百分点,产业基础地位更加巩固,其中,电子信息产业、航空航天产业增加值增速均超过20%。

(三)固定资产投资平稳向好,新兴产业投资扩容加速

第一,固定资产投资规模连续增长。天津市聚焦"三新",抓实"三量",以重大项目带动扩大有效投资,着重引导科技产业协同创新、制造业立市战略、适度布局基础设施、完善现代服务业体系等方面,发布了1060个重点建设项目清单,总投资2.01万亿元,数量和规模创历年新高,有效盘活存量资产,畅通存量与新增投资的良性循环。前三季度,全市固定资产投资(不含农户)同比增长4.2%,增速高于全国0.8个百分点。民营经济持续发挥经济增长"生力军"作用,民间投资同比增长8.6%,高于全国8.8个百分点,减税降费、产业扶持、人才创业等惠企政策效应加速释放,民间投资对全市的支撑性逐步增强。

第二,基础设施投资呈现快速增长。京津冀交通基础设施互联互通持续推进,"轨道上的京津冀"建设取得成效,带动交通运输和邮政投资增长26.2%。天津市持续完善城市基础设施,不断增强城市道路微循环,解决好群众出行"最后一公里"问题。前三季度,基础设施投资增长19.6%,高于全国15.5个百分点。同时,推进物联网、大数据、云计算等新兴信息技术与实体经济的深度融合,信息传输和信息技术服务投资增长15.9%。

第三,高技术产业投资动力强劲。战略性新兴产业"好中提质",诺和诺德生产基地、合源生物细胞治疗产品等项目开工建设,天开高教科创园等创新载体吸引科创项目加速集聚,新质生产力加快发展,新动能新优势不断壮大,前三季度,战略性新兴产业投资增长6.4%,较去年全年提高5.9个百分点。高

技术产业投资增长 11.6%,其中高技术服务业投资同比增长 25.2%。天津不断加强研发与设计服务、检验检测、信息技术服务、知识产权和成果转化服务等高技术服务业集聚区和示范区建设,搭建各类线上线下公共技术服务平台,促进知识密集型服务业发展。

（四）新型消费持续壮大,消费需求潜力不断释放

第一,升级类消费品保持良好增长。随着消费品以旧换新政策效能不断释放,智能商品、绿色商品销售持续增长。前三季度,全市限额以上单位可穿戴智能设备零售额同比增长 2.5 倍,智能家用电器和音像器材零售额增长 22.0%,新能源汽车零售额增长 18.5%。

第二,文旅消费市场依然火爆。天津持续推进文旅深度融合,促进旅游业高质量发展,加快建设都市型、体验式、年轻态、人文韵特色鲜明的文化旅游目的地。今年国庆假日,我市精心策划推出了 290 项文旅活动,吸引了大批游客。数据显示,"十一"期间,天津共接待游客 1837.7 万人次,较 2023 年国庆假期增长 14.0%。其中,接待外埠游客 1009.79 万人次,占比 54.9%;游客花费总计 166.78 亿元,较 2023 年国庆假期增长 36.9%,人均消费达到 907.57元,创今年假日消费新高。

第三,首发经济逐步壮大。天津着力提升多元化消费供给水平,不断丰富新型消费场景,一批首店、首展、首秀相继落户津门。据不完全统计,仅今年上半年,天津共引入各类首店 48 家,其中,全国首店 2 家,区域首店 3 家,天津首店 43 家,涵盖餐饮、零售、文化娱乐、生活服务等领域。随着钟书阁、周杰伦咖啡店、海底捞炸鸡、"秦潮觉醒"等更多人气首店陆续开业,首店规模持续扩大;天津大悦城举办三星堆文物复刻艺术展、和平印象城举办"又见悟空"艺术展等,持续带动商业载体销售增长。

第四,海河国际消费季活动丰富多彩。2024 年海河国际消费季以"乐享天津"为主题,开展 2024 天津时装周、"乐享天津 海河之夏"品质消费嘉年华、第五届天津夜生活节、消费品以旧换新购物节等 10 场标志性活动,在金街、意式风情街等重点商圈引进实景演出,举办各类戏剧节、音乐节等文化活动,持续繁荣我市消费市场。

第五，入境消费规模不断扩大。随着 24 小时/72 小时/144 小时过境免签政策陆续恢复，以及旅游团乘坐邮轮入境 15 天免签政策落地，天津入境游热度持续高涨。数据显示，仅今年 7 月，外籍来津人员使用境外银行卡刷卡消费 0.91 万笔，金额为 1739 万元，较 2 月份分别增长 72% 和 43%；今年国庆假期，天津入境游订单量同比增长 19%，成为中国入境游前 15 的目的地。

（五）外贸成绩亮点频现，向好趋势不断巩固

第一，外贸总体稳中有进。前三季度，进出口总额累计同比增速 2%，其中出口总额同比增长 5.4%，总体上呈现稳步回升态势。外商投资企业和民营企业发挥了稳定外贸的重要作用，其中民营企业跃升为第一大外贸主体，占天津进出口总值的 45.5%。国有企业进出口增长最快，其进出口总额同比增长 10.2%，民营企业进出口总额同比增长 6%，外贸发展内生动力不断增强。

第二，出口商品结构不断优化。出口商品方面，前三季度，天津前五大类出口商品为机电产品、劳动密集型产品、钢材、医药材及药品、农产品，占全市出口总额的 85.9%。其中，飞机出口增速达 66.1%，规模稳居全国首位；船舶出口增速达 167.4%；汽车出口增速达 169.2%，"海陆空"齐头并进。航空航天装备进出口总额同比增长 17.2%，规模稳居全国首位。锂电池、太阳能电池、电动载人汽车"新三样"合计出口同比增长 4.9%，占全国的比重有所提升。进口商品方面，前三季度，天津能源类商品进口增长 112.4%，其中天然气增长 275.4%，钼矿砂进口量、值均居全国首位。传统优势进口商品保持全国前列，飞机进口居全国第一，汽车进口居全国第三，大豆、冻品进口量均居全国第五。

第三，与新兴市场国家贸易增长较快。前三季度，欧盟、美国、东盟、韩国、日本仍为天津前 5 大贸易伙伴，合计占天津进出口总值的 61.3%。新兴市场国家成为天津拓展海外市场的新亮点，对共建"一带一路"国家进出口总额同比增长 6.2%，占比提升至 41.7%。与其他金砖国家进出口总额同比增长

6.4%,其中,既与南非、印度等原成员国贸易保持了较好增势,分别增长25%和3.3%;也与沙特阿拉伯、埃及、阿联酋等新成员国实现了快速增长,增速分别为147.6%、14.5%和13.9%。

第四,自贸试验区高标准建设。2024年出台了《中国(天津)自由贸易试验区提升行动方案》,通过发挥自贸试验区改革开放综合实验平台作用,正加快塑造通道型、平台型、海洋型、制度型、都市型开放新优势。前三季度,天津自贸试验区以全市1%的土地面积,贡献了超过30%的外贸进出口额,激发了对外开放的动力和活力。深入落实《关于在有条件的自由贸易试验区和自由贸易港试点对接国际高标准推进制度型开放的若干措施》,主动对接《全面与进步跨太平洋伙伴关系协定》(CPTPP)、《数字经济伙伴关系协定》(DEPA),在扩大制度型开放取得新突破。目前,自贸试验区累计实施615项制度创新举措,其中有42项引领性、标志性创新成果在全国复制推广,172项改革试点经验在京津冀复制推广,发挥了改革开放"试验田"作用,推动天津实现更高水平对外开放。

(六)发展环境持续优化,激发经济发展活力

第一,持续优化生产力空间布局。围绕土地、房产、园区等存量资产,开展全面的资产清查工作,出台《关于推进低效用地再开发盘活存量资源有关支持政策》《天津市全面推进土地资源高质量利用若干措施》等政策措施,通过财政奖励、简化审批流程等具体措施,提升土地要素配置准确性,增强产业承载能力。将盘活存量与全市生产力地图、产业图谱、技术图谱编制紧密融合,加快津湾广场、天拖片区、西营门片区等盘活进度,建设主题突出、特色鲜明的标志性楼宇和产业园区,加快导入总部经济、现代服务业、数字经济等产业资源,实现产业空间供给与优质要素需求的更新匹配。完善盘活存量资产的招商引资、产权交易、统计监测和考核机制,实现闲置资产盘活、生产经营激活、优势产业聚合的综合效应。

第二,着力优化创新生态体系。加速建设滨海—中关村科技园、宝坻京津中关村科技城、天开高教科创园等科技园区,健全科技成果转化供需对接清单

机制,大力引育概念验证、小试中试、检验检测等科技服务机构,推进京津冀科技创新协同和承接北京优质科创资源外溢。出台《关于进一步推动科技成果转化创新改革的若干措施》,深化职务科技成果单列管理、所有权赋权改革、作价投资等创新改革,推动科技成果加速向新质生产力转化。强化创新平台支撑,高水平建设6家海河实验室,截至2024年8月,推动实验室面向产业应用和领域前沿自主立项219项,与企业合作开展科研攻关49个,获省部级以上科技奖励6项,作为权属人获得知识产权62项,创新研发与孵化转化成效显著。加强算力基础设施建设,推动中科曙光、天津超算中心加快国家超算互联网联合体建设,为推动科技创新和产业发展提供坚实的算力基础。

第三,打造便捷、高效、公平、透明的营商环境。发布《天津市2024年营商环境质量提升行动方案》,围绕集成审批、监管创新、投资促进、人才服务、法治建设、城市魅力开展六大行动,推动天津营商环境迈进更高水平。制定《天津市推动"高效办成一件事"进一步优化政务服务提升行政效能工作方案》,推进异地事项跨域通办、线上办事"一网通办""证照联办"改革等措施,推动政务服务提质增效。升级发布"津惠通"3.0金融产品自选小程序,打通金融惠企"最后一公里"。与京冀联合制定《高效协同推进京津冀营商环境优化2024年工作要点》,建立京津冀公共资源交易数据信息交换共享协同机制、拓展"京津冀协同服务'专区'"特色功能等,共同提升区域营商环境水平。

三 2025年天津经济发展形势预测

(一)天津经济发展面临的机遇与挑战

天津正处于创新能量集聚的加速期、发展动能转换的关键期、综合竞争优势的重塑期和城市治理效能的提升期,经济发展具有多维度机遇。第一,京津冀协同发展战略纵深推进,区域统一大市场加快建设,协同创新和产业协作持续深化,基础设施和公共服务领域的共建共享、互联互通水平不断提升,有利于天津融入京津冀世界级城市群建设,不断提升城区功能品质,增强高质量发展能级。第二，抢抓中央出台支持天津高质量发展政策措施宝贵机遇，《关于金融支持天津高质量发展的意见》《进一步支持天津滨海新区高质量发展的若干政策措施》等多项支持天津高质量发展的政策措施相继颁布实施，政策聚焦金融、开放、绿色，与天津功能定位高度契合、与京津冀协同发展的区域布局紧密相连，以一域谋全局，是天津未来经济社会发展的着力点和增长点。第三，天开园强磁场效应不断释放，原始创新策源能力和科技成果转化能力不断提升，创新创业生态持续优化，有利于天津汇聚高端创新要素资源，促进产业创新发展、加快发展新质生产力。第四，全面深化改革开放稳步推进，生产要素自由流动和有效配置，营商环境持续优化，有利于天津吸引更多国内外优质资本和项目入驻、激发市场活力和社会创造力。

但同时，天津经济运行依然面临多重挑战，全球环境不确定性，国际贸易环境复杂多变，以及国内犹存的"三重压力"依然会对天津经济发展产生影响。在国际层面，因地缘政治因素对资本市场的压制及对全球资本市场的潜在扰动等因素，全球经济愈发风云诡谲。在国内层面，我国经济总体恢复向好，但房地产市场依然偏弱、内需尚待加强等仍是制约目前经济基本面修复的主要因素，需求收缩、供给冲击、预期转弱三重压力仍然存在，加之天津自身存在的产业结构调整、人口老龄化等问题，对天津经济社会发展存在着影响。

总的来看，有利于天津经济高质量发展的影响因素正在积累增多，经济发展中虽面临一些问题和挑战，仍需保持战略定力，增强发展信心，锚定目标任务，扎实做好各项工作，不断推动经济社会健康发展、行稳致远。

（二）天津经济发展形势预测

课题组采用天津市统计局发布的结构化经济数据，运用经济计量模型、灰色预测模型等方法，对 2025 年主要经济指标进行组合预测分析，提供了区间预测值，预测结果见表 1。

表1　2025 年天津主要经济指标预测

预测指标	2025 年预测值
地区产值增长(%)	[4.8,5.3]
居民可支配收入(元)	[56148,56416]
工业增加值增长(%)	[4.0,4.5]
固定资产投资增长(%)	[3.2,3.7]
社会消费品零售总额增长(%)	[5.5,6.0]
公共财政收入(亿元)	[2155,2165]
CPI	[100.3,100.8]
PPI	[98.4,98.9]

资料来源:天津市统计局数据,后经课题组计算整理所得。

(三)预测结果描述

结合近期国内外经济发展态势以及天津 2024 年宏观经济平稳增长趋势,课题组认为,在各项存量政策和一揽子增量政策协同发力下,经济持续向好发展基础更加稳固。预计 2025 年天津地区生产总值同比增长在 4.8% 至 5.3%之间,经济增速较 2024 年有所提升,主要经济指标运行在合理区间,经济发展将呈现更多积极变化。

四　推动天津经济高质量发展的对策建议

(一)充分发挥京津冀协同发展战略牵引作用

第一,着力推进"疏非招引"再上新台阶。利用我市科技创新资源集聚、功能完善的优势,着力承接总部企业、研发转化资源、金融资源、先进制造业、国际航运资源、现代服务业等非首都功能,精准引进更多创新型、高成长型的新动能企业,迭代更新承接规划。提升重点功能承接平台,增强滨海—中关村科技园的创新引领力、宝坻京津中关村科技城的科技研发优势,以及武清京津产业新城的产业集聚效应。优化完善滨海新区战略合作功能区布局，培育形成一批高质量、有特色、有规模的产业集群。加快补齐承接载体结构性短板，建立疏解项目土地规划、资质审批和用途更改在内的专项用地制度体系，紧抓城市更新盘活楼宇资源契机，吸引附加值高用地规模小的项目落地中心城区。着力完善市场化引进北京资源要素的常态化合作机制、合作共赢利益分配机制，推动各类创新资源、服务资源的市场化合作。

第二，切实强化协同创新和产业协作。加大与驻京高校科研院所的协同创新力度，依托京津冀国家技术创新中心天津中心，持续完善区域科技成果转化协同服务体系，联合共建跨区域科技成果转化服务平台。实施"研发飞地"发展模式，引导津企研发前移，支持企业在京设立离岸创新中心，构建跨区域发展合作、利益共享机制。推进滨海—中关村科技园、宝坻京津中关村科技城、天开高教科创园等承接载体平台建设，推动建立两地产业园（楼宇）合作联盟，以园区合作共建、产业载体协同发展推动产业协作。着力推动京津冀"六链五群"建设，深化创新链产业链供应链融合发展，围绕北京的创新链布局天津产业链，合力建设世界级先进制造业集群。强化金融创新运营示范区建设，持续壮大融资租赁、商业保理等特色优势业态，加快科技金融以及数字金融等创新发展。增强北方国际航运核心区的服务辐射功能，加快打造世界一流智慧绿色枢纽港口升级版，做大做强临港制造业、适港产业，深入推动港产城融合发展。在深入落实全面深化改革重大举措、加快构建更高水平开放型经济新体制等方面谋划实施改革举措，增强对全球资源的吸引能力和配置能力。

第三，加快推进京津冀统一大市场建设。推进三地深入开展土地和劳动力市场、金融投资、技术、数据等重点领域市场分割、地方保护等突出问题专项整治，破除不利于区域统一大市场建设的各种障碍。积极共建数据共享平台，促进数据要素跨区域流动，探索数据资产定价和公开交易机制，推进区域数据要素市场培育。推进三地探索建立健全区际利益补偿机制、创新收益共享机制、税收利益分享机制和征管协调机制。率先探索建设统一开放的京津冀人才要素市场和供需平台，推动专业人才协同管理和资格互认、人力资源服务标准协同和信息共享。加强面向高层次人才的协同管理，完善人才柔性流动机制,探索建立京津冀高端人才服务"一卡通"制度。创新跨行政区域的投融资机制,吸引京冀的金融机构、风险投资机构为天津科技研发、孵化、转化提供资金支持。

(二)凝心聚力发展新质生产力

第一,着力提升创新策源能力。探索设立"天津颠覆性技术创新中心",以组分中药、精密测试技术及仪器等全国重点实验室和合成生物学、脑机交互与人机共融等海河实验室为引领,面向产业关键技术、重大颠覆性技术和国产替代技术方向,精准开展核心技术攻关。发挥好天津大学、南开大学、中国科学院天津工业生物技术研究所等高校院所科技创新策源能力,瞄准智能科技、生命科技、低碳科技等重点领域,鼓励高校科所与重点企业联合开展产业关键共性技术攻关,增强原始创新和自主创新能力。

第二,推动科技成果转移转化提质增效。依托天开高教科创园,大力引育市场化、专业化的创业孵化、技术转移、成果转化等科技中介服务企业,面向信创、车联网等重点产业链,布局一批中试平台,提升概念验证、中试熟化等服务能力。实施技术转移服务机构专项发展计划,大力引进技术转移第三方专业机构,鼓励技术转移企业积极参与或主办有国际影响力的专业论坛,支持技术转移类机构和企业向专业化、规模化、国际化发展。探索组建以知识产权为纽带、基于市场机制的产学研战略联盟,注重完善"众创空间 + 孵化器 + 加速器"孵化链条,为科技成果转化提供全链条全周期服务。

第三,夯实高质量发展人才支撑。深入实施"海河英才"行动计划,开展多样化招才引智活动,为高层次人才创新创业提供奖励资助、项目对接、金融扶持等一揽子增量政策,引进培育具有前瞻性、领先性、典范性的战略人才。深化校地企三方合作,探索产教融合新模式,健全完善高校院所与产业密切互动的结构型人才培养体系,畅通高校与企业的"握手"通道,破除人才培养、使用、评价、服务、支持、激励等方面的体制机制障碍,力争将高层次人才"引过来""聚起来""留下来"。

（三）不断健全现代化产业体系

第一，培育壮大战略性新兴产业。用足用好培育壮大战略性新兴产业的政策措施，着力推动生物医药、新能源、新材料等战略性新兴产业加快成长。把握"生物制造谷""细胞谷""京津医药谷"建设契机，以核酸药物产业园和医疗器械产业园为抓手，积极培育生物药、高端医疗器械、智慧医疗等新兴产业，促进生物医药产业集群化发展。抓好大规模设备更新和消费品以旧换新的机遇，围绕发电、交通运输、智能制造、资源循环利用等方面，推进新能源发电装备现代化升级，发展新能源交通运输设备，完善新能源资源循环利用体系，夯实新能源可持续健康发展根基。充分发挥渤海化工集团等骨干企业作用，打造以金属新材料、化工新材料、电子信息新材料等为核心的产业体系，吸引更多国家级新材料研发中心落户天津，持续推动新材料产业高质量发展。

第二，持续壮大特色优势产业。发挥天津教育、科技、人才优势，培育壮大专精特新企业，引导上下游企业集聚发展，实现优势产业成龙配套、成链成群。依托自贸试验区、综合保税区等政策优势，持续完善以空客天津总装线为龙头，促进仓储物流、生产制造、保税维修、融资租赁等业态集聚，不断增强航空产业链韧性，形成集群化发展态势。发挥好南港工业区的集中集聚效应，推动石化产业结构调整，增强产业创新能力，加快建设世界一流的绿色化工新材料基地，打造绿色石化行业高质量发展天津标杆。积极引入和培育高精尖制造企业，将泰达智能无人装备产业园、垦坤智能智造产业园和联创·京津智造园等打造成为具有国际竞争力的高端装备制造产业聚集区，持续推动传统产业转型升级，不断提升产业配套能力。

第三，厚植未来产业发展基础。建好用好天津现有全国重点实验室、在津央院央所、海河实验室等科研创新平台，积极争取更多国家战略科技力量和大科学装置在津布局，引导重大科技基础设施服务未来产业。立足区域资源禀赋和战略性优势，围绕人工智能、生物制造、脑机接口、低空经济、商业航天等前沿领域，在天津经济技术开发区、天津滨海高新技术产业开发区等国家级开发区有效集聚未来产业领域的顶尖科研人才和科技企业家，为未来产业发展打造坚实的人才基础。建立"科学家＋企业家＋投资人"协同的技术挖掘与甄别机制，推动前沿技术"地平线扫描"，定期开展未来产业方向预测研判，强化技术"奇点"，着力提升未来产业发展质效。

第四，推动生产性服务业提质增效。聚焦人工智能、新能源、新材料、生物医药、高端装备等重点领域，大力发展研究开发、技术转移、试验研发设备共享等科技服务业态，推进生产性服务业融合发展，完善中介服务机构法规制度体系。引育一批优质检验检测、知识产权等科技服务机构，建设一批高端概念验证平台和中试平台，贯通科技创新、转化孵化、企业培育、产业集聚的全链条，打造科创服务集聚区和成果转化示范区，打造优质科创服务生态圈。开展重点服务业领域企业梯度培育，建立"星锐企业—骨干企业—独角兽培育企业—创新领军企业"生产性服务业企业梯度培育体系，打造高端生产性服务业产业集群。

（四）进一步刺激消费、扩大有效投资

第一，加快培育和发展消费新业态新模式。着力发展数字消费，有效推动数字消费与实体商业相融合，以吉利大厦、天河城、万象城、京东MALL等大型购物中心为载体，依托人工智能、虚拟现实、数字孪生等技术，搭建数字化商品和服务消费场景，满足消费者数字消费需求，不断提升数字消费体验。支持"展赛演"消费经济做大做优，策划举办国际性、区域性、专业性展会，以展会促商贸，激发大宗消费、商品消费潜力；做强演艺赛事经济，承办更多、更高质量演唱会、音乐会以及大型音乐节，积极引进国际大型赛事、国家重大赛事，不断增强天津马拉松等本地赛事全国影响力，在演出、赛事举办期间，举办商品展销会、消费市集等活动，将"明星人气""体育人气"切实转变为"消费财气"。积极发展首发经济，引育首店、引进首展、支持首秀、培育本地新品牌，以首发经济为地区消费市场增添活力。

第二，牢牢把握文旅消费增长机遇期。全面构建都市型、体验式、年轻态、人文韵文旅场景，突出一区一特色、一街一主题，实现全域皆可赏可玩；丰富"city＋户外运动"城市文旅新模式，由城市漫步（citywalk）向城市慢跑

（cityrun）、城市骑行（cityride）、城市露营（citycamp）等拓展，不断开发城市寻味（citydine）等趣味文旅活动，持续深化城市秀（cityshow）等表演内容；加快推动现代科技与文旅深度融合，引育旅游数字科技企业、景区现代运营团队等，推进从资源挖掘、项目开发、服务管理、宣传营销等的全链条式数字化，加大数字化、沉浸互动式文旅活动项目开发、智慧景区建设力度。支持老字号企业靠近消费新潮流新风尚，开发具有市场需求、符合年轻人喜好、展现品牌文化底蕴的文创产品。积极发展入境游，切实用足用好"144 小时过境免签""旅游团乘坐邮轮入境 15 天免签"等政策，丰富入境游项目，完善景区入境游国际化服务，提升入境游体验。

第三，全面联通刺激消费与扩大有效投资。以消费扩容带动有效投资增长，以扩大有效投资推动消费提质升级，探索搭建"消费项目＋民间投资"平台，将消费热点项目、潜力项目等建设资金需要与民间投资需求相结合，通过平台化建设提升投融资匹配效率；探索建立"民生项目＋政府与社会投资"平台，将改善民生需要、政府资金支持和社会投资需求相结合，推动与数字消费、共享消费、居住消费、出行消费等相关的新型基础设施、物流网络等的投资建设，形成消费与投资相互促进的良性循环。全面贯彻落实国家"两新"政策，有力推动大规模设备更新和消费品以旧换新，着力推进工业领域设备更新和技术改造，支持投资建设数字化车间、智能工厂，加快制造业高端化、智能化、绿色化发展；加快推进城市更新，加大老旧小区改造、市政基础设施领域智能感知等设备建设投资；围绕新能源汽车、智能家居家电、绿色家装等消费品以旧换新重点领域，鼓励企业加大绿色产品、智慧产品等的研发投资，持续增强新产品供给能力。

（五）以"五型"开放塑造发展新优势

第一，塑造通道型开放新优势。着力提升开放枢纽通道能级，加快建设北方国际航运枢纽，打造一流的世界级智慧绿色枢纽港口，依托海陆双枢纽，进一步完善港口基础设施建设，提升航道、码头堆场能力，推动集装箱码头大型装卸设备自动化改造，推进老旧码头提升改造，打造"通道＋枢纽＋网络"的物流运行体系。加快港口数字化转型,强化大数据、人工智能、云计算、区块链等现代信息技术的应用,推进天津港集团 PortGPT(港口大模型)加速落地和场景应用拓展,培育和发展港航领域数字经济新业态、新模式,扩大天津港服务辐射功能。

第二,塑造平台型开放新优势。充分发挥全市开发开放区域外资外经主阵地作用,引导外资更多投向先进制造业、高新技术产业、生产性服务业,出台支持政策促进在津设立外资研发中心。开展全方位、多形式境内外推介活动,合力争取标志性大项目落地。统筹优化各类开发区和主题园区功能布局,充分发挥滨海新区示范引领作用,强化各区开放平台功能,发挥好基地类微平台先导突破作用,构建覆盖全域的高能级开放平台体系,加快形成全方位多层次对外开放格局。

第三,塑造海洋型开放新优势。持续深化港产城融合发展,进一步壮大港口经济,推动石油化工等传统产业转型升级,提升海工装备制造、海水淡化等新兴临港产业发展质量,加快跨境电商、冷链物流、保税物流、航运服务业等新模式新业态的发展,培育现代海洋产业体系,加快发展海洋新质生产力。建设大宗商品资源配置枢纽,引导口岸通道型进出口贸易向增值型进出口贸易转化,延伸高端果蔬、金属和矿产品、冷冻品、汽车、粮油等优势贸易货类产业链和增值环节。利用天津国际邮轮母港等优势,大力发展邮轮经济,打造国际化港口海洋文化旅游目的地。

第四,塑造制度型开放新优势。以自贸试验区和自由贸易港建设为契机,深入实施自贸试验区提升行动,积极落实《中国(天津)自由贸易试验区提升行动方案》,主动对接国际高标准经贸规则,吸收借鉴先进经贸制度,深化在金融、投资、贸易等领域的体制改革,稳步扩大规则、规制、管理、标准等制度型开放,加快与国际通行规则的衔接,提高对外开放平台能级。深化服务业扩大开放综合试点,在金融、医疗、电信、消费等领域争取更大力度的先行先试,提升制度型开放示范功能,更好发挥改革开放先行区作用。

第五,塑造都市型开放新优势。聚力融合全球消费资源,加快建设国际消费中心城市,打造一批文商旅深度融合的地标商圈,瞄准全球优质商品和服务,加快集聚优质市场主体、国际知名消费品牌,引入国际贸易品牌企业、中高端消费品牌企业,营造更具国际化的消费环境。聚力拓展海外朋友圈,打造国际交流合作之都,健全经贸、文化、教育、科技等领域对外交流合作机制,扩大科技、教育、卫生领域对外开放,打造宜居宜业宜游宜乐的开放之城。

(六)加快一流营商环境建设

第一,高标准打造公平高效的市场化营商环境。健全知识产权保护、市场准入、公平竞争、信息披露、社会信用等市场经济基础制度,优化公平竞争的市场环境,积极融入全国统一大市场。主动对接世界银行营商环境成熟度标准,降低制度性交易成本。整合技术、项目、政策、服务资源,连通"产学研用金"等关键要素,为企业提供全生命周期闭环服务,推进"双随机、一公开"监管和"互联网＋监管"全覆盖、常态化,建立健全事前事中事后全链条的以信用为基础的市场监管机制。着力提升政务服务效能,推动企业全生命周期"高效办成一件事"重点事项集成化办理,加快推动政府数字化转型,健全一体化政务服务平台建设,持续优化利企便民数字化服务,健全政策文件库,优化政策智能推送服务,打造智慧便捷、公平普惠的高效政务服务体系。

第二,高质量打造公开透明的法治化营商环境。以制度化形式确保营商环境相关政策的稳定性、可预期性和可持续性,更好运用法治力量激发市场活力。加快实施法治建设支撑保障行动,着力推进重点领域、新兴领域立法,持续加强营商环境法治建设。依法严厉打击环境、食品、药品安全和知识产权等领域犯罪行为,加大对市场违法行为处罚力度,依法保护各类经营主体合法权益,探索建立"调立裁审执"全链条纠纷化解模式。深化"律企同行·法护营商"专项活动,整合律师、公证、仲裁、调解等法律服务资源,为经营主体尤其是民营企业提供优质法律服务。

第三,高品质打造开放包容的国际化营商环境。加强与国际高标准经贸规则衔接,推动由商品和要素流动型开放向规则、规制、管理、标准等制度型开放转变,发挥天津自贸试验区等平台压力测试作用,推进国际通行规则和惯例先行先试,以高水平开放促进深层次改革和高质量发展。扩大外资准入,推动电信、互联网、文化等领域有序扩大开放,提升投资自由化水平。依法保护外商投资权益,保障外资企业在政府采购、要素获取、招标投标等方面的平等待遇。强化服务保障,扩大鼓励外商投资产业目录,完善境外人员入境居住、医疗、支付等生活便利制度,增强外资外贸吸引力。

参考文献:

[1] 中国宏观经济论坛:《政策转向下的中国宏观经济》,《CMF 中国宏观经济月度数据分析报告》2024 年 10 月。

[2] 清华大学中国经济思想与实践研究院(ACCEPT)宏观预测课题组:《激发地方经济活力 推动经济持续向好——中国宏观经济形势分析与 2024 年下半年展望》,《改革》2024 年第 7 期。

[3] 国家发展改革委政策研究室、金贤东、林楠,等:《世界经济延续低位复苏态势不稳定不确定因素需高度关注——上半年世界经济形势分析与下一步展望》,《宏观经济管理》2024 年第 8 期。

宏观经济分析篇

2024—2025 天津宏观经济景气分析与预测报告

刘永明　天津市统计局国民经济综合统计处

摘　要： 2024年,天津市聚焦"四个善作善成"重要要求,扎实推动高质量发展"十项行动",生产供给保持增长,市场需求基本平稳,就业物价保持稳定,居民收入继续增加,全市经济保持平稳增长。初步展望,2025年天津市经济将继续呈现稳定增长态势。下阶段,坚持以推进京津冀协同发展为战略牵引,加快发展新质生产力,持续提升投资拉动力,促进消费市场加快恢复,推动外贸出口稳定增长,推进各项存量政策和一揽子增量政策加快落地见效,进一步巩固经济稳定增长基础。

关键词： 平稳增长　高质量发展　新质生产力

　　2024年,天津市坚持以习近平新时代中国特色社会主义思想为指导,深入贯彻党的二十届三中全会精神,全面落实习近平总书记视察天津重要讲话精神,坚持稳中求进工作总基调,以推进京津冀协同发展为战略牵引,聚焦"四个善作善成"重要要求,出台实施一系列稳经济政策措施,扎实推动高质量发展

"十项行动"。随着各项政策措施落地显效,经济运行中的积极因素不断累积,生产供给保持增长,市场需求基本平稳,就业物价保持稳定,居民收入继续增加,全市经济保持平稳增长。

一 2024 年天津市经济保持平稳增长

(一)宏观经济平稳运行

地区生产总值稳定增长。根据地区生产总值统一核算结果,2024 年前三季度①,全市地区生产总值为 12673.87 亿元,按不变价格计算,同比增长 4.7%,高于全年预期目标 0.2 个百分点。分产业看,第一产业增加值 157.19 亿元,同比增长 2.9%;第二产业增加值 4493.31 亿元,增长 3.3%;第三产业增加值 8023.37 亿元,增长 5.4%。

就业形势总体平稳。扎实推进高校毕业生、农民工等重点群体就业,零就业家庭保持动态清零,全市城镇新增就业 30.74 万人,完成全年计划的 87.8%,超序时进度 12.8 个百分点。居民收入继续增加。全市居民人均可支配收入 42499 元,同比增长 4.4%。按构成分,工资性收入 27544 元,增长 4.5%;经营净收入 3020 元,增长 4.4%;财产净收入 3497 元,增长 1.8%;转移净收入 8438 元,增长 5.2%。按常住地分,城镇居民人均可支配收入 46078 元,增长 4.1%;农村居民人均可支配收入 24786 元,增长 6.0%。城乡居民收入比为 1.86,比上年同期缩小 0.03。

居民消费价格温和上涨。居民消费价格同比上涨 0.3%。分类别看,食品烟酒价格下降 0.9%,衣着价格上涨 0.7%,居住价格上涨 0.4%,生活用品及服务价格下降 0.8%,交通通信价格下降 0.3%,教育文化娱乐价格上涨 2.8%,医疗保健价格上涨 0.6%,其他用品及服务价格上涨 4.1%。工业生产者价格下降,工业生产者出厂价格同比下降 2.3%,工业生产者购进价格下

---

① 除特别标明外,文中统计数据均截至 2024 年前三季度。

降 1.2%。

（二）三次产业发展稳定

农业生产稳定。农林牧渔业总产值同比增长 3.0%。秋粮长势平稳。蔬菜瓜果等经济作物增势良好，蔬菜产量 187.93 万吨，增长 3.9%；瓜果产量 25.20 万吨，增长 28.6%。牛肉、山羊肉产量分别增长 46.1%、6.7%。牛、山羊出栏分别增长 28.9%、0.3%。

工业生产稳定增长。规模以上工业增加值同比增长 3.2%。分三大门类看，采矿业增加值同比增长 5.1%，制造业增长 2.3%，电力、热力、燃气及水生产和供应业增长 3.6%。分经济类型看，民营企业增加值同比增长 3.1%，外商及港澳台商企业增长 6.0%，国有企业下降 1.6%。重点行业中，石油和天然气开采业增加值增长 5.4%，计算机、通信和其他电子设备制造业增长 12.6%，铁路、船舶、航空航天和其他运输设备制造业增长 20.4%，金属制品业增长 12.4%，化学原料和化学制品制造业增长 6.0%。重点产品中，金属集装箱产量增长 3.5 倍，电子元件产量增长 19.6%，集成电路产量增长 10.0%，原油产量增长 6.1%。

服务业总体平稳。服务业增加值同比增长 5.4%，快于全市地区生产总值增速 0.7 个百分点。其中，金融业增加值同比增长 6.5%，交通运输、仓储和邮政业增加值增长 6.5%，批发和零售业增加值增长 2.7%，住宿和餐饮业增加值增长 2.5%，房地产业增加值增长 2.0%。

（三）市场需求基本平稳

固定资产投资增势平稳。固定资产投资（不含农户）同比增长 4.2%。分产业看，第一产业投资下降 32.3%，第二产业投资增长 3.6%，第三产业投资增长 5.0%。分领域看，工业投资增长 3.6%；基础设施投资增长 19.6%，是拉动全市投资增长的主要动力，其中交通运输和邮政投资增长 26.2%，信息传输和信息技术服务投资增长 15.9%；房地产开发投资增长 1.2%。社会领域投资增长 5.9%，其中教育投资增长 14.7%，文化、体育和娱乐业投资增长

1.2 倍。

消费品市场恢复趋缓。社会消费品零售总额同比下降 3.2%。限额以上单位汽车、服装鞋帽针纺织品、石油及制品零售额分别下降 8.3%、14.2% 和 9.8%，限额以上单位化妆品类零售额增长 20.6%，文化办公用品类增长 12.0%。限额以上单位通过公共网络实现的商品零售额下降 2.9%；折扣店、购物中心等实体业态增长较好，零售额分别增长 5.3%、8.2%。

外贸出口保持增长。外贸进出口总额 6102.86 亿元，同比增长 2.0%。其中，出口 2905.64 亿元，增长 5.4%。从出口贸易方式看，一般贸易出口 1745.76 亿元，增长 8.5%，占全市出口的 60.1%，同比提高 2.0 个百分点。从出口伙伴看，对欧盟、美国、日本等传统市场出口分别增长 9.3%、2.9% 和 1.4%；对东盟、"一带一路"沿线国家等新兴市场出口分别增长 5.2% 和 11.3%。

二 高质量发展扎实推进

（一）经济结构持续优化

工业重点产业支撑作用更加明显。12 条重点产业链在链规模以上工业企业增加值占比达到 82.6%，同比提高 2.1 个百分点，规模持续扩大，其中信创、车联网、集成电路产业链增加值分别增长 26.6%、19.8% 和 14.1%。十大现代产业体系规模以上工业增加值占比超过 9 成，达到 92.2%，同比提高 1.3 个百分点，基础性地位持续加固，其中电子信息产业、航空航天产业增加值增速均超过 20%，分别增长 25.8% 和 38.4%。深入实施制造业高质量发展行动，装备制造业增加值占规模以上工业的比重达到 33.0%，同比提高 0.5 个百分点。

现代服务业引领作用突出。出台《天津市促进现代服务业高质量发展实施方案》，加力打造高端生产性服务业产业集群和高品质生活性服务业产业集群。信息传输软件和信息技术服务业、租赁和商务服务业、科学研究和技术服务业等现代服务业增加值分别增长 9.7%、16.7% 和 5.3%。生产性租赁服务、人力资源管理与职业教育培训服务等生产性服务业营业收入分别增长 34.3% 和 32.1%，健康服务、旅游游览和娱乐服务等生活性服务业营业收入分别增长 47.7% 和 25.7%。

(二)新质生产力发展势头持续向好

新产业保持较快增长。规模以上高技术制造业增加值增长 6.7%，快于全市规上工业 3.5 个百分点；工业专精特新"小巨人"企业增加值增长 7.2%，快于全市规上工业 4.0 个百分点。工业机器人、集成电路、服务机器人等新产品产量分别增长 11.3%、10.0% 和 7.5%。

新动能投资为未来发展积蓄后劲。战略性新兴产业投资增长 6.4%，快于全市投资 2.2 个百分点，其中高端装备制造产业、生物产业、新能源产业投资分别增长 27.0%、29.0% 和 26.9%。高技术产业投资增长 11.6%，快于全市投资 7.4 个百分点，其中高技术服务业投资增长 25.2%。出台实施《天津市工业技术改造行动方案（2024－2027 年）》，制造业技术改造投资增长 10.0%，其中电气机械和器材制造业、专用设备制造业等装备制造业技术改造投资分别增长 2.6 倍和 42.8%。

(三)"两新"政策效应逐步释放

设备更新政策带动相关装备制造业生产加快。深入落实《天津市推动大规模设备更新和消费品以旧换新实施方案》，规模以上工业中，金属加工机械制造业总产值增长 28.0%，该行业主要产品机床数控装置产量增长 7.3 倍；摩托车制造业总产值增长 3.1 倍，比上半年加快 10.5 个百分点，该行业主要产品摩托车整车产量增长 1.1 倍；计算机制造业总产值增长 44.3%，比上半年加快 18.4 个百分点，该行业主要产品电子计算机整机产量增长 3.1 倍。

设备投资拉动作用增强。设备工器具购置投资增长 14.5%，比上半年加快 1.6 个百分点，拉动全市投资 2.6 个百分点，贡献率超过 60%；占全市投资的比重达到 20.0%，比上年全年提高 0.7 个百分点。分行业看，工业设备投资增长 16.5%;信息传输、软件和信息技术服务业设备投资增长 1.5 倍;科研和技术服务业设备投资增长 37.5%;卫生、社会保障和社会福利业设备投资增长 16.8%;公共管理和社会组织设备投资增长 18.3 倍;教育行业设备投资增长 1.4 倍。

以旧换新政策促进耐用消费品需求加快释放。家电零售加快增长。在"两新"政策和各项促消费活动的带动下,一季度以来,家电零售额始终保持两位数增长,特别是 9 月份《天津市加力支持消费品以旧换新工作实施方案》落地实施后,效果更加明显。9 月份,限额以上单位家用电器和音像器材类零售额增长 23.7%,前三季度累计增长 12.3%,比 1—8 月份加快 1.3 个百分点,其中智能家用电器和音像器材零售额增长 22.0%。新能源汽车销量持续向好。前三季度,新能源汽车零售额增长 18.5%,比 1—8 月份加快 2.1 个百分点。

(四)市场活力持续增强

民营经济发展好于全市。民营经济增加值同比增长 6.0%,增速快于全市 1.3 个百分点。民间投资增长 8.6%,快于全市投资 4.4 个百分点,占比达到 30.0%,同比提高 1.2 个百分点,其中民间工业投资增长 16.5%,增速快于全市工业投资 12.9 个百分点。限额以上民营批发和零售业商品销售额增长 1.6%,增速快于全市平均水平 0.8 个百分点。规模以上民营服务业企业营业收入增长 13.8%,快于全市平均水平 5.9 个百分点。

中小微企业活力提升。中小微企业增加值同比增长 4.9%,增速快于全市 0.2 个百分点。规模以上中小微工业企业增加值增长 4.9%,快于全市平均水平 1.7 个百分点。规模以上中小微服务业企业营业收入增长 13.0%,快于全市平均水平 5.1 个百分点。

文旅消费持续火热。2024 海河国际消费季启动,商旅文体和线上线下深度融合,打造消费新场景,居民人均服务性消费支出增长 6.9%,其中教育文化娱乐服务支出增长 7.9%;文化艺术业、体育、娱乐业营业收入分别增长 65.8%、8.5% 和 24.2%。中国联通大数据显示,国庆假期全市共接待游客 1837.7 万人次,同比增长 14.0%,其中外埠游客占比 54.9%;游客花费增长

36.9%;人均消费创今年假日新高。携程数据显示,中秋国庆期间,天津在全国周边游最热门城市、全国亲子游旅客最喜欢目的地、入境游热门目的地等城市排名中均位居前列。

交通运输物流畅通有序。港产城融合发展成效明显,港口货物吞吐量和集装箱吞吐量分别增长3.8%和4.1%;集装箱海铁联运量超过100万标箱,增长20%;69艘次游轮在天津国际邮轮母港陆续停靠,邮轮港口旅客吞吐量近30万人。货运量稳步增长,公路货物周转量增长3.2%,水运货物周转量增长19.2%,机场货邮吞吐量增长5.2%。文旅市场火热带动客运量明显增加,铁路客运量、机场旅客吞吐量分别增长16.5%和9.9%,城市轨道交通客运量增长13.5%。邮电快递快速增长,电信业务总量增长17.6%,快递业务量增长27.3%。

三 2025年天津经济形势展望及发展建议

(一)经济形势展望

展望2025年,天津市经济有望延续平稳增长态势,但外部环境更趋复杂严峻,经济回升向好基础仍需巩固。

从国际看,受需求疲弱拖累,全球经济复苏有所趋缓,生产扩张力度减弱,国际贸易增长放缓。随着全球货币政策转向宽松,通胀压力持续降温,有利于总需求回暖,带动全球经济改善。全球经济有望温和增长,9月份经济合作与发展组织(OECD)发布《中期经济展望》预测,2024年全球经济增速为3.2%,比5月份预测值上调0.1个百分点。国际贸易增长预期有所上调,10月份世界贸易组织(WTO)预测,2024年全球货物贸易量增长2.7%,比4月份预测值上调0.1个百分点。但地缘冲突及贸易限制措施有增无减,金融市场动荡及高债务可能引发的风险挑战持续存在,经济复苏前景谨慎乐观。

从国内看,前三季度,面对复杂严峻的外部环境和国内经济运行中的新情况新问题,我国坚持稳中求进工作总基调,着力促改革、扩内需、优结构,国民经济运行总体平稳、稳中有进，新质生产力稳步发展，高质量发展扎实推进。特别是近期持续加大宏观调控力度，有效落实存量政策，加力推出增量政策，9月份多数生产需求指标好转，市场预期改善，推动经济回升向好的积极因素累积增多。10月份，我国制造业采购经理指数（PMI）为50.1%，非制造业商务活动指数为50.2%，综合PMI产出指数为50.8%，分别比上月上升0.3个、0.2个和0.4个百分点，表明我国企业生产经营活动总体扩张步伐有所加快。随着中央一揽子增量政策逐步落地实施，总量政策、产业政策和结构性的改革政策相互配合、产生合力，我国经济有望延续企稳回升态势。

从天津市看，2024年，在市委、市政府坚强领导下，全市扎实推进高质量发展"十项行动"，密集出台一系列稳经济政策措施，对全市经济发展起到了积极的促进作用，经济保持平稳增长，市场信心逐步增强。企业景气状况调查结果显示，规模以上工业中，对2024年四季度行业运行状况预期持肯定预期的企业占比为91.2%，比三季度提高1.8个百分点。对四季度自身经营持肯定预期的企业占比为90.7%，比三季度提高2.0个百分点。近期又制定了稳投资、扩内需、助企帮扶等落实中央一揽子政策的具体举措，随着政策效应不断释放，将对经济增长起到进一步的带动作用。但同时，当前外部环境错综复杂，有效需求依然不足，经济回升向好压力仍然较大。

初步展望，2025年天津市经济将继续呈现稳定增长态势。

（二）发展建议

下阶段，要坚持以习近平新时代中国特色社会主义思想为指导，全面贯彻落实党的二十届三中全会精神，深入学习宣传贯彻习近平总书记视察天津重要讲话精神，推进各项存量政策和一揽子增量政策加快落地见效，更大力度激发市场活力和内生动力，进一步巩固经济稳定增长基础。为此提出以下建议：

1. 坚持以推进京津冀协同发展为战略牵引

认真贯彻落实习近平总书记视察天津重要讲话提出的"以推进京津冀协同发展为战略牵引"的重要要求，深入实施京津冀协同发展纵深推进行动。加力建设滨海—中关村科技园、宝坻京津中关村科技城、武清京津产业新城等载体平台,加强与央企合作对接,充分发挥央企央院央所带动效应,积极承接北京非首都功能疏解,服务雄安新区建设。聚焦三地共同打造的六条重点产业链图谱,特别是天津牵头的网络安全和工业互联网、高端仪器设备和工业母机产业链,高质量开展招商引资,精准对接产业链上下游企业,促进产业链成龙配套、成链成群。以建设科技成果转移转化示范区为引领,精准对接三地科技成果转移转化,强化创新链与产业链深度融合,推动实现原始创新与应用创新双向协同。

2. 加快发展新质生产力

认真落实习近平总书记视察天津提出的"在发展新质生产力上善作善成"的重要要求,以科技创新、产业焕新引领发展,加快新动能引育,因地制宜发展新质生产力,引领全市经济高质量发展。围绕实施制造业高质量发展行动和推动重点产业链建设,加力提高制造业发展能级,以产业链为核心抓手,坚持高技术制造业、战略性新兴产业等新动能产业与传统产业并举,加速人工智能、物联网等技术与制造业的深度融合。加快天开高教科创园建设,完善科技服务体系,持续提升天开高教科创园创新策源能力、成果转化能力、科创服务能力,以科技创新推动产业智能化升级、绿色化转型、融合化发展。加快发展生产性服务业,巩固提升融资租赁、商业保理等特色金融优势,大力发展工程设计、研究开发、检验检测认证等科技服务,提升对科技创新和产业发展的支撑能力。

3. 持续提升投资拉动力

强化全方位要素保障,推动重点项目加快建设,在谈项目尽早签约,签约项目加快落地转化。努力盘活存量,系统总结梳理可借鉴可推广的有效盘活路径,优先导入科技含量高、产业体量大、税收增量多、就业容量大、环境质量高的产业项目,不断提高盘活质效。保障资金要素,充分利用超长期特别国债、专项债等中央资金支持政策,加快中央预算内资金和地方政府专项债券发行使用进度。强化项目谋划储备,围绕"两重""两新"等国家战略,超前做好存量项目包装和增量项目谋划,加大招商引资力度,紧紧围绕推动高质量发展和深化全方位转型重大任务,充分结合区位优势和产业特色,吸引国内外优质企业来津投资,提前储备一批符合条件的高质量项目,为投资良性增长夯实项目支撑。

4. 促进消费市场加快恢复

要立足国际消费中心城市建设,深入落实以旧换新等各项促消费政策措施,围绕居民消费需求变化,适时扩大政策覆盖范围,提升服务质量。优化消费场景,聚焦升级类消费、绿色消费、智能产品消费等新消费增长点,支持传统商贸业数字化转型,推动大型实体零售企业向场景化、体验化消费业态转型。提升消费环境,提高商圈、景区等服务体验,打造特色消费场景 IP,建设高质量消费目的地。加大文旅商体展活动力度,充分利用天津文旅市场火爆的有利时机,吸引更多外地游客在津消费。将促消费与经营主体扶持、产业优化等结合起来,对成长性高、带动作用大、顾客信用好的优秀消费企业给予适当支持,促进做大做强,培育一批高质量消费企业。

5. 推动外贸出口稳定增长

要充分发挥天津港资源优势,以港口带动物流,以物流带动产业,加大力度支持在天津港口岸通关的异地重点企业在津落户,着力培育出口增量。要促进产业贸易联动,着力壮大优势产业规模,围绕机电等优势出口产品,扩大先进制造业出口,支持企业参加境内外经贸活动,帮助企业拓展海外市场。要持续推动外贸结构优化升级,引导出口企业面向市场需求,加强研发投入和技术升级,扩大高技术含量、高附加值产品的出口,提升出口产品竞争力。要加大优质企业引育力度,推动制造业企业及其上下游企业在津开展国际贸易,带动产品、售后等全产业链协同"出海",加快培育新业态新模式,推动跨境电商健康持续发展。

6. 用好用足各项政策助力企业发展

要认真落实国家近期出台的一揽子政策措施,强化政策落地效果,加大支持政策的执行力度、精度和覆盖面,进一步优化营商环境,特别是加大对民营企业和中小微企业的帮扶力度,切实缓解企业生产经营压力,提升效益水平。梯度培育壮大优质企业群体,持续强化精准精细服务,在低空经济、新型储能、商业航天、生物制造等未来产业领域,为中小企业推出更多扶持举措。鼓励创新企业、知名高校和科研机构开展全方位多层次产学研合作，推动中小企业与资本市场高效对接，进一步强化经营主体金融支持，助推创新型中小企业茁壮成长，加快推动形成全市经济多点支撑的发展格局。

参考文献：

［1］ 经济合作与发展组织（OECD）:《中期经济展望》,http://www.oecd.org./en/publications/oecd-economic-outlook-interim-report-september-2024_1517c196-en.html。

［2］ 中华人民共和国国家统计局:《世界经济缓中趋稳 复苏前景稳中有忧》,国家统计局内网参考资料。

［3］ 中华人民共和国国家统计局:《前三季度国民经济运行稳中有进 向好因素累积增多》,http://www.stats.goc.cn/sj/xwfbh/fbhwd/202410/t20241018_1957044.html。

天津固定资产投资运行研究报告

陈 申 天津市统计局固定资产投资统计处统计师

摘 要： 2024 年前三季度,天津市加快推进"两新""两重"投资项目实施,加力保障重点项目建设,着力扩大有效投资,基础设施、设备购置、工业技术改造等领域投资增长较快。为推动我市固定资产投资持续健康运行,需要牢牢把握政策机遇,加强优质项目储备,强化资金等要素保障,加大新基建投资力度,不断拓展投资新空间,切实提升企业投资意愿。

关键词： 固定资产投资 投资规模 在建项目

2024 年前三季度,全市以发展新质生产力为引领,聚焦重点领域推进项目建设,着力扩大有效投资,进一步优化投资结构,建设项目规模继续扩大,固定资产投资平稳增长。

一 2024 年全市建设项目规模总体情况

(一)重点项目规模持续提升

2024 年,全市安排市级重点项目共 1060 个,总投资 2.01 万亿元。从项目类别看,重点建设项目 807 个,总投资 1.62 万亿元,年度计划投资 2465.78 亿元;重点储备项目 253 个,总投资 3869.49 亿元。

相比2023年,2024年申报的市级重点项目数量、规模均有所提升。项目个数增加205个,总投资增加906.11亿元,年度计划投资增加105.21亿元。在项目谋划上,一是突出引领性,带动作用更加显著。紧密结合国家政策资金支持方向,充分发挥政府投资带动放大作用,加强灾后恢复重建和防灾减灾能力提升、城市排水防涝能力提升、高标准农田建设等特别国债支持领域项目谋划储备,确保应纳尽纳,强化要素保障,推动项目加快开工建设。二是突出精准性,支持领域更加聚焦。聚焦我市"十四五"规划和"一基地三区"功能定位,锚定制造业立市和新质生产力培育目标,重点建设项目中先进制造业、科技和产业创新领域项目投资规模占比由29.36%提升至30.85%,引导产业链创新链融合发展,培育大产业、打造新集群。三是突出示范性,项目支撑更加有力。严格把握安排标准,综合考虑项目成熟程度、规模体量、支撑引领和示范带动作用,优中选优确定项目清单。中石化乙烯原料优化完善、机场三期改扩建、龙潭沟抽水蓄能、西营门城市更新等一批百亿级龙头项目带动整体含金量显著提升。四是突出社会性,投资主体更加多元。着力激发社会资本投资活力,提振投资天津热情。重点建设项目中,以社会资本为主项目投资占比超80%,京津塘高速公路改扩建工程、青山绿能智能制造产研基地、恒河南港裂解碳五碳九综合利用等社会资本投资项目转化落地,社会投资活力进一步增强。

（二）在建项目规模持续增长

前三季度,全市积极争取国家政策资金,持续加强资金保障,加大项目调度力度、频次,全市在建项目个数增加、建设规模保持增长。2024年前三季度,全市计划总投资500万元及以上建设项目4263个,同比增加351个;计划总投资21746.03亿元,增长3.6%。

从主要行业看,农林牧渔业在建项目173个,计划总投资为471.66亿元。工业在建项目2037个,同比增加139个,项目数量持续增长;计划总投资为8183.39亿元,同比增长7.7%。其中,制造业在建项目1534个,增加46个;计划总投资为5633.59亿元,增长3.0%。电力、热力、燃气及水生产和供应业在建项目 501 个,增加 96 个,计划总投资 2181.80 元,增长 19.7%。交通运输、仓储和邮政业在建项目 201 个,增加 1 个,计划总投资为 4094.06 亿元。信息传输、软件和信息技术服务业在建项目 52 个,计划总投资 613.40 亿元。房地产业在建项目 124 个,增加 10 个,计划总投资为 1334.97 亿元。防灾减灾项目与城市更新项目集中开工建设,水利、环境和公共设施管理业在建项目 1035 个,增加 147 个;计划总投资 4310.08 亿元,增长 6.9%。卫生和社会工作在建项目 84 个,计划总投资 492.24 亿元,增长 6.6%。

(三)新开工建设项目个数增长较快

从项目规模来看,本年 10 亿元以上新开工项目 36 个;计划总投资 1561.07 亿元,占全部新开工项目计划总投资的 64.0%。1 亿元—10 亿元新开工项目 222 个,相比去年同期增加 39 个;计划总投资 673.86 亿元,增长 20.2%,占全部新开工项目计划总投资的 27.6%。1 亿元以下新开工项目 778 个,同比增加 153 个;计划总投资为 203.79 亿元,增长 12.2%,占全部新开工项目计划总投资的 8.4%。

从主要行业看,农林牧渔业本年新开工项目 58 个,计划总投资 22.97 亿元。工业新开工项目 524 个,相比去年同期增加 73 个,计划总投资 1250.51 亿元。交通运输、仓储和邮政业新开工项目 49 个,同比增加 10 个;计划总投资 408.60 亿元,增长 4.7 倍,天津机场三期改扩建工程项目机场工程、京津塘高速公路(天津段)改扩建工程项目开工建设,拉动作用明显。信息传输、软件和信息技术服务业新开工项目 11 个,计划总投资 40.31 亿元。房地产业新开工项目 18 个,计划总投资 75.40 亿元。水利、环境和公共设施管理业新开工项目 217 个,增加 63 个;计划总投资为 154.92 亿元,增长 16.3%。社会领域新开工项目 59 个,计划总投资为 57.41 亿元。

二　2024 年全市主要领域投资运行情况

（一）基础设施投资保持快速增长

今年以来,全市基础设施投资持续高速增长。前三季度,全市基础设施投资增长 19.6%,增速比上半年回落 5.7 个百分点,增长有所放缓,拉动全市投资增长 5.0 个百分点。

从行业看,电力、热力、燃气及水生产和供应业投资增长 19.2%,拉动基础设施投资增长 6.1 个百分点,占基础设施投资的 31.5%。今年以来,全市狠抓新能源产业链攻坚,打造"风、光、锂、氢"产业链体系。在光伏方面,推动 N 型光伏产线项目建设;在风电方面,加强重点企业撮合对接。前三季度,全市风力发电在建项目 49 个,同比增加 24 个;计划总投资 252.40 亿元,增长 1.9 倍;完成投资增长 3.1 倍。太阳能发电在建项目 166 个,同比增加 67 个;计划总投资 446.65 亿元,增长 27.0%;完成投资增长 40.3%。全市新能源发电量显著增长,1—9 月,全市风力发电量 20.7 亿千瓦时;太阳能发电量 33.4917 亿千瓦时,同比增长 1.1 倍。

交通运输和邮政投资同比增长 26.2%,占基础设施投资的 32.7%,投资主要集中在铁路、道路和水上运输业。天津港集疏运专用货运通道工程、中心城区至静海市域（郊）铁路首开段工程等项目加快施工,带动道路运输业投资增长 19.4%,拉动基础设施投资增长 4.6 个百分点。天津港大港港区 10 万吨级航道提升工程、恒阳化工南港工业区公共液体石化仓储项目等项目开工建设,水上运输业投资增长 60.7%。

信息传输和信息技术服务投资增长 15.9%,拉动基础设施投资增长 0.8 个百分点,占基础设施投资的 4.7%。其中,电信、广播电视和卫星传输服务投资增长 42.9%,主要受中国移动、联通、电信、铁塔等公司加大通信及 5G 网络建设拉动。

水利、生态环境和公共设施管理投资持续快速增长,前三季度增长

14.1%,占基础设施投资的31.0%。今年国家发行国债支持灾后恢复重建、排水能力提升等基础设施建设,一大批蓄滞洪区工程与安全建设项目集中开工建设,蓟运河提标改造工程推进建设,尔王庄水库增容工程全面进入筑坝阶段,水利管理业投资增长8.8倍,拉动基础设施投资增长8.2个百分点。

(二)设备工器具购置投资较快增长

2024年4月,我市印发《天津市推动大规模设备更新和消费品以旧换新实施方案》,实施重点领域设备更新和消费品以旧换新等行动。前三季度,全市设备工器具购置完成投资同比增长14.5%,拉动全市投资2.6个百分点,占全市投资总量的20%,大规模设备更新政策效果显现。

主要行业设备工器具投资增长相对较快。今年充分发挥超长期特别国债、设备更新再贷款和技改等政策撬动作用,工业设备投资增长16.5%,其中,采矿业设备投资增长67.9%;制造业设备投资增长6.0%;电力、热力、燃气及水生产和供应业设备投资增长42.8%。信息传输、软件和信息技术服务业设备投资增长1.5倍。教育行业设备投资增长1.4倍。

大项目带动设备投资增长明显。全市设备投资2亿元及以上项目83个,同比增长48.2%,合计设备投资同比增长26.6%。其中,丰田汽车技术中心(中国)有限公司宁德时代45PL设备等购置、中信金融租赁户用光伏发电系统项目、国网天津市电力公司2024年电网建设与改造工程、基于北斗应用技术的京津冀智慧物流服务平台、天津南港120万吨/年乙烯及下游高端新材料产业集群项目、中国移动通信集团天津公司2024年通信及5G网络设备购置等项目带动作用较强。

(三)工业技术改造投资稳步增长

前三季度,全市工业投资增长3.6%,拉动全市投资增长1.2个百分点,占全市投资的33.4%。其中,制造业投资增长0.4%,占工业投资的42.7%;电力、热力、燃气及水生产和供应业投资增长19.2%,占工业投资的27.8%。工业、制造业增速低于全国平均水平(工业投资增长12.3%,制造业投资增长

9.2%），对全市投资拉动作用仍需提升。

前三季度，全市工业技术改造投资增长 8.7%，高于工业投资 5.1 个百分点，高于全市投资 4.5 个百分点，拉动全市投资增长 0.6 个百分点，占 6.7%。其中，电力、热力、燃气及水生产和供应业技改投资增长 21.9%，制造业技改投资增长 10.0%。在丰田汽车技术中心（中国）有限公司宁德时代 45PL 设备等购置项目带动下，电气机械和器材制造业技改投资增长 2.6 倍；天津渤化化工发展有限公司的渤化"两化"搬迁改造项目加快建设，拉动化学原料和化学制品制造业技改投资增长 3.7 倍。

（四）社会领域投资增长快于全市

前三季度，全市教育、卫生和社会工作、文化体育和娱乐业等社会领域在建项目 296 个，同比增长 2.8%；完成投资增长 5.9%，高于全市 1.7 个百分点，拉动全市投资增长 0.2 个百分点，占全市的 3.7%。

前三季度，教育投资增长 14.7%。截至 8 月 24 日，2024 年民心工程计划"新建、改扩建义务教育学校 12 所，新增义务教育学位 2 万个"，已累计完成义务教育学位项目 11 个，新增义务教育学位 1.8 万个，预计 10 月底前可提前完成年度任务目标。

前三季度，文化、体育和娱乐业投资增长 1.2 倍。杨柳青大运河国家文化公园项目、和平区全民健身中心改造项目、静海区市民文化教育休闲综合项目等项目加大投资力度，拉动行业增长。

在卫生投资领域，天津市人民医院扩建三期工程于 2024 年 5 月 28 日正式投入使用，增加了天津市优质医疗资源供给，提升了医院的医疗服务水平和紧急医学救援能力；天津市第三中心医院（东丽院区）新址扩建项目被列入 2024 年天津重点项目，2024 年计划完成全部基础工程和 80% 的主体工程并开始二次结构施工，预计 2026 年年底竣工；天津医科大学总医院新建门急诊综合楼项目计划工期为 2024 年 3 月 10 日至 2026 年 12 月 30 日，总建筑面积 18000 平方米，项目总投资额 21333.94 万元。

（五）房地产开发投资小幅增长

我市主动适应房地产市场变化新形势,不断优化调整政策,着力构建房地产发展新模式,全市新开工房地产开发项目同比增多,"三大工程"项目建设稳步推进,房地产开发投资小幅增长、增速比上半年有所加快。前三季度,全市房地产开发投资同比增长1.2%,增速比上半年提高0.6个百分点。

从构成看,土地购置费拉动房地产开发投资增长。全市房地产开发项目的建筑安装工程投资480.26亿元,占比51.1%。土地购置费347.62亿元,增长26.2%,拉动房地产开发投资增长7.8个百分点,占比37.0%。除建安和土地购置费外其他投资111.08亿元,占比11.8%。

前三季度,全市新建商品房销售面积900.64万平方米,其中,保障性项目销售面积346.28万平方米,增长1.0倍,拉动全市新建商品房销售面积增长19.2个百分点。

（六）国家政策资金支持为投资增长提供了有力支撑

今年以来,国家宏观调控政策持续发力。我市以此为契机,统筹化债与发展,抓牢国家增发国债和超长期特别国债、扩大中央预算内投资和专项债券规模的政策机遇,加大政策资源争取力度,为全市保障性住房、城中村改造、基础设施等领域投资提供有力支撑。专项债券方面,截至2024年9月末,已发行68个项目、148.1亿元。9月27日新的一批专项债发行后,2024年下达我市495亿元的专项债限额全部发行,较去年增长1.2倍。中央预算内资金方面,截至2024年9月末,国家已下达32.24亿元,支持90个项目建设,下达额度较2023年增加10.35亿元。增发国债方面,争取项目125个、资金200.61亿元,推动全部项目超前1个月开工,资金支付率高于全国平均水平。超长期特别国债方面,截至2024年9月末,国家分三批已下达187.6亿元,支持166个项目。

三 全市固定资产投资持续健康运行的对策建议

（一）强化项目储备，高效推进建设

在推动高质量发展和深化全方位转型的征程中，我们必须充分挖掘自身潜力。基于我市独特的区位优势和鲜明的产业特色，围绕"两新""两重"等国家战略，依托科教、产业、港口优势，以百亿级项目谋划"揭榜挂帅"活动为核心，实施全方位的产业项目谋划战略。

在统筹谋划方面，建立由政府主导、多部门协同的项目谋划工作小组。成员涵盖发改委、经信、科技、商务等部门。工作小组要深入研究国家战略与我市实际的契合点，比如分析京津冀协同发展战略中我市在产业链分工的角色，针对性地谋划产业项目，对于科教优势，可围绕高校科研成果转化谋划产学研一体化项目；针对港口优势，规划临港产业园区和物流配套项目。

招商引资活动要更加精准。组建专业招商团队，按照产业类别细分，如高端装备制造招商组、生物医药招商组等。招商团队要深入研究目标产业在国内外的布局，主动出击，与行业龙头企业、高潜力创新企业对接。例如，对于高端装备制造产业，瞄准德国、日本等制造业强国的相关企业，宣传我市的产业基础和优惠政策。

建立企业诉求反馈的长效机制至关重要。在政务服务中心设立专门的项目建设问题反馈窗口，企业可随时提交问题。同时，开发线上反馈平台，企业能实时上传项目建设中的困难。收到反馈后，由工作小组迅速协调相关部门。若涉及土地问题，自然资源部门要在规定时间内完成土地审批流程；若存在环保问题，生态环境部门要指导企业整改，确保项目顺利推进。通过这些细致而全面的措施，促使项目早日开工，形成稳定的实物投资量，为全市投资增长筑牢根基。

（二）保障资金要素，推动投资形成

在利用中央资金支持政策方面，要组建专门的政策研究团队，密切关注超长期特别国债、专项债等政策动态。对于符合条件的项目，建立快速申报通道。例如，对于城市基础设施建设类项目，安排专人指导项目单位准备申报材料，确保申报内容准确、完整，提高申报成功率。同时，加强与上级部门沟通协调，争取更多中央预算内资金和地方政府专项债券配额。

积极拓展融资渠道需要多方发力。金融监管部门要组织银行、证券、保险等金融机构召开专题会议，解读融资政策，鼓励金融机构创新金融产品。如鼓励银行开发针对重大工程项目的长期低息贷款产品；引导证券机构通过资产证券化等方式为项目融资。建立金融机构与项目的对接平台，定期举办项目融资洽谈会，促进双方信息对称。

对于开工三年以上项目的支持要更具针对性。成立项目服务专班，深入项目现场调研，梳理瓶颈问题。若项目存在资金缺口，通过政府协调金融机构增加授信额度；若存在手续问题，组织相关部门现场办公，加快手续办理。在资金管理上，建立严格的资金监管制度。财政部门要会同审计部门，对项目资金进行全程跟踪审计。要求项目单位建立资金使用台账，详细记录资金流向，确保资金足额、合规地用于项目建设，加速形成实物工作量。

（三）抢抓政策机遇，提升投资意愿

抓住"两新""两重"政策机遇，引导企业加大技术改造投入是提升竞争力的关键。首先，完善鼓励企业技改的政策体系。除了现有的资金补贴和税收优惠政策，可增加对技改项目的设备购置补贴，按照设备金额的一定比例给予补贴；对于采用新技术、新工艺的企业，给予一定期限的税收减免，并允许其加速折旧固定资产。

加强对企业的服务和指导要落到实处。组织专业的专家团队，成员包括行业技术专家、生产管理专家等。专家团队深入企业生产一线，对企业的生产流程、技术装备等进行全面诊断。例如，对于传统机械制造企业，专家团队可

评估其自动化水平,提出引入工业机器人、智能化控制系统等技术改革建议。同时,搭建常态化的产学研合作平台,定期举办科技成果对接会。高校和科研机构展示最新科研成果,企业提出技术需求,促进双方精准合作。政府对合作项目给予一定的资金支持,推动科技成果在企业快速转化。

营造良好的投资环境是长期任务。知识产权保护部门要加大执法力度,建立知识产权侵权快速反应机制,严厉打击侵权行为。市场监管部门要完善市场准入和退出机制,加强对不正当竞争行为的监管。同时,建立企业信用评价体系,对守信企业给予政策优惠,对失信企业实施联合惩戒,为企业投资创造稳定、公平、透明的市场氛围,激发企业的投资热情。

(四)发展新质生产力,拓展新基建投资

当前,我市在风力、太阳能发电、水利设施灾后重建等领域的基础设施投资增长较为突出,但也面临挑战。从长远看,天津大型交通干线项目建设趋于饱和,铁路路网和公路路网密度排在全国前列,地铁、市域(郊)铁路等轨道交通建设项目多数处于建设后期,传统交通基础设施建设放缓,我们需积极向新基建领域转型。

围绕城市更新规划和智慧城市建设,谋划国家算力枢纽节点和大型数据中心项目。成立由工信、科技等部门组成的项目规划小组,深入调研我市的数据需求和产业发展趋势。在选址上,结合城市功能分区和能源供应情况,选择合适的区域。对于国家算力枢纽节点项目,要加强与国家相关部门沟通,争取政策支持和资源倾斜。同时,与知名的云计算、大数据企业合作,共同打造大型数据中心,吸引相关产业集聚。

聚焦5G基础设施建设等公益类项目,挖掘投资新增长点。制定5G基站建设专项规划,明确基站布局和建设时序。政府出台基站建设补贴政策,鼓励运营商加快建设进度。对于信息通讯领域,加强对光纤网络升级改造的投入,提高网络带宽和稳定性。在新能源方面,加大对充电桩网络建设的支持力度,制定统一的充电桩建设标准,鼓励社会资本参与。对于重大科技产业技术创新领域,建设科技产业园区公共技术服务平台,为企业提供研发、检测等一站

式服务,通过这些措施拓展新基建投资,为全市投资增长注入新动力。

(五)加强区域协调发展,拓展投资空间

推动市内区域协同发展。在天津,要打破市内区域间行政与产业的壁垒,统筹规划产业布局。依据各区域资源禀赋和发展基础引导产业发展方向,中心城区着重发展高端服务业和总部经济。例如,和平区凭借其金融底蕴发展金融总部经济,河西区依托商务资源发展商务服务总部;非中心城区则以先进制造业和现代农业为重点,滨海新区可发挥优势发展高端装备制造,宝坻区发展现代农业。

建立区域间产业转移协调机制至关重要。对于因城市功能调整而需搬迁的企业,在新区域提供土地、税收等优惠政策,保证企业能平稳持续发展。同时,加强区域间基础设施互联互通,完善交通网络,如优化公交线路、加强轨道交通建设,提高区域间的可达性;完善能源供应网络,保障能源稳定供应。这将有效降低区域间物流成本和交易成本,促进产业协同发展,为固定资产投资创造更多机会。

加强与周边城市的合作发展。天津要积极参与京津冀区域城市群发展战略,与周边城市建立紧密的产业合作联盟。开展产业共建园区建设,以共同投资、利益共享的模式,引导本市产业项目向合作园区延伸产业链。比如,与周边城市加强在环保产业、新能源产业等领域的合作,在津冀交界处建设产业园区,整合资源,形成规模效应。

以推进京津冀协同发展为战略牵引
促进天津高质量发展研究报告

刘俊利　天津社会科学院生态文明研究所副研究员

摘　要： 习近平总书记视察天津时强调,要聚焦经济建设这一中心工作和高质量发展这一首要任务,以推进京津冀协同发展为战略牵引,在使京津冀成为中国式现代化建设先行区、示范区中勇担使命、开拓进取,这为新征程上推动天津高质量发展明确了战略导向和行动指引。当前,天津在以推进京津冀协同发展为战略牵引、全面推进社会主义现代化大都市建设中还面临着对区域发展的经济贡献度还需提升、"双核"引领作用发挥不显著、创新驱动效能尚未全面激发等挑战。本文从加快培育经济增长极、发展新质生产力、集聚优质资源要素、推动更深层次改革和高水平对外开放等方面提出对策建议。

关键词： 京津冀协同发展　战略牵引　高质量发展

2024 年是京津冀协同发展战略实施十周年。十年来,在习近平总书记亲自谋划、亲自部署、亲自推动下,京津冀协同发展这一重大国家战略不断向纵深推进。京津冀三省市以《京津冀协同发展规划纲要》为引领,一张蓝图绘到底,坚定不移疏解非首都功能,推动"两翼"联动发展,唱好京津"双城记",交通、生态、产业、公共服务等重点领域持续突破,形成目标同向、措施一体、优势互补、互利共赢的发展格局。2023年京津冀三地经济总量连跨5个万亿元台阶,达到10.4万亿元、是2013年的1.9倍,区域经济整体实力显著增强,成为我国经济发展的主引擎区域之一,呈现出较强的集聚性和规模效应。天津坚持把推进京津冀协同发展作为重大政治任务和战略机遇,立足"一基地三区"功能定位,部署实施以"京津冀协同发展走深走实行动"为龙头的高质量发展"十项行动",深入推动京津冀协同发展在津沽大地生动实践、结出硕果。

一 天津推动京津冀协同发展走深走实的主要成效

(一)服务北京非首都功能疏解和"新两翼"建设成效显著

天津紧紧扭住承接北京非首都功能疏解这个"牛鼻子",加强与国家部委、央企、大院大所紧密合作,聚焦新一代信息技术、生物医药等重点领域,吸引中海油、中石化、中交建、中铁建、通用技术、等一批央企和高科技企业在津布局;中国医学科学院天津医学健康研究院、通用集团机床装备总部、中电科蓝天产业园、北京纳通骨科基地等高质量项目相继落户开工,累计引进北京投资项目近7000个,到位资金超1.2万亿元;滨海—中关村科技园、宝坻京津中关村科技城、武清京津产业新城等载体功能和质效持续提升,其中,滨海—中关村科技园累计注册企业近5000家,宝坻京津中关村科技城引入经营主体1500多个,与北京中关村融合发展形成示范效应。主动服务"新两翼"建设,一方面,充分发挥天津港北方航运枢纽作用,天津港开通至北京大红门海铁联运班列,设立北京CBD—天津港京津协同港口服务中心和天津港雄安服务中心,加快京津冀共建世界级港口群、机场群步伐;另一方面,加强与周边地区协同联动、一体化发展,天津武清区与北京城市副中心、河北省北三县深度协同,"通武廊"持续深化科技创新合作,联合开展技术攻关、共享共用科技创新资源、建立各种科技成果转化机构和平台,其中,共建重点实验室、产业技术研究院、技术创新中心等创新平台16家,推动科技创新成果从实验室走向生产线。

（二）产业协同与合作向广度深度拓展

天津立足全国先进制造研发基地定位,以强链聚群为着力点,同京冀共同打造世界级先进制造业集群。深化京津冀产业协同,推动区域产业实力提升、培育"六链五群"、加速重大应用场景建设,新一代信息技术、新能源汽车、高端装备等产业突破万亿。举办2024京津冀产业链供应链大会,发布了《京津冀产业协同发展十周年报告》,召开氢能、新能源和智能网联汽车、生物医药、网络安全和工业互联网、高端仪器设备和工业母机、机器人6条重点产业链专题推介活动,通用技术集团机床工程研究院、中国资源循环集团等落地建设。天津牵头网络安全和工业互联网产业链图谱绘制,全市网络安全产业规上工业产值近400亿元,我市高端装备、集成电路等12条重点产业链占全市规模以上工业增加值比重提高至80.2%,信创、航空航天、工业母机等领域"国之重器"加速打造,国家级单项冠军、专精特新"小巨人"企业保持全国前列。京津冀产业集群建设成效凸显,京津冀新一代信息技术应用创新集群、京津冀集成电路集群、京津冀安全应急装备集群、京津冀智能网络新能源汽车集群入选2024年国家先进制造业集群,京津冀生命健康产业集群成为国内唯一跨省联合建设的国家级先进制造业集群,在京津冀地区集聚相关企业5300余家,2023年集群主导产业实现总产值近3900亿元,2024年总产值有望继续保持增长态势。我市牵头的新一代信息技术应用创新集群,营业收入在全国前10名企业中拥有5家,全国市场占有率超过四成,集群企业数量和营收规模居全国城市首位。

（三）科技创新协同向更高层次演进

科技创新是京津冀协同发展的源动力,天津立足全国先进制造研发基地定位,聚焦创新驱动,持续在创新策源和转化上下功夫。与中国工程院、北京大学、北京理工大学、北京航空航天大学等签署战略合作框架协议,成立京津冀协同发展科技创新协同专题工作组,组建京津冀国家高新区联盟。获批组建全国重点实验室17家,其中联合北京、河北单位共同建设6家,合力建设京津冀国家技术创新中心,获批大型地震工程模拟研究设施、国家合成生物技术创新中心等一批重大创新平台,整合天津物质绿色创造与制造海河实验室等8个创新平台形成联合体。依托天开高教科创园、滨海—中关村科技园、宝坻—京津中关村科技城等协同创新载体,成立京津冀科技成果转化联盟,实现从"承接转移"向"产业链对接"和"创新成果落地"转变。截至2024年7月,天开高教科创园新增注册企业中,京、冀两地来源企业占比达到12%。三省市技术市场交易额逐年增加,北京流向津冀的技术合同成交额占比持续增长,2024年上半年,北京流向津冀技术合同2452项,成交额345.4亿元,同比增长75.7%。天津全社会研发投入强度达到3.66%,综合科技创新水平指数为83.5%,均位居全国第三。科研协同攻关和资源开放共享加速推进,三地联合组织京津冀基础研究合作专项40项,组织协同创新项目、院市合作项目68项;建成大型科研仪器开放共享平台,全市3766台(套)大型仪器与京、冀地区实现共享,京、冀地区2.18万台(套)大型仪器向天津开放服务;京津冀三地成果网实现融通汇聚,近9000项成果对天津企业开放共享。

(四)交通一体化建设不断升级突破

天津深入践行习近平总书记"志在万里,努力打造世界一流的智慧港口、绿色港口,更好服务京津冀协同发展和共建'一带一路'"的重要指示精神,世界一流绿色智慧枢纽港口建设全速推进,天津港集装箱吞吐量从1300多万标箱增加到2218万标箱,航线从119条增加到145条,泊位从159个扩充到213个,全球首个港口自动驾驶示范区获批建设,全球首个智慧零碳码头投产运营,率先打造"公转铁""散改集"双示范绿色运输港口,连续多年跻身世界港口前十强。天津与环渤海12家港口共同发布联合服务倡议,开通覆盖环渤海主要港口的环渤海"天天班"服务,强化京津冀、环渤海地区的经贸联系互动和生产要素流通,以天津港为核心的世界级现代化港口群加速建设。"轨道上的京津冀"加速打造,京唐城际、京滨城际北段、津兴城际铁路(一期工程)等建成通车,津潍高铁、京滨城际滨海新区段工程加快建设;津石高速、塘承高速等完工通车,兴港高速加快建设(天津港集疏运专用货运通道),天津铁路网密度全国第一、高速公路网密度全国第二,初步实现了京津雄半小时通达,京津冀主要城市1—1.5小时通达。"一带一路"开放平台高质量共建,与世界上180多个国家和地区的500多个港口保持贸易往来,构建起独具优势的"两桥三通道四口岸"丝路陆桥通道,中欧(中亚)班列年运量突破9万标准箱,稳居全国沿海港口首位。

(五)生态环保联建联防联治不断拓展

天津深入贯彻落实习近平生态文明思想和京津冀协同发展中生态环境保护率先突破的要求,聚焦重点领域采取一系列硬措施,并取得丰硕成果。京津冀东部绿色生态屏障加速构筑,绿色生态屏障区建设稳步推进,有机融入京津冀生态网络,截至2024年10月,绿色生态屏障区蓝绿空间占比达到66.21%。重点领域协同治理持续深化,连续多年开展秋冬季大气污染综合治理攻坚行动,2023年,京津冀PM2.5平均浓度为38微克/立方米,较2014年下降超六成,全市环保绩效A级、B级及引领性企业达到290家;与河北省签订实施引滦入津上下游横向生态保护补偿第三期协议,黎河桥和沙河桥两个入津断面水质达到Ⅱ类;启动危险废物跨省"点对点"定向利用试点,5个月定向利用废酸1484吨,产生经济效益273万元;成立"京津冀生物多样性协同创新中心",建立国家生态综合观测站(天津环渤海滨海站),七里海野生鸟类增至近260种,我国境内疑似灭绝的彩鹮现身北大港湿地自然保护区。绿色低碳协同发展,召开首届京津冀生态产业创新发展大会,组建"环保科技产业创新共同体",共同编制《低碳出行减排核算技术规范》,创新开展绿电碳排放核减,我市145家企业完成碳配额清缴,绿电碳排放核减为企业带来碳减排收益700余万元。签订京津冀雄生态环境监测战略合作框架协议,成立天津市生态环境监测中心雄安新区工作站,服务雄安新区加快环境监测体系建设。

（六）社会服务领域协同与合作深度推进

天津着力解决人民群众在医疗、教育等民生领域急难愁盼问题,京津冀社会服务领域合作不断深化。医疗健康方面,北京协和医学院天津医院项目一期(血液病医院团泊院区)投入使用,天津市肿瘤医院秦皇岛医院获批第五批国家区域医疗中心项目并开工建设,天津中医药大学第一附属医院石家庄医院建设加快推进。与雄安新区扎实合作,组织选派人才支持雄安新区建设,2023年以来,从天津33家优质医疗卫生机构选派83名专家进驻雄安新区安新县,开展门急诊诊疗3.7万人次,实施新技术17项。目前,天津加入京津冀地区临床检验结果互认的医疗机构已达89家,互认项目50项;加入医学影像检查资料共享医疗机构达73家,互认项目30项。教育方面,高等教育交流密切,市政府与北大、清华、北理工、北航、河北工大等高校深化合作,其中,北大28名干部教师来津交流,我市2名高校干部赴北大实岗锻炼。职业教育合作加速推进,成功举办第三届津雄职教论坛,我市牵头组建16个京津职教发展联盟,三省市联合共建京津冀职业教育改革示范园区。基础教育方面,三省市考试院和教科院分别签署协议,启动京津冀教育协同数字平台,开展联合教研、课程共享,天津9区分别与北京6区、河北省6个地级市教育部门签署合作协议,承接河北省100名中小学骨干校长教师来津跟岗研修。社会保障服务方面,三地持续优化养老保险待遇资格协同认证,互通、共用养老保险待遇领取人员线上认证渠道,统一认证经办指南。人力资源合作方面,京津冀人力资源服务产业园在三河市正式开园,天津3家机构入驻,此外,北京朝阳区、天津和平区、天津河东区和河北石家庄高新区四家人力资源产业园达成战略合作协议,不断促进三地政策互通和人才流动。

（七）体制机制协同经验不断积累

天津以深化结构性改革和体制机制创新为切入点,聚焦投资、贸易、金融等重点领域,建立跨区域产业转移、重大基础设施建设、园区合作共建的成本共担、财税共享、税收征管等协调机制,实现规划、土地、项目建设的跨区域协同和有机衔接。加强"首创性"制度创新供给，实施 581 项制度创新措施，39 项试点经验和实践案例在全国复制推广，天津自贸试验区制度创新指数连续三年位居全国前列，中欧班列"保税＋"发运模式等 4 项经验做法入选国家试点示范最佳实践案例，服务业扩大开放试点任务落地实施率超过九成，为京津冀区域扩大对外开放、深化对外交流提供重要的窗口。积极探索在市场一体化等方面的体制机制创新，三地签署《京津冀营商环境一体化发展合作框架协议》，重点完善商事制度、监管执法、政务服务、跨境贸易、知识产权等区域一体化机制，155 项高频政务服务事项实现"跨省通办"，极大便利三地居民和企业的办事需求。建立京津冀自贸试验区政务服务通办联动机制，联合推出 179 项政务服务事项"同事同标"、234 项实现"跨省通办""京津冀＋雄安"527 项"一网通办"。

二　京津冀协同发展战略下天津高质量发展面临的挑战

天津以推进京津冀协同发展为战略牵引、全面建设社会主义现代化大都市，成为当前天津经济社会发展的主战略和主抓手，但仍面临如下挑战。

（一）对区域发展的经济贡献度仍需提振

对标世界级城市群，京津冀城市群总体经济实力有待进一步增强，天津对京津冀区域的经济贡献度仍需提振。从总量上看，京津冀区域对全国贡献率有所下滑，2023 年京津冀区域经济总量为 10.44 万亿元，对比长三角、珠三角地区，其经济贡献量仍有差距；从时间维度看，京津冀区域占全国 GDP 比重从 2013 年的 10.9% 下降至 2023 年的 8.3%。从区域内部看，城市间贡献度差异明显，2024 年前三季度，天津经济总量为 12673.8 亿元，占京津冀 GDP 比重为 16.09%，而北京占京津冀 GDP 比重为 42.34%、河北省占京津冀 GDP 比重为 41.63%。从时间维度看，天津 GDP 占京津冀地区的比重由 2013 年的 18.0% 下降至 2024 年前三季度的 16.09%，自身转型发展仍需提速。

（二）京津双核下的天津作用发挥不显著

天津作为京津双城中的核心区域,其作用仍需进一步发挥。其一,天津与北京的经济差距有所增大,2014 年、2017 年、2020 年、2023 年的人均 GDP 差距分别达到 3.27 万元、1.51 万元、6.31 万元和 7.72 万元,城镇居民人均可支配收入差距分别达到 1.70 万元、2.21 万元、2.76 万元和 3.33 万元,与北京的差距扩大势头明显。其二,区域服务能力有待增强,天津金融资源数量和质量相较北京仍有较大差距,在投融资服务方面,天津与京冀两地的信息共享、项目对接等机制尚不健全,存在融资效率低下、项目落地困难等问题。其三,要素集聚水平仍有待提升,我市要素市场化水平不高,要素市场的价格形成机制、交易规则、监管体系等市场机制尚不健全,要素市场化交易平台数量依然不足、功能尚不完善。新型要素培育上仍需加快,技术、数字等新型要素存在产权不清晰、市场化交易机制不健全、市场发育不足等问题。其四,对外开放程度和水平仍需加强,天津外资吸引力呈现下降态势,2024 年 1—8 月天津市外商投资企业进出口总额为 340.52 亿美元,相比上年同期减少 14.99 亿美元,同比下降 4.2%,此外,天津在自贸区制度创新的广度和深度仍需加强。

（三）创新驱动效能尚未全面激发

天津科技创新近年来呈现不断提升态势,但与建设社会主义现代化大都市的目标相比,仍有差距。一是创新平台作用和优势尚需激发,京津中关村科技城等创新平台的系统性设计有待完善,创新平台的人力集聚载体功能、科技成果创造功能、创业孵化驱动功能未能充分发挥,创新平台、转化平台、产业平台的布局与服务链条还不完善,尚未形成合力。二是创新生态有待完善,创新策源能力有待提升,部分创新园区中初创企业占比较大,短期内难以产生原创性、引领性的重大创新成果,规模以上工业企业研发强度和研发活力有待提升。成果转化仍需提速,万人专利授权数和人均 GDP 较北京等一线城市有较大差距,创新产出和经济效益上仍有较大提升空间。创新服务生态亟待优化,我市企业与高校、科研院所间的信息交流不畅是影响科技创新的重要阻碍,技术信息和市场信息对接服务上仍需进一步优化。三是科技创新与产业创新深度融合有待加强,我市科技创新与产业创新深度融合存在脱节,创新链与产业链、价值链匹配度不足,适应市场需求变化的节奏和响应仍需加强,部分科技成果难以被市场应用。

三 以推进京津冀协同发展为战略牵引 促进天津高质量发展的对策建议

当前,天津正处于全面建设社会主义现代化大都市的关键时期,充分发挥京津冀协同发展的战略牵引作用,在办好协同融入的同时扎实推动自身发展,全力推动京津冀协同发展向更大空间、更深层次拓展,在推动京津冀成为中国式现代化建设的先行区、示范区中不断贡献天津力量。

（一）以建设"首都为核心的世界级城市群"为目标培育天津经济增长点

一是推进技术创新与产业创新融合对接。着力吸引北京的科技创新成果,特别是原创性、颠覆性科技创新成果到天津转化应用,以场景创新、产业创新带动传统产业转型升级,促进生物医药等新兴产业发展壮大,提升优势产业发展能级,加快量子技术等未来产业布局,积极承接北京央企二、三级子公司及优质项目,努力打造世界级先进制造业集群。

二是夯实产业合作平台。用好滨海—中关村科技园、京津中关村科技城、武清京津产业新城等平台载体,不断提升滨海新区、武清区、宝坻区、宁河区等重点区域发展动能,助力"以首都为核心的世界级城市群"建设。

三是深入推动京津冀"六链五群"建设。围绕六条重点产业链图谱,基于"一链一策"制定产业链延伸和协同配套政策。强化京津产业体系融合,聚焦生物医药、智能制造、车联网等京津优势产业,建设跨区域工业互联网平台和跨区域产业链联盟,深化产业链强链补链延链优链,加快产业成龙配套、成链成群,构建分工合理、协作有序、上下游联动的产业协同发展格局。

（二）以新技术赋能产业升级发展新质生产力

一是打造科技创新矩阵。借鉴广深港澳科技创新走廊、长三角"G60 科创走廊"等经验，着力打造以京津创新走廊为轴，以滨海、武清、宝坻、宁河四个重点区域为骨干，以 N 个"微中心"为支撑的"一廊四节点 N 中心"的科技创新格局，加强科技、人才、金融等配套服务和政策协同，探索跨省市科技园区联合共建机制和重大科技项目协同推进机制，设计跨省市税收分享机制。

二是充分发挥各类平台牵引功能，推进知识创新平台、技术创新平台、支撑服务平台建设。突出"出成果、促转化"两个重点，主动对接产出优质科技成果的北京高等院校与科研院所，共同培育跨区域专业化技术转移机构。深入挖掘天津概念验证平台和中试熟化基地资源，扩充京津冀概念验证平台和中试熟化基地清单，在我市具备条件的区域建设、整合一批科技成果中试转化平台。

三是积极探索协同创新路径，唱好京津"双城记"。推动天津与北京的科技创新协同和产业体系融合，以重大产业项目布局和场景创新为抓手，推动产业链、创新链协作发展，打造从知识产出、科技创新到新产品生产销售的全产业链，实现京津冀三地产业链分工与联动发展。

（三）集聚优质资源要素释放区域市场一体化红利

一是探索要素市场化配置新路径。联合京冀探索构建跨省域标准、规则、制度相统一的要素市场体系，以技术和数据为抓手打造天津技术要素市场和数据要素市场。发挥价格机制在要素配置中的牵引作用，系统推进各类要素价值评估。完善各类要素市场交易规则，整合各类要素交易平台，拓宽农村集体产权、知识产权、数据产权等要素交易范围，优化京津冀建设用地节余指标跨区域交易机制，积极推进各类要素交易流转。

二是培育发展新型要素形态。研究制定京津冀数据交易管理办法，健全数据要素生产、确权、流通、应用、收益分配机制，完善数据资源确权、交易流通、跨境传输等基础制度和标准规范。探索建立京津冀大数据交易中心、京津冀数据要素中心等载体。构建京津冀一体化算力体系，建立算力资源市场化交易平台，加快布局数据流通设施，为促进跨行业、跨地域数据要素流通提供支撑。

三是强化要素供给及协同共享机制。加强与北京创投机构、金融总部、外资金融机构等对接，打造主题鲜明、业态集聚、创新驱动、服务高效的科技金融集聚标志区，争创国家科技金融改革示范区。加强人才要素协同，联合京冀探索构建人才要素大市场。聚焦信创、生物医药等重点领域，集中力量招引全球顶尖人才，探索"国际技术转移"等科技创新合作新模式，构建更加开放的国际人才交流合作机制。

（四）持续推动更深层次改革和高水平对外开放

一是强化开放型经济体制度建设。聚焦投资、贸易、金融、创新等对外交流合作的重点领域深化体制机制改革，依托天津自贸试验区开展更大程度制度型开放的压力测试，持续扩大规则、规制、管理、标准等制度型开放，创新构建投资、贸易、金融、人员、数据、运输等要素跨境自由流动制度政策体系，探索构建高水平开放的服务贸易制度，为全国推进制度型开放探索经验。

二是持续推进重要领域改革。充分发挥滨海新区、自贸试验区、国家自主创新示范区、综合保税区等产业承载和政策创新优势，深度推进区域一体化、京津同城化发展体制机制创新，探索汇聚国际创新资源的制度和政策，打造京津冀自贸试验区协同创新方阵。以做优做强国有企业为目标，持续优化国有经济布局，加快竞争性国有企业混合所有制改革，通过改革有效盘活国有存量资本，不断提升在区域国资国企领域的竞争力和影响力。健全完善促进民营经济发展的政策体系，利用政府与社会资本合作新机制，引导民营企业积极融入区域创新链产业链人才链资金链，在更广泛的领域发挥好民营经济的积极作用。

三是提升京津冀营商环境一体化水平。在扫清办事障碍上按下"删除键"，破除隐性门槛和壁垒，持续推动许可事项清单合一、证照资质互认。试点扩大知识产权保护范围及提高执法力度，构建更高标准的知识产权保护制度。

以数字化和标准化为引领推动政务环境一体化,为京津冀营商环境便利化探索更多经验做法。

参考文献:

[1] 刘秉镰、边杨:《京津冀建设中国式现代化先行区、示范区的理论逻辑与路径选择》,《北京社会科学》2024 年第 7 期。

[2] 杨文圣、代汝欣:《以推进京津冀协同发展为战略牵引谱写高质量发展新篇章》,《求知》2024 年第 5 期。

[3] 张耀军、陈芸:《京津冀高质量协同:发展历程、取得成效与未来展望》,《北京联合大学学报(人文社会科学版)》2024 年第 3 期。

[4] 武义青、冷宣荣:《京津冀协同发展十周年回顾与展望》,《经济与管理》2024 年第 2 期。

[5] 李国平、吕爽:《京津冀协同发展战略实施成效及其重点方向研究》,《城市问题》2024 年第 2 期。

[6]《推动京津冀协同发展走深走实》,《经济日报》,2024 年 2 月 23 日。

[7] 陈璠:《服务大战略 实干开新局》,《天津日报》2023 年 2 月 26 日。

[8] 陈璠:《瓣瓣同心 京津冀协同发展走深走实》,《天津日报》2024 年 2 月 1 日。

[9] 张雯婧:《推动三地科技成果在天开园落地转化》,《天津日报》2024 年 5 月 11 日。

京津冀产业体系融合发展研究报告

吕静韦　天津社会科学院数字经济研究所副研究员

摘　要： 近年来,京津冀产业协同创新支撑力度不断增强,"六链五群五廊"产业布局加速形成,跨区域产业链协同持续强化,但区域合作机制与服务体系仍有待进一步优化,产业链、人才链、创新链、资金链、政策链融合水平有待持续提升,区域产业内外循环体系有待加快构建。建议以核心产业为重点,凝练京津冀产业体系融合发展新方向;以协同创新为引领,激发京津冀产业体系融合发展新动能;以科技园区为抓手,铸就京津冀产业体系融合发展新优势;以营商环境一体化为重点,打造京津冀产业体系融合发展新环境。

关键词： 京津冀　产业体系　融合发展

2024 年 2 月,习近平总书记视察天津时强调,天津要以推进京津冀协同发展为战略牵引,奋力谱写中国式现代化天津篇章,并对提升区域科技创新和产业融合发展水平作出重要指示,提出要合力建设世界级先进制造业集群,为京津冀产业体系融合指航定向、擘画蓝图。2014 年至 2024 年间,京津冀三地坚持把协同创新与产业协作作为区域高质量协同发展的重要动力源,聚焦新一代信息技术、高端装备制造、新能源汽车与智能网联汽车、生物医药等高精尖产业,做强创新主体、集聚创新要素、强化协同平台、优化创新机制,不断推动京津冀现代化产业生态迈向更高水平,为产业体系融合奠定良好基础。

一　京津冀三地产业体系规划及发展现状

京津冀协同发展国家重大战略实施十年来,京津冀经济总量持续增长,产业结构不断优化,现代化产业体系加快构建。2023 年,北京市、天津市、河北省地区生产总值分别为 43760.7 亿元、16737.3 亿元和 43944.1 亿元。京津冀经济总量达 10.4 万亿元,产业结构持续优化,三次产业构成由 2013 年的 6.2∶35.7∶58.1 变化为 2023 年的 4.6∶27.7∶67.7。2024 年上半年,京津冀三地规模以上工业企业营业收入达到 5.1 万亿元,利润总额实现 2310 亿元。京津冀携手培育世界级先进制造业集群的图景正在加速呈现,基于各自产业体系布局和资源禀赋优势绘制的重点产业链逐步提质增效。

(一)北京市产业体系规划及发展现状

《北京市"十四五"时期高精尖产业发展规划》提出,打造以智能制造、产业互联网、医药健康等为新支柱的现代产业体系,将集成电路、智能网联汽车、区块链、创新药等打造成为"北京智造""北京服务"的新名片,并提出到 2025 年"基本形成以智能制造、产业互联网、医药健康等为新支柱的现代产业体系"的主要目标,以及到 2035 年"具有首都特点的高精尖产业体系更加成熟"的远景目标,提出构建"2441"高精尖产业体系,即做大新一代信息技术、医药健康两个国际引领支柱产业;做强集成电路、智能网联汽车、智能制造与装备、绿色能源与节能环保四个"北京智造"特色优势产业;做优区块链与先进计算、科技服务业、智慧城市、信息内容消费四个"北京服务"创新链接产业;抢先布局生物技术与生命科学、碳减排与碳中和、量子信息、前沿新材料、脑科学与脑机接口等领域一批未来前沿产业①。同时,通过着力提升创新型产业集群示范区建设,全力打造北部研发创新与信息产业带和南部先进智造产业带,支持通州

---

① 中华人民共和国中央人民政府:《北京市人民政府关于印发〈北京市"十四五"时期高精尖产业发展规划〉的通知》,http://www.gov.cn/xinwen/2021-08/18/content_5631916.htm。

区、石景山区以及生态涵养区加快建设通州网络信息安全产业组团、石景山虚拟现实产业组团、怀柔高端科学仪器和传感器产业组团、延庆无人机产业组团、平谷智慧农业产业组团等一批特色鲜明产业组团，并立足京津冀协同发展，充分发挥北京"一核"辐射带动作用，整体谋划高精尖产业发展，推动氢能、智能网联汽车、工业互联网三个重点产业协同率先突破，构建环京产业协同发展三个圈层，即依托北京向外 50 公里左右的环京周边地区打造环京产研一体化圈层，依托北京向外 100 公里到雄安、天津打造京津雄产业功能互补圈层，依托北京向外 150 公里到保定、唐山、张家口、承德、沧州等城市打造节点城市产业配套圈层，促进"一区两带多组团、京津冀产业协同发展"新格局加快构建，形成北京引领津冀两地产业协同创新升级新模式。

2023 年，北京市出台通用人工智能、人形机器人等 30 余项细分产业支持政策，新设 4 支政府高精尖产业基金，高精尖产业发展优势持续巩固提升，集成电路全产业链发展取得重大进展，一批创新药品、医疗器械获批上市，小米智能手机工厂、理想汽车旗舰工厂提前投产。2024 年 2 月，北京市发展改革委正式发布《北京市产业地图》和《北京市产业政策导引（市级版）》，并在"首都之窗"上线。上述两个政策文件围绕首都全国政治中心、文化中心、国际交往中心、科技创新中心"四个中心"功能定位，聚焦 16 个区和经开区的重点产业区域，融合高精尖产业、现代服务业、两业融合、现代基础设施产业、现代农业等 31 个重点行业，从总体布局、区域布局、行业导引三方面描绘了 75 张产业现状和规划图，全面展示各区、相关园区产业基础和资源禀赋优势，清晰勾勒了北京市的产业布局，为产业投资提供了指引。

（二）天津市产业体系规划及发展现状

《天津市制造业高质量发展"十四五"规划》①（以下简称《规划》）提出，加快构建"1＋3＋4"现代工业产业体系。其中，"1"是指发挥引领作用的智能科

---

① 天津市人民政府：《天津市人民政府办公厅关于印发天津市制造业高质量发展"十四五"规划的通知》，https://www.tj.gov.cn/zwgk/szfwj/tjsrmzfbgt/202107/t20210707_5493059.html。

技产业,"3"是指绿色石化、汽车、装备制造3个优势产业,"4"是指生物医药、新能源、新材料、航空航天4个新兴产业。同时,《规划》提出了到2025年,"基本建成研发制造能力强大、产业价值链高端、辐射带动作用显著的全国先进制造研发基地"的发展目标。

立足"一基地三区"的功能定位,天津市充分依托工业基础雄厚和产业体系较为完备的优势,利用"三北"地区海上门户和"一带一路"海陆交汇点的港口交通枢纽地位,积极释放滨海新区、自贸试验区、国家级开发区、国家自主创新示范区、综合保税区等产业承载和政策创新势能,有效发挥科教人才、城乡空间等要素资源相对富集和公共服务体系相对完善等支撑效应,持续拓展超大城市市场需求,为产业发展提供配套支持,逐步打造了信创、集成电路、车联网、生物医药、中医药、新能源、新材料、航空航天、高端装备、汽车及新能源汽车、绿色石化、轻工等12条重点产业链,前瞻布局未来智能、空天深海、生命科学等未来产业,大力推动冶金、轻工等传统产业转型升级,着力推进产业成龙配套、成链成群。

近年来,天津坚持高端化、智能化、绿色化方向,提出组织实施"十项行动",编制并实施《制造业高质量发展行动方案》,基于制造业发展优势和短板,重点实施京津冀产业协同发展、产业强基、产业链再造、产业集群培育、优质企业锻造、重大项目牵引、绿色低碳转型、产业生态优化等八大工程,加快推进数字经济与实体经济深度融合、先进制造业与现代服务业深度融合。同时,天津积极推进京津冀成为中国式现代化建设的先行区示范区建设,强化制造业的先进性、引领性和协同性,着力培育绿色石化、汽车、装备制造等支柱性产业集群,打造市场化、法治化、国际化营商环境,推动更多优质资源要素加速汇聚。聚力滨海新区"中国信创谷"建设,京津冀网络安全产业集群逐步形成。2023年,天津持续优化与北京资源对接机制,成功引进疏解功能资源在津新设机构1793家,实现中海油新能源等40家央企二三级公司在津布局①。

---

① 《政府工作报告》(摘要),天津政务网,https://www.tj.gov.cn/sy/tjxw/202401/t20240124_6518374.html。

（三）河北产业体系规划及发展现状

《河北省建设全国产业转型升级试验区"十四五"规划》提出，以建立京津冀协同发展的现代产业体系为目标，增强钢铁、装备、石化、食品、医药、信息智能、新能源、新材料、现代商贸物流、文化旅游、金融服务、都市农业 12 大主导产业支撑地位，构筑先进制造业为核心、现代服务业和现代农业为两翼的现代产业体系[1]。规划的具体目标为：到 2025 年，先进制造业、战略性新兴产业、现代服务业成为产业体系主体；到 2035 年，全国产业转型升级试验区功能充分发挥，协同京津、国内领先、国际先进的产业发展高地加速崛起，成为全国重要的先进制造业基地和现代服务业聚集区[2]。

河北省持续推动全省产业体系完善。2023 年，26 家企业上榜全国民企研发投入 500 强，国家科技型中小企业总数超过 2 万家。聚焦数字化、网络化、融合化，加快钢铁、石化、汽车等传统产业及新兴产业数字化转型，聚力打造 333 个县域特色产业集群，积极拓展产业发展路径。同时，不断提升基础设施支撑水平，在全国率先出台《河北省推进电信基础设施共建共享 支撑 5G 网络加快建设发展实施方案》，在雄安建成国内首个面向车联网场景的 IPv6 + 算力网络示范基地，并完成行业内首次远程驾驶场景现网试点。2024 年 8 月末，河北省 5G 基站数量达到 19.3 万个，5G 移动用户达到 4953.4 万户，省际出口带宽达 8.49 万 G，光缆总长达 277.1 万公里，数字化基础设施的支撑能力持续增强[3]。推动 5G 等新一代数字技术赋能钢铁、化工、医药等领域数字化转型，截至 2024 年 10 月，河北省 5G 应用项目累计超过 1000 个。

以京津冀重点产业链协同为契机，持续优化政策支撑体系。2023 年 7 月，

---

① 河北：《推进产业基础高级化产业链现代化》，中国政府网，https://www. gov. cn/xinwen/202201/09/content_5667266. htm。

② 河北：《推进产业基础高级化产业链现代化》，中国政府网，https://www. gov. cn/xinwen/202201/09/content_5667266. htm。

③ 《加快建设数据驱动、智能融合的数字河北③｜"新基建"提速提效"数字底座"不断夯实》，河北省人民政府，https://www. hebei. gov. cn/columns/580d0301 - 2e0b - 4152 - 9dd1 - 7d7f4e0f4980/202410/22/60fba10a - dcbb - 4b66 - b1aa - 1ac2b9bfb729. html。

河北省出台《关于支持生物制造产业发展若干措施》和《关于促进生物医药产业高质量发展的意见》《关于支持生物医药产业高质量发展若干措施》《关于支持中医药产业高质量发展若干措施》《关于支持石家庄市生物医药产业高质量发展若干措施》等生物医药产业"1+3"政策措施①,助力生物医药集群蓬勃发展。2023 年 9 月,河北省印发《关于促进电子信息产业高质量发展的意见》《关于支持第三代半导体等 5 个细分行业发展的若干措施》和支持石家庄等 5 市电子信息产业发展的若干措施,形成电子信息产业"1+5+5"政策措施支撑体系②。同时,深化京津冀重点产业链协同,携手京津共同推进新能源和智能网联汽车、机器人等重点产业链建设,分别制定配套政策文件,不断推进产业补链强链。

二 京津冀产业体系融合发展成效

(一)京津冀协同创新支撑力度不断增强

1. 京津冀协同创新共同体建设持续推进

2023 年 11 月,北京、天津、河北三地人大常委会分别审议通过了《关于推进京津冀协同创新共同体建设的决定》,明确了三地共同支持雄安新区创新发展、唱好京津"双城记"、通州区与"北三县"创新合作、天津市与河北省在生物制药和临港经济等方面创新合作的方向③,为共同提升区域协同创新能力,解决产业发展共性需求,优化区域产业布局和区域创新资源整合,促进京津冀产业优势互补和产学研深度融合,提升区域产业链水平提供了有效支撑和保障。

---

① 《高质量发展看河北丨河北生物医药产业:以新引领 以质赋能》,石家庄市投资促进局,https://tzcjj. sjz. gov. cn/columns/66c7ea0c－6942－4c45－ac98－a23f17b523bf/202404/04/1b3c43ee－d88e－4992－aec4－b8f43ee88385. html。

② 《促进全省电子信息产业发展"1+5+5"政策措施解读》,河北省工业和信息化厅,https://gxt. hebei. gov. cn/hbgyhxxht/zcfg30/zcjd17/946403/index. html。

③ 《京津冀三地同步立法推进协同创新共同体建设》,中国政府网,https://www. gov. cn/lianbo/difang/202312/content_6919802. html。

2. 创新联合体加快建设

2023 年,北京市发布《北京市创新联合体组建工作指引》,提出到 2025 年,优先在高精尖产业领域布局培育 20 个左右具有国际影响力的创新联合体。2024 年,天津市开展创新联合体组建工作,并成立首批 17 个产业链创新联合体,主要侧重战略性新兴产业、未来产业以及产业安全等领域,拥有 9 家链主企业和 62 家链上重点企业。2024 年 9 月,数字信息产业创新联合体在天津成立,汇聚了包括京津冀在内的多省市科研单位、高等院校和新一代信息技术产业链企业,形成了涵盖软件开发、硬件制造、系统集成、信息技术服务等多行业,衔接科技、教育、人才、产业等多维度的良好机制。2023 年,河北省印发《河北省创新联合体建设工作指引》,并于 2024 年新增"河北省高精密智能化辊压装备创新联合体"等 5 家创新联合体。

创新联合体的加快发展,为畅通京津冀校企高频高效"握手",联合推进成果转移转化,支持科技领军企业重大科技成果示范应用与产业化提供了应用场景和平台。

3. 协同创新服务体系日益完善

2024 京津冀协同创新与高质量发展论坛上,发布了由京津冀国家高新区联盟牵头建设的"京津冀科技创新服务平台地图"。该地图是首个区域科创服务平台地图,共汇集 337 个京津冀地区成果转化、创业孵化、产业创新和科技服务四类平台及产业空间载体资源,为打通创新要素、产业领域、重点区域之间的服务链接提供"精准导航"。同时,论坛发布了包括京津冀一体化智能网联汽车云控平台、雄安新区规划建设 BIM(建筑信息模型)管理平台、雄安基础地理信息管理平台等在内的五大重点领域协同创新应用场景典型案例,以及《京津冀科技成果供给及需求清单》等,为新一代信息技术、智能装备、新材料等领域科技成果转化提供对接指引。

2024 年,聚焦智能网联汽车先进制造业集群,京津冀三地携手建设京津冀智能网联新能源汽车科技生态港,三地企业代表联合发布《共建京津冀智能网联汽车先进制造业集群倡议》,为着力打造中国领先、世界一流的先进制造业集群提供有效助力。

4."北京研发、津冀制造"模式加速形成

京津冀国家技术创新中心加快布局,创新带动产出效率持续提高。京津在新材料、生物医药、电子信息、先进制造等领域的技术合作不断加强,北京向天津输出技术合同成交额从2014年的38.8亿元上升到2024年的82.1亿元,年均增长率8.7%;京冀科技合作活跃度持续增强,2023年,北京流向津冀技术合同成交额同比增长109.8%,北京输出河北技术合同成交额由2014年的32.4亿元增长至2024年的274.8亿元,有效推进河北科技活动产出指数提升[①]。

中关村构建的"大企业强、独角兽企业多、中小企业活"的创新企业矩阵集聚形成新一代信息技术万亿级产业集群和医药健康、集成电路等9个千亿级产业集群,在氢能、生物医药、智能网联汽车等领域培育打造先进制造业集群,牵头成立京津冀国家高新区联盟,辐射范围持续向京冀两地扩散。雄安新区中关村科技园、天津滨海—中关村科技园、保定中关村创新中心等合作园区推进京津冀在新材料、生物医药、电子信息、先进制造等领域的合作不断加深。截至2023年末,中关村京津冀创新合作园区累计注册企业7165家,其中,在河北设立分支机构的北京中关村企业数量达到2000多家。

(二)京津冀"六链五群五廊"产业布局加速形成

1."六链"新画卷靓丽呈现

京津冀三地工业和信息化主管部门统筹建立链长制,不断推动政府"定链"向市场"成链"转变。2023年11月召开的京津冀产业链供应链大会,通过推介三地产业发展优势和思路,构筑京津冀面向全球招商推介与资源聚合平台。京津冀三地共同绘制氢能、生物医药、智能网联汽车、网络安全和工业互联网、高端仪器设备和工业母机、机器人6条产业链图谱,形成3张清单,梳理出链上企业2441家,摸清了产业链"家底",开启了区域创新链产业链供应链

[①] 《京津冀科技创新服务平台地图上线》,新华网,https://baijiahao. baidu. com/s? id = 1797626943405833711&wfr = spider&for = pc。

发展新图景。在产业链图谱引导下,河北省汽车和机器人产业加速聚合发展。2024 年 1—8 月,河北省新能源汽车产量 21.6 万辆,同比增长 1.9 倍;机器人企业主营业务收入 76.8 亿元,同比增长 14.6%[①]。

创新链产业链供应链新体系加快构建。京津冀氢能全产业链基本贯通,液氢关键技术接连实现突破,累计推广燃料电池车辆超过 6000 辆[②];从研发、临床、制造到应用的全链条持续畅通,具有全球影响力的生物医药产业协同创新发展的策源地功能不断增强;工业互联网基础设施、基础软件、终端应用全链创新统筹推进,工业互联网平台赋能高地加快形成;高档数控机床、增材制造装备、特种机床等整机制造及配套零部件产业加速发展,高端工业母机产业链整体向高端化、自主化方向迈进;全产业链体系建设成效显著,新能源和智能网联汽车产业链供应链逐渐由感知系统、控制系统等向整车制造发展;高端制造集聚态势逐步显现,核心零部件、配套部件及算法模块、机器人本体、系统集成等环节的技术创新和应用示范能力得到强化。

2. "五群"新图景渐次展开

聚焦集成电路、网络安全、生物医药、电力装备、安全应急装备产业集群五大产业集群,服务北京非首都功能有序疏解的资源配置空间功能逐步完善。京津冀形成了集成电路和电力装备两个制造业集群京津"双中心"发展的空间格局,网络安全、生物医药和安全应急装备三个制造业集群开始呈现"多中心"空间结构特征[③],产业协同发展的空间格局逐步清晰。

2023 年,工信部会同国家发展改革委、科技部等有关部门以及京津冀三地政府立足区域产业特色和比较优势,共同编制《京津冀产业协同发展实施方案》,加快推进产业成龙配套、成链成群。依托北京经济技术开发区、中关村科学城、天津西青区和滨海新区、涿州高新区、保定高新区等协同布局产业廊道,

---

① 《京津冀以链为媒协同打造先进制造业集群》,央广网,https://www.cnr.cn/hebei/tpxw/20241019/t20241019_526945434.shtml。
② 《京津冀氢能全产业链基本贯通》,北京市科学技术委员会、中关村科技园区管理委员会,https://kw.beijing.gov.cn/art/2024/10/14/art_1132_682086.html。
③ 《〈京津冀蓝皮书:京津冀发展报告(2024)〉发布》,中国社会科学网,https://www.cssn.cn/skgz/bwyc/202407/t20240718_5765257.shtml。

沿京津发展轴布局战略性新兴产业和现代服务业创新空间,逐渐形成科技园区、功能区、产业平台统筹联动的辐射带动效应,推进创新型产业加速集聚和创新成果加快转化。在 2024 京津冀产业链供应链大会上,京津冀产业协同专题工作组发布的《京津冀产业协同发展十周年报告》显示,京津冀新一代信息技术、智能网联新能源汽车、高端装备等产业规模突破万亿级,成为高质量发展"主引擎"[①]。京津冀国家技术创新中心和世界级先进制造业集群共建能力持续增强,产业协同机制日益优化,功能互补、合作共赢的协同发展模式不断成熟。

3. "五廊"新格局加快形成

园区带动产业发展的格局逐步形成。中关村科技园、北京经济技术开发区、天津滨海新区、保定高新区、雄安新区等优势产业园区逐步串联重点产业,推动京津新一代信息技术、京保石新能源装备、京唐秦机器人、京张承绿色算力和绿色能源、京雄空天信息等五个产业廊道形成现代产业集群。

定位清晰、各具特色、功能互补的产业廊道加快打造,"通武廊"毗邻地区产业一体化态势日益显著。京津新一代信息技术产业廊道重点发展集成电路、网络安全等产业,主要依托北京经济技术开发区、中关村通州园、天津西青区和滨海新区等园区开展建设;京保石新能源装备产业廊道重点发展新型电力设备、新能源装备及新能源汽车等产业,主要依托北京经济技术开发区、中关村昌平园、涿州高新区、保定高新区、徐水经济技术开发区、石家庄经济技术开发区等园区开展建设;京唐秦机器人产业廊道重点发展机器人、安全应急装备等产业,主要依托中关村丰台园、中关村房山园、北京经济技术开发区、唐山高新区、秦皇岛经济技术开发区等园区开展建设;京张承绿色算力和绿色能源产业廊道重点发展大数据、绿色氢能等产业,主要依托中关村科学城、中关村大兴园、中关村昌平园、张家口经济技术开发区、张北云计算产业基地、怀来大数据基地、承德高新区等园区开展建设;京雄空天信息产业廊道重点发展卫星

---

① 《聚力"六链五群"产业协同成果丰硕》,天津政务网,https://www.tj.gov.cn/sy/tjxw/202410/t20241027_6762652.html。

通信服务、卫星技术综合应用、运载火箭试验等产业,主要依托中关村科技园、雄安新区和固安高新区、涞源开发区、涞水开发区等园区开展建设。

(三)跨区域产业链协同持续强化

1. 区域产业集群发展成效显著

截至 2024 年 9 月,共有超过 9 万户的京津冀三地企业在区域内互设分公司和子公司,京津冀累计创建 45 家国家新型工业化产业示范基地,为产业集聚发展和产业协作提供重要载体支撑。《京津冀产业协同发展十周年报告》显示,京津冀生命健康集群、保定市电力装备集群已经入围国家先进制造业集群,产值规模占全国比重均达到 20% 以上[①]。

2. 跨区域产业合作格局初步形成

以北京城市副中心和雄安新区为"两翼",以曹妃甸区、大兴国际机场临空经济区、张(家口)承(德)生态功能区、滨海新区为平台的"2 + 4 + N"产业合作格局加快构建,"4 + N"平台产业承载能力有效提升,为京津冀产业合作和产业集聚提供支撑。

3. 新一代信息基础设施支撑能力不断增强

京津冀地区通信网络供给能力持续提升,5G 网络共建共享能力进一步深化,工业互联网协同发展示范区、天津(西青)国家级车联网先导区等建设深入推进,为区域数字产业化和产业数字化提供日益丰富的应用场景。

三 京津冀产业体系融合发展的问题与制约

(一)合作机制与服务体系有待进一步优化

一是释放产业竞合优势的合作机制有待加快形成。京津冀产业协作超前

---

① 《世界级先进制造业集群正在京津冀崛起》,新华网,http://www.tj.xinhuanet.com/20241026/8e3ac79a31ee44588d6c2770c8303dfb/c.html。

谋划建设和创新发展能力持续增强,以中关村创新园区为龙头的高质量园区链不断完善,但区域产业链的规划布局仍然存在产业竞争大于产业协作的问题,津冀产业结构相似度远高于京津和京冀,河北和天津在装备制造、绿色化工等临港产业方面资源结构相似度较高,在智能制造、生物医药、新材料等领域产业竞争度较高,津冀之间难以形成产业竞合优势,跨区域港产城融合发展难度较大,"一家人、一盘棋、一条心、一起干"的协同发展态势有待持续巩固。

二是全链条全流程科技服务体系需要持续完善。京津冀协同发展科技创新协同专题工作组2024年第一次工作会审议通过了促进科技成果转化协同推动京津冀高精尖重点产业发展工作方案,为科技创新成果价值释放提供了指引,但目前京津冀产业体系和科技服务体系尚未给科技创新成果转化提供广阔的市场空间和丰富的应用场景,高质量成果供给不足、成果承接能力不足、供需信息渠道不够通畅等关键问题仍然制约产业协同发展活力,各类创新主体"有的转""有权转""愿意转""转得顺"的科技服务体制机制还需要进一步健全。

(二)京津冀"五链"融合水平有待进一步提升

一是创新链、人才链、资金链、政策链协同能力有待提升。科技创新是发展新质生产力的核心要素,但创新能力向产业动能转化不充分,科技成果转化难、项目落地难及创新研发能力与产业承接能力之间的落差和错位、技术转移服务机构和人才缺位等,仍是制约京津冀产业体系融合的重要问题,需要从政策层面强化协同创新和产业协作,增强支撑力和产业融合引领力。

二是创新链、产业链、人才链循环融通能力有待提升。北京的科技创新成果在津冀两地实现产业化的比例不高,且很多基础研究和原始创新研究成果及人才"东南飞"现象,导致创新链、产业链、人才链断裂与区域产业体系不够完备之间的恶性循环,亟待通过培养有效带动产业链发展的龙头企业,增强创新链、产业链、人才链循环,促进区域产业体系完善与融合发展。

三是创新链、产业链、资金链联结互通能力有待提升。北京对津冀辐射带动不足,区域内旁侧产业和关联产业缺失,产业的区域配套能力和配套水平不高,资金链对产业发展的支持和保障力度不够等都是制约京津冀产业体系融合的重要因素。

(三)区域产业内外循环体系有待构建

一是京津冀内部"双向奔赴"的产业循环体系亟待构建。目前的京津冀产业协同发展是以服务北京非首都功能有序疏解下的资源优化重组,从产业循环体系上难以形成双向系统关系。北京在科技资源和创新资源方面的独特优势是释放产业发展动能的有力保障,也是制约京津冀城市群内部之间双向互动的隐形屏障。

二是京津冀与外部区域的产业循环交流体系有待探索。国家发展改革委印发的《关于贯彻落实区域发展战略 促进区域协调发展的指导意见》提出加强区域合作互动,推进区域协同发展,促进产业有序转移与承接等重点任务,为京津冀协同发展提供了方向。京津冀、粤港澳大湾区、长三角是引领全国高质量发展的三大重要动力源和构建支撑高质量发展的动力源、促进双循环的主引擎、参与全球竞争的大平台。从区域协调发展的维度,京津冀应与长三角地区和粤港澳大湾区之间形成产业循环,降低区域内部产业同质化度,推动资源体系、循环体系、分工体系持续优化。

四 推进京津冀产业体系融合的对策建议

(一)以核心产业为重点,凝练京津冀产业体系融合发展新方向

一是进一步明晰世界级先进制造业集群建设方向。加快优化区域产业分工和生产力布局,着力实施京津冀先进制造业集群发展专项行动。以《京津冀产业协同发展实施方案》确定的"六链五群"为重点,以京津冀三地共同绘制的6条产业链图谱为导向,聚焦集成电路、网络安全、生物医药等重点领域,锚定世界级先进制造业集群建设方向,持续优化京津冀产业分工定位。

二是持续提升京津冀产业链融通水平。聚焦"六链五群"核心产业链,编

制精准"导航图",推进京津冀重点产业"延链""补链""强链""优链",促进产业基础高级化和产业链现代化。培育形成一批竞争力强的先进制造业集群和优势产业链,促进京津冀实体经济和数字经济深度融合,不断提升京津冀产业体系融合和高精尖产业一体化水平。

三是加快构建活力强劲、协作紧密的区域产业合作生态。在分工协作、优势互补的基础上,持续推动京津冀产业向高端智能绿色化发展,深入推进跨区域产业协作,不断提升产业链供应链现代化水平,强化集群跨区域协同培育机制建设,加快区域产业整体向价值链中高端迈进步伐,铸就区域产业融合竞争新优势。

(二)以协同创新为引领,激发京津冀产业体系融合发展新动能

一是以科技创新提升京津冀产业体系互融水平。深入推进京津冀协同创新共同体建设,切实把北京的科技创新优势、天津制造业基础优势、河北的应用场景优势结合起来,释放"北京研发、津冀制造"产业协同发展新合力。加强关键核心技术联合攻关和应用示范,提升科技创新增长引擎能力,推动更多科技成果从"实验室"走向"生产线",形成区域间产业合理分布和上下游联动的机制,为世界级先进制造业集群建设提供支撑。

二是协同推进数字技术与实体经济深度融合。协同布局物联网、云计算、大数据中心等数字基础设施建设,深入推进其互联互通的广度和深度。从企业、行业、产业等层面协同推进数字技术在实体经济层面的应用,提升京津冀实体经济的数字化、网络化和智能化水平,为未来产业体系优化和融合发展提供支撑。

三是通过协同创新加快培育形成新质生产力。着力发挥科技创新在培育新质生产力和推动产业升级中的关键动力作用,通过共建京津冀国家技术创新中心等,推动建立"核心 + 外延"的区域协同模式,不断整合京津冀优势科技创新资源和产业资源,为增强产业的竞争力和可持续发展能力提供产业融通示范。

(三)以科技园区为抓手,铸就京津冀产业体系融合发展新优势

一是打造优势互补产业高地。聚焦氢能等重点产业,充分发挥京津冀三地产业基础和资源禀赋互补优势,推动更多液氢关键技术实现突破,推进氢燃料与自动驾驶技术融合应用,提升氢能技术研究、产业布局与应用示范能力,促进氢能产业加速落地和协作发展,提升产业集聚化、商业化、规模化程度,合力打造具有国际影响力的氢能产业高地,树立全球新能源领域应用风向标。

二是协同培育新产业新业态。以加强科技园区建设为抓手,依托北大科技园、清华紫荆创新研究院等载体,大力发展科技服务业体系。充分发挥中关村科技创新"金名片"功能,扩大北京中关村的知识产权和概念验证两大服务体系辐射半径,推动雄安新区中关村科技园、天津滨海—中关村科技园、天开高教科创园等重点园区建设,以高质量现代化科技园区孵化新技术新产品应用场景。

(四)以营商环境一体化为重点,打造京津冀产业体系融合发展新环境

一是推动形成融合发展新格局。在京津冀协同发展领导小组和中央区域协调发展领导小组领导下,持续深化京津冀党政主要领导座谈会和京津冀常务副省(市)长联席会等纽带功能和协同机制,推动京津冀产业协作从"单向疏解"转向"双向互通融合",从"破藩篱"转向"建生态",构建目标同向、措施一体、优势互补、互利共赢的新发展格局,促进京津冀三地从缩小各自内部差距到转向增强区域整体实力转变。

二是探索协同治理新路径。充分发挥京津冀协同发展联合工作办公室功能,聚焦跨区域、跨领域重点事项,进一步探索推进京津冀产业体系融合的新机制,推动落实京津冀党政主要领导座谈会相关工作部署及协同机制确定的工作任务,推进协同协作到融通融合,协调督促各专题工作组具体任务和京津冀协同发展年度重点任务等落地实施、落地见效。

三是营造市场化、法治化、国际化新环境。持续优化协同创新、产业协作、人才共享等方面体制机制,建立健全异地迁移企业跟踪服务机制,强化创新资

源高效流动,形成有利于各类生产要素流动的公共服务体系,营造有利于产业体系融合发展的优良生态。

参考文献：

［1］沈蕾:《深学深用 善作善成 奋力谱写中国式现代化天津篇章》,《红旗文稿》2024年第8期。

［2］天津市中国特色社会主义理论体系研究中心:《践行"四个善作善成"重要要求 奋力谱写中国式现代化天津篇章》,《天津日报》2024年2月19日。

［3］北京市科学技术研究院科技智库中心调研组:《协同发力 推动京津冀产业高质量发展》,《光明日报》2024年4月4日。

［4］《2024年政府工作报告——二〇二四年一月二十一日在北京市第十六届人民代表大会第二次会议上》,北京市人民政府门户网站,https://www.beijing.gov.cn/gongkai/jihua/zfgzbg/202401/t20240129_3547363.html。

［5］《天津市2024年政府工作报告——2024年1月23日在天津市第十八届人民代表大会第二次会议上》,天津市政务网,https://www.tj.gov.cn/zwgk/zfgzbg/202401/t20240129_6522727.html。

［6］《河北省第十四届人民代表大会第二次会议关于河北省人民政府工作报告的决议》,河北网络广播电视台,https://www.hebtv.com/19/19js/zx/lbhj/11381544.shtml。

京津同城化发展体制机制创新研究报告

天津社会科学院区域经济与城市发展课题组①

摘　要： 京津同城化发展是实现京津冀协同发展国家重大战略的重要环节之一。自京津冀协同发展战略实施以来,天津稳步推动京津同城化体制机制创新,深化了京津科技协同创新,促进了京津产业发展协作,推动了京津公共服务共建共享,加强了交通一体化建设,提高了生态环境协同治理水平。然而,京津同城化发展仍然面临产业链与创新链融合不足、产业链分工协作机制不完善、公共服务共建共享不全面、交通一体化管理体制不健全、生态环保政策衔接不畅等问题。未来,京津两市可通过推动产业链与创新链融合发展、完善产业链分工协作机制、全面推动公共服务共建共享、健全交通一体化管理体制、加强生态环境保护政策衔接与环境监管合作等方式,进一步促进同城化发展体制机制创新。

关键词： 京津同城化　体制机制　创新发展

2024 年是京津冀协同发展战略实施十周年。十年来,京津冀三地紧紧围绕国家战略,不断加强交流合作,在疏解非首都功能、促进高质量发展等方面取得了显著成效。其中,京津同城化发展已经成为京津冀协同发展大画卷中的重要篇章之一。它不仅体现在京津之间交通基础设施的互联互通与频繁的人员往来,还表现为两市在科技创新协同、产业发展合作、公共服务共享与生

---

① 课题组成员：崔寅、孙德升、赵云峰、贾玉成、刘肖、付正淦

态协同治理等方面的不断深化。2023 年 5 月,习近平总书记在深入推进京津冀协同发展座谈会上指出,要把北京科技创新优势和天津先进制造研发优势结合起来,唱好京津"双城记",拓展合作广度和深度,共同打造区域发展高地。2024 年 2 月,习近平总书记到天津视察并发表重要讲话时,再次对天津唱好京津"双城记"提出了明确要求。京津两地资源十分丰富,功能定位互补。加强京津同城化发展,有助于天津市场化承接北京非首都功能疏解,共同打造现代化首都都市圈,推动京津冀协同发展走深走实。过去的十年间,天津始终围绕贯彻落实京津冀协同发展重大国家战略,深入推进京津同城化发展,在体制机制方面进行了多方面创新,取得了显著成效,为加快京津同城化发展提供了重要的制度保障。

一 京津同城化发展体制机制创新成效

(一)聚焦发展新质生产力,深化京津科技协同创新

1. 协同创新政策体系逐渐形成

首先,我市出台了若干支持京津科技协同创新的政策。2021 年,我市印发《天津市大型科研仪器设施开放共享管理办法》,把京津冀协同创新情况纳入管理单位大型科研仪器设施开放共享评价考核范围。2024 年 5 月,我市联合京冀共同制定实施《京津冀三省市协同推进京津冀国家技术创新中心提质增效行动方案》,做实京津冀国家技术创新中心天津中心。2024 年 7 月,我市制定《京津冀国家技术创新中心天津中心建设方案》,推动天津中心实体化运行,加强与北京的科技协同创新。

其次,两市不断推进创新政策协同。2018 年 7 月,两市与河北省共同签署了京津冀创新券合作协议。2022 年,两市与河北省共同制定了《京津冀三地深入促进重大科研基础设施和大型科研仪器开放共享及科技创新券合作工作机制》,促进了京津科技资源的共享。2023 年,两市进一步扩大开放创新券服务机构范围,形成互认创新券服务机构名录,其中北京 508 家,天津 414 家。

再次,两市人大常委会围绕协同创新共同体建设等重点事项开展协同立法,提供法治保障。2023 年 11 月 29 日,我市人大常委会审议通过《关于推进京津冀协同创新共同体建设的决定》,为京津两市共建基础研究合作平台、加强产业技术创新合作、深化产学研合作、推动科技成果转化、组建创新联合体等提供法治保障。

2. 科技创新成果转化机制不断完善

第一,持续探索科技成果转化新机制。京津两市科技部门联合河北科技部门共同制定《促进科技成果转化 协同推动京津冀高精尖重点产业发展工作方案(2023)》。同时,京津两市技术交易中心与河北技术交易中心共同签订《京津冀知识产权和科技成果产权交易信息联合发布与交易服务合作协议》,强化京津冀三地成果转化服务体系协同联动、技术交易市场互联互通。

第二,开展科技创新成果供需精准对接。天津市科技局编制《天津市科技成果转化对接服务操作指引》,构建"市—区—园区"对接网络,设置服务专员,高效对接北京科技成果,同时引入中关村(智造)中试服务平台等概念验证平台。京津两市联合举办中关村"火花""科技成果俏津门"等系列活动,促进京津技术、资本、项目等优势资源与需求广泛对接。2024 年上半年,我市吸纳来自北京的技术合同额 345.4 亿元,同比增长了 75.7%。

第三,加快打造创新成果转化承载地。我市建立产业园区与中试平台、孵化平台沟通衔接机制,推动园区对重大产业化成果早发现、早对接、早服务、早落地。另外,我市发挥孵化器孵化培育功能,组织 20 家孵化机构代表赴北京标杆孵化器交流对接,构建京津孵化服务网络;常态化组织创新资源对接活动,搭建沟通平台,推动京津两市科技成果互联互通。

(二)积极承接北京产业转移,推进京津产业发展协作

1. 京津产业发展协作体制机制逐渐完善

京津工信主管部门以落实国家京津冀产业协同发展实施方案为牵引,联合河北省工信主管部门共同成立产业协同专题工作组,签署《京津冀重点产业链协同机制方案》,建立重点产业链协同机制。2023 年以来,京津两市结合各

自产业优势,建立跨区域"链长制",分别牵头氢能、生物医药与高端工业母机、网络安全和工业互联网等产业链,联合绘制形成产业链图谱,按图索骥开展补链强链、深化对接合作,动态梳理"卡点"攻关、"堵点"招商和重点企业"三张清单",全力打造产业协作"实景图"。

2024 年 3 月,产业协同专题工作组在津召开 2024 年第一次工作会议,审议通过 2024 年产业协同专题工作组工作要点,从完善产业协同工作机制、深化区域重点产业链合作、提高区域产业集群竞争力等方面明确重点任务,清单化台账化推进产业协同发展各项任务落实落地。此外,两市联合河北印发实施《推动 6 条重点产业链图谱落地的行动方案》,确定 5 方面重点任务、42 条具体举措,配套形成《产业链图谱落地指南》,推动三地多部门联动,加快图谱成果落地转化应用。

2. 承接北京产业转移机制不断健全

我市进一步强化产业转移承接工作统筹机制。天津围绕前端统筹调度、项目落地服务、成效分析通报 3 个方面,建立综合研判和联合承接、企业诉求直达快办、政策和资源要素保障等 9 项工作机制,引领各单位有序高效开展承接工作。同时,我市持续优化企业帮扶机制,改善企业营商环境,借助全市"双万双服促发展"(万名干部帮扶万家企业)机制和"天津市政企互通服务平台",畅通政企沟通渠道,服务企业引得来、留得住、发展好。此外,我市加快打造以滨海新区战略合作功能区为引领,滨海—中关村科技园、武清京津产业新城、宝坻京津中关村科技城等特色园区为支撑的承接体系。2023 年,武清区发布了《京津产业新城规划建设方案》,加强组建联合技术攻关团队,发挥"放大器"效应,推动更多优质科技成果在武清转化。

(三)完善公共服务资源配置,推动京津公共服务共建共享

1. 公共医疗资源共享机制不断完善

第一,聚焦承接北京优质医疗资源"一核"辐射带动效能,医疗资源共享取得新成效。北京协和医学院天津医院项目一期(血液病医院团泊院区)已投入使用,建成亚洲单体最大的造血干细胞移植中心。市环湖医院牵头创建了环

湖—协和—同仁颅底外科中心,成功实施20余例超高难度及复杂颅底手术。滨海新区政府与北京大学医学部深化合作共建市第五中心医院,使患者不出区就能享受国内高水平的医疗服务。同时,我市与北京合作共建一批高水平护理医院和康复医院,承接北京市大医院医疗康复功能;依托市儿童医院组建中国罕见病联盟天津协作组,加强与北京协和医院合作,促进实现罕见病早诊早治。

第二,推进执业医师多点执业和医疗人才流动。一方面,我市放宽北京执业医师和护士来津注册,促进医师护士跨区域多点执业。2019年,我市印发《关于放宽京冀执业医师和护士来津注册工作的通知》。符合条件的北京医师和护士到天津执业不需要办理相关注册手续。另一方面,我市深化京津卫生健康人才交流合作,促进人才流动。京津两市联合河北卫健委签订《深化京津冀卫生健康人才交流与合作框架协议》,完善人才互通共享工作机制。

2. 社会保障互认机制逐步健全

第一,共同搭建社保协同发展的基本框架。目前,两市实现养老保险特殊工种企业名录和特殊工种岗位名录互认,加强劳动能力鉴定合作。同时,两市共同发布工伤保险协议机构名录,提供视频鉴定、异地上门鉴定等服务,工作人员工伤后可就近就地进行劳动能力鉴定,减少工伤职工异地就医往返周折,减轻垫付医药费经济负担。另外,两市还联合发布了首批15项社保服务"同事同标"事项,办理领取养老金人员待遇资格认证、企业社会保险登记等事项实现"同事项名称、同受理标准、同申请材料、同办理事项"。

第二,积极探索社会保障卡居民服务"一卡通"建设工作。两市人社部门推动将政务服务、社保、医保、文旅、交通等更多事项纳入社会保障卡服务范围,逐步实现一卡畅行京津。截至目前,京津居民持社保卡在两市之间可享受跨多项人社服务事项"一卡通办"、多家医疗机构"一卡通结"、千余条交通线路"一卡通乘"、多家旅游景区"一卡通游"、多家博物馆"一卡通览"、多家图书馆"一卡通阅"等跨区域便利服务。社保卡在各类民生服务领域得到广泛应用。

（四）交通一体化持续推进，互联互通水平不断提高

1. 一体化体制不断完善，互联互通持续深化

第一，持续完善交通一体化体制，推进交通同城化发展。两市交通运输部门打破"一亩三分地"，联合河北省交通运输部门成立京津冀区域交通一体化统筹协调小组，组建交通协同专班，定期召开联席会议，谋划区域交通一体化工作。京津城际铁路实行"月票制"，实现"一日一图""公交化"运营。京津冀交通"一卡通"已覆盖天津全部公交和地铁运营线路，地铁乘车实现"一码通行"。此外，我市对来津北京牌照小型、微型客车限行实行同城化管理。

第二，持续深化交通基础设施互联互通。2023 年 12 月，津兴城际铁路通车运营，形成京津间第 4 条高铁通道，天津西站到北京大兴机场站最快运行时间 40 分钟。2024 年，京津两地交通运输部门全力推动津兴城际铁路列车车次优化调整，力争增加部分车次，进一步便利两地人员往来。两市开行武清、宝坻至北京的客运"定制快巴"，满足两地居民跨市通勤需求。自 2024 年 10 月起，北京开通六里桥至天津海教园的通勤定制快巴，满足更多进出京通勤人员的乘车需求。公路方面，我市自 2014 年以来已形成 6 条高速通北京的局面，2024 年协调推进武清高王路与通州通清路实现贯通，又增加一条进京新通道。

2. 综合运输服务持续创新，推动体制机制"软联通"

第一，交通运输服务产业发展能力持续提高。2023 年，天津港集团与北京 CBD 管委会、北京朝阳海关联合成立"北京 CBD—天津港京津协同港口服务中心"。2024 年以来，天津港集团不断完善驻京服务体系，开通"天津港—北京大红门""天津港—北京平谷"等海铁联运班列，为北京企业"走出去"提供便利。京津两市交通运输委签订《深化交旅协同融合创新打造旅游班线合作协议》，以天津至北京（环球影城）旅游班线为试点，支持京津两市道路客运经营企业，根据市场需求优化开行跨省旅游班线，推进"交通 + 文旅"融合发展。

第二，持续推动京津交通服务一体化建设。2017 年京津冀在全国率先试点推行交通一卡通、客运站联网售票、毗邻地区班线公交化运营等，试点经验在全国得到推广应用。2023 年以来，两市联合河北省建立泛京津冀交通运输

政务服务协同发展区域合作机制,实现京津道路运输 5 类电子证照互认共享。两市共享公路路况信息、"两客一危"定位等 28 类数据。2024 年,我市持续深入调研群众出行需求,组织实施了《服务京津同城化促进出行便利化工作方案》,形成了 24 项具体任务。

(五)生态环境保护合作不断强化,协同治理与保护取得成效

1. 联建联防联控体制机制逐渐完善,重点领域协同治理

第一,强化顶层设计,完善协同治理机制。京津两市联合河北省成立生态环境联建联防联治工作协调小组,制定两批 44 项协同措施清单,建立动态更新机制。同时,两市与河北省先后成立了生态协同专题工作组、京津冀及周边大气污染防治协作小组、京津冀及周边地区水污染防治协作小组、京津冀环境执法联动工作领导小组等部门,健全完善大气污染联防联控、重点流域联保联治、信息共享、执法联动、水污染突发事件联防联控等 10 余项协同工作机制。

第二,加强跨界河流水环境协同治理机制。两市建立了河湖长制协调联动机制,充分发挥跨界河湖长机制作用,全力推动改善跨界河道水生态环境。两市还建立了协同治水工作机制,强化在水安全、水资源、水环境、水生态、水管理等方面的工作协同。

第三,强化在产业绿色发展方面的合作。我市在全国首创"环保科技产业创新共同体",吸纳首都环保科创资源,助力传统产业绿色低碳转型。同时,我市成立钢铁工业绿色发展协同创新中心。天津三家钢铁企业作为牵头单位,与北京科技大学等五家科研机构合作,着力破解钢铁企业绿色转型难题。

2. 横向生态保护补偿机制持续深化,生态保护取得成效

第一,联合开展永定河生态保护与修复工作。永定河作为《京津冀协同发展规划纲要》中"六河五湖"生态治理与修复中的重要河流之一,我市实施了天津段 37 公里的综合治理与生态修复工程,同时落实京津两市水务部门跨区域的生态补水调度协调机制,定期召开联席会议,加强水位、流量等监测信息共享。2023 年以来,我市与北京等地区进一步完善永定河生态水网体系,开展行洪能力提升工程建设,协同调度生态补水,实现了流域生态高质量发展。

第二,协同建立健全鸟类等野生动物联合保护长效机制。2021 年,两市联合河北省印发了《京津冀鸟类等野生动物联合保护行动方案》。三年来,两市围绕以北京清河农场、天津七里海和北大港为中心的鸟类等野生动物主要迁徙路径和栖息区域,联合开展巡查巡护,进一步健全地方野生动物保护条例等法律法规,为京津冀野生动物保护工作的科学高效开展奠定了坚实的制度基础。

二 天津推动京津同城化发展体制机制创新面临的问题

(一)产业链与创新链融合不足,科技成果转化效果不佳

第一,创新链与产业链融合不够。它是制约北京科技成果来津落地转化的重要因素。北京的创新成果多为基础前沿和"高精尖"领域,其创新能力明显高于天津。天津产业发展需求与之契合度不高。两市在产业链上的协作不够紧密,导致创新成果供给与需求之间错位,影响了创新成果在两市之间的转化应用。

第二,市场化自发承接转化不够活跃。天津虽然积极推进"北京研发、天津转化"机制,但是承接北京科技创新成果规模仍然较小,科技成果市场化转化程度依然偏低。2024 年上半年,北京流向津冀的技术合同成交额为 345.4 亿元,仅占北京全部技术合同成交额的 8.34% ,流向天津的比重则更低。同时,我市的科技服务支撑能力较弱,技术转移服务机构能力相对不足,专业人才较为匮乏,导致北京科技成果来津转化过程中缺乏有效的服务与支持。

(二)产业链分工协作机制不完善,跨区域产业发展利益共享机制有待健全

第一,天津产业链供应链配套不足,产业转移承接平台建设水平不高。一方面,两市间产业互补性还不强。部分优势产业上下游协同不足,有产业但"链不上"的问题比较突出。产业链京津之间配套率较低,导致很多产业尚未

成龙配套、成链成群，创新创业生态不够优化。不少北京非首都功能疏解"蛙跳"到长三角、珠三角等京津冀之外区域。另一方面，滨海—中关村科技园、宝坻京津中关村科技城、武清京津产业新城等重点平台与北京的利益共享量级不够高，合作共赢机制仍在探索阶段，与先进地区成熟合作园区相比尚有差距。北京创新资源导入还不够多，孵化转化服务不足，实际运营企业及科技创新企业占比还不够高。

第二，行之有效的利益分享办法难以形成。建立合理的利益共享机制是推进京津同城化发展的重要驱动力。目前，京津两市在地方财力、产业政策、招商政策等方面存在较大差异，与财税收入挂钩的机制设计短期内难以形成。同时，两市产业同质化问题较为突出。地方政府在推进协同创新和产业协作过程中不仅积极性不高，甚至还会从本地就业、税收与 GDP 等因素考虑设置人为障碍。

（三）公共服务跨区域合作尚存难点，共建共享体制机制有待完善

第一，公共医疗资源共享仍存在一定障碍。京津医保协同发展还存在医保跨省异地就医监管工作不完善、异地就医患者挂号不便利等问题。两市医联体医疗资源整合效果不明显。多数医院虽然签订了医联体合作协议，但是主要集中于人才培养、学科建设和医疗技术等方面，对于双向转诊、分级诊疗、医疗服务质量缺少要求，质量控制标准与管理规范合作相对不足，难以使两市患者共享医疗服务。

第二，社保共建共享机制依然不够健全。一方面，两市缺乏统一的管理机构和顶层设计推进社保共建共享。不同部门在社保数据采集、录入、共享中的权责不明确，致使促进社保资源整合共享的意愿偏低。另一方面，两市尚无法律法规明确社保数据的所有权、管理权、使用权和收益权，导致各部门都不敢共享社保数据。社保卡居民服务"一卡通"迫切需要通过人大立法来有效整合部门利益、打破行政壁垒。

（四）交通一体化管理体制不健全，建设规划协调度仍需提升

第一，交通协同管理制度不够健全，导致双城之间公共交通服务供需不匹配。一方面，京津双城通勤仍存供需矛盾。京津城际高峰时段仍有运力不足情况，周五晚下行（北京至天津）及周一早上行乘客购票难问题仍然存在。另一方面，京津毗邻地区道路公共客运服务与出行需求不匹配，"定制快巴"覆盖范围仍然不足。同时，车辆进京应按规定接受安检，高峰时段有时存在拥堵情况，影响通行效率。

第二，交通建设规划方面协调不足，导致城际交通服务功能未能有效发挥。例如，津兴城际由天津西站经河北省安次、永清东、北京大兴机场站至北京西站。目前，天津西至北京西每日仅开行 2 对列车，并且发车时刻与通勤时间不匹配，难以有效分流京津城际客流压力。同时，两市之间缺乏大容量轨道交通。目前武清区仅有京津城际铁路设站，对区域沿线城镇和产业辐射不足。两市需统筹规划大容量轨道交通项目，强化对通武廊一体化发展的支撑保障。

（五）生态环境保护政策衔接不够，环境监管与执法权限仍存壁垒

第一，缺乏生态环境共建共治机制和统一规划管理。京津两市区域环境与发展综合决策机制尚未形成。产业准入、排放标准、执法力度、治理水平等存在差异，大气协同治理也亟待深化拓展。环境协同治理机制的缺失，引发了两市大气污染、水资源污染和生态失衡等区域性环境问题。

第二，环境监管与执法权限不明确，法律法规建设较为滞后。两市环境监管和执法部门的权限界定不清晰，导致在具体操作中容易出现推诿和重复执法的情况。同时，两市环境监管和执法部门的人员和资源相对不足，难以应对大量的环境投诉和违法行为。另外，两市环境法律法规的制定和修订滞后于环境保护的实际需求，导致一些新的环境问题无法得到有效监管。

三　进一步推动京津同城化体制机制创新的对策建议

（一）推动产业链与创新链融合发展，畅通科技成果转化机制

第一，全面强化京津科技系统创新。支持天开高教科创园与北京科教资源开展对接合作，打造京津冀协同创新和成果转化重要承载地，推动京津冀国家技术创新中心天津中心实体化运行。同时，推动京津两市合力构建"北京研发、天津转化"格局，促进北京创新资源和天津研发生产转化优势互补、紧密衔接，形成利益共同体，实现原始创新与应用创新"双向协同"。

第二，着力打通科技成果市场化转化机制。一方面，以提升我市科技成果区域内转化效率和比重为着力点，与北京协力共建国家科技成果转移转化示范区，创新市场化共赢机制，健全科技成果转化供需对接清单机制，深化与在京高校、科研院所、央企及创新型企业等合作。另一方面，更好地发挥北京科技服务业和生产性服务业资源对天津的辐射带动作用，拓展北京科技服务业的服务半径和市场化合作机制，共建区域科技服务体系，促进科技成果就近、高效、市场化转化。

（二）完善产业链分工协作机制，健全跨区域产业发展利益共享机制

第一，优化产业链协作发展机制。聚焦共同培育的重点产业链开展强链补链，推动京津两市建立健全主导产业链分工合作和集群协同培育机制。两市既要注重引导区域内自身产业链供需成链成群的市场化培育，更要以两市的整体市场需求和头部领军企业的配套需求为牵引，联合引育其他地区市场主体配置配套资源，增强两市整体产业配套实力。同时，充分发挥好滨海—中关村科技园、宝坻京津中关村科技城、武清京津产业新城等既有平台的功能定位和政策空间承载优势，集中力量探索和深化有利于跨区域产业合作的市场化合作共赢机制。

第二，积极探索创新利益共享机制。推动京津两市研究建立跨市园区共

建收益分配机制,对由中关村导入的北京资源形成的经济贡献地方留成部分,研究适用财政部税收分享办法的路径,在统计核算、财税分成等方面加强研究、探索创新、大胆突破。探索区域间横向转移支付机制,打破要素流动瓶颈,建立健全区域利益补偿机制和区域利益约束机制,加快形成有利于跨区域产业转移、科技成果转化落地的市场化机制。

(三)进一步推动公共服务跨区域合作,完善共建共享体制机制

第一,促进两市医疗服务合作与资源共享。按照国家医疗保障局统一部署,拓展京津门诊慢特病直接结算病种范围;加强京津医联体医疗资源整合力度,持续提高京津医保综合服务水平,为两市企业、群众提供医保协同经办服务,为异地办理医疗费用垫付报销材料受理、门诊慢特病就医登记等事项就近提供服务。同时,推动京津两市在全国率先建立参保长效机制,打造区域医疗保障示范区,为参保人员提供更加优质、高效的医疗保障服务,共同推动京津医疗保障事业的繁荣发展。

第二,完善社保服务共建共享体制机制。一方面,推动京津两市合作建立社保服务共建共享的管理机构,明确不同部门在使用社保数据过程中的权利和责任,提高两市社保相关部门整合共享社保资源的意愿。另一方面,加快社保卡"一卡通"协同立法,明确社保数据的所有权、管理权、使用权和收益权,推进以实体社保卡和电子社保卡为载体的居民服务,实现"多卡集成、多码融合、一码通用",切实提高两市社保服务共享水平。

(四)健全交通一体化管理体制,逐步提高两市交通建设规划的协调性

第一,协同提高城际公共交通管理水平。一方面,结合北京亦庄站的开通,研究通过租用车底方式,高峰时段增加开行 300km/h 重联动车组,保障现有京津高铁城际铁路运力不降,缓解京津高铁城际供需矛盾。另一方面,共同研究城市间公共交通便利通行举措,包括取消进京省际包车、公交等公共交通车辆限行等措施,采用远端安检方式快速通过检查站,同时不断拓展定制快巴的覆盖范围。此外,协调北京有关部门探索研究采用总量控制、精准识别、"白

名单"管理等机制,给予部分津牌通勤小客车同城待遇,共同研究综检站优化措施,提高检查站通行效率。

第二,提高两市交通基础设施建设规划的协调性。强化京津城际与北京城市副中心站建设衔接,加开京滨、京唐城际进京车次,协调启动京津城际电力增容补强工作,保障单日最高开行18组重联列车、4组长编列车稳定运行。推动京津两市共同开展通武廊市域（郊）铁路前期研究,打通一批省际连接路和毗邻区域"毛细血管",动态调整线路车次,让跨省公交和定制快巴更加便捷。另外,加强交通运营组织和管理调度协同,推动完善京津综合交通信息平台,进一步提高联通效率,提高同城化出行便利程度。

（五）加强生态环境保护政策衔接,推动环境监管合作与共同执法

第一,深化生态环境保护政策协同机制建设。创新完善京津生态环境联建联防联治机制,全面强化重污染天气预警响应、跨界河湖生态保护、污染治理设施共建共享、生态保护修复、突发环境事件联合应急响应等方面协同机制。同时,持续开展秋冬季大气污染治理攻坚,加快传统产业集群升级,持续推动清洁运输体系建设。

第二,完善环境协同监管系统建设与执法合作。推动两市加快构建区域陆海统筹、天地一体、上下协同、信息共享的生态环境监测网络,制定生态环境数据共享办法,完善环境协同监管系统建设。同时,进一步发挥生态环境执法联动工作机制在保障区域环境安全、推进区域环境质量稳定改善等方面的积极作用,强化信息共享,形成监管合力,促进两市环境监管执法合作。

参考文献:

［1］李晓琳、李星坛:《高水平推动京津冀协同创新体系建设》,《宏观经济管理》2022年第1期。

［2］孙久文、程芸倩:《京津冀协同发展的内在逻辑、实践探索及展望——基于协同视

角的分析》,《天津社会科学》2023 年第 1 期。

　　[3] 柳天恩、孙雨薇、田梦颖:《京津冀基本公共服务均等化的多重困境与推进路径》,《区域经济评论》2023 年第 3 期。

　　[4] 孙久文、邢晓旭:《京津冀产业协同发展的成效、挑战和展望》,《天津社会科学》2024 年第 1 期。

京津冀要素市场一体化建设研究报告

张新宇　天津社会科学院海洋经济与港口经济研究所副研究员

摘　要： 完善要素市场制度和规则,是党的二十届三中全会提出的一项重要改革要求。京津冀经济体量巨大,区域内人才、资本、技术、数据等生产要素丰富。伴随京津冀协同发展战略深入实施,区域内要素流动日益畅通,要素市场一体化发展的制度框架持续完善,要素配置效率不断提升。但同时,京津冀也面临着核心城市要素虹吸效应过强、要素市场规则不统一、创新要素区域内承接转化不足等问题。为进一步推动京津冀要素市场高质量发展,需要持续深化区域要素市场制度协同创新,强化要素市场基础设施硬联通和规则体系软联通,依托区域产业链、创新链联动发展带动区域间要素流动和优化配置。

关键词： 京津冀协同　要素市场　统一大市场　区域一体化

　　要素市场是现代化经济体系运行的基础性环节,打造统一的要素市场是建设全国统一大市场的重要组成部分。党的二十届三中全会明确提出要完善要素市场制度和规则,推动生产要素畅通流动、各类资源高效配置、市场潜力充分释放。构建统一完善的现代化要素市场,既是全国层面的重大改革任务,也是区域一体化协同发展的重要一环。《中共中央　国务院关于加快建设全国统一大市场的意见》明确提出,鼓励京津冀等区域在维护全国统一大市场前提下,优先开展区域市场一体化建设工作。京津冀是国内技术、人才等创新要素资源最富集的区域之一。深化推动京津冀要素市场一体化建设,率先实现区域间要素市场制度及规则的统一,对于促进全国统一大市场建设具有十分积极的意义,同时对于推动京津冀协同发展走深走实、进一步激发京津冀高质量发展动力源作用也具有十分重要的意义。

一 京津冀要素市场一体化建设总体推进情况

京津冀以首都北京为核心,经济体量巨大,区域内人才、资本、技术、数据等新质生产力发展所需的关键性生产要素丰富。伴随京津冀协同发展战略深入实施,区域交通、产业、公共服务、创新体系等领域协同发展不断深化,有效带动了各种生产要素在区域内的流动和配置,极大促进了京津冀要素市场的一体化发展。

(一)顶层制度框架不断完善

推动要素资源充分流动、协同共享始终是京津冀三地深化协同发展的一个重点关注领域。在 2022 年《中共中央 国务院关于加快建设全国统一大市场的意见》发布之前,京津冀已经在人才、科技等领域开展了统一要素市场建设的尝试,制定了一系列专项领域规划。例如,京津冀早在 2017 年就联合制定了《京津冀人才一体化发展规划(2017—2030 年)》。2022 年以来,在建设全国统一大市场的背景下,京津冀进一步加速、加深了要素市场一体化建设方面的顶层制度合作。一方面,三地分别出台了贯彻落实加快建设全国统一大市场意见的相关实施方案,在其中就率先推进京津冀市场高水平协作,发挥区域引领作用做出了各自部署。另一方面,三地于 2023 年联合发布了《京津冀区域市场一体化建设举措》,围绕在京津冀地区优先开展区域市场一体化建设,提出了 6 方面 21 条具体举措,包括打造统一的要素和资源市场,以及成立京津冀区域市场一体化推进小组等,进一步确立和完善了京津冀要素市场一体化建设的整体框架体系。此外,京津冀三地在人才、技术、金融资本、数据等具体领域进一步出台了一系列合作协议,在一些深层次问题上进行了制度创新,为打通京津冀要素市场体系提供了顶层政策依据和协调机制保障。例如，2024 年 9 月，京津冀三地签署了新一轮金融领域合作框架协议，同时达成了有关推进京津冀资本市场协同发展的合作备忘录。

（二）产业协同带动要素流动日趋活跃

目前，京津冀"2 + 4 + N"产业合作格局①愈加完备。同时，在《京津冀产业协同发展实施方案》和《京津冀重点产业链协同机制方案》等合作机制的实施推动下，三地结合各自产业优势进一步聚焦共同培育"六链五群"产业体系，产业合作向更深层次推进。在产业协同不断深化的进程中，伴随产业转移、对接，生产要素流动日益活跃。资本要素流动方面，目前，中关村企业在天津和河北设立的分支机构数量已突破 1 万家，总投资额超过 2400 亿元。② 人才要素流动方面，三地人才联合培养、联合招聘、相互输送等方面的合作日益紧密。2024 年，连续举办十二届的京津冀招才引智大会在北京举办，三地企事业单位联合推出 7000 余个就业岗位，吸引了三地高校大批人才。技术要素流动方面，随着"北京研发、津冀制造"产业格局的加速形成，三地间技术要素输送的规模不断扩大。2024 年上半年，北京流向津冀技术合同达 2452 项，成交额超过 345 亿元，同比增长 75.7%。③

（三）区域要素市场载体不断丰富

近年来，京津冀相关产权交易中心、人才市场、科技成果展示交易中心、数据交易中心等各类专门要素交易平台、机构发展迅速，且区域合作不断加深，要素市场区域开放水平及要素配置服务水平不断提升。在产权交易方面，北

---

① "2 + 4 + N"产业合作格局是指：北京城市副中心和河北雄安新区两个集中承载地，曹妃甸协同发展示范区、北京新机场临空经济区、天津滨海新区、张承（张家口、承德）生态功能区四大战略合作功能区及 40 个以上的各类专业化、特色化承接平台。

② 《中关村企业在津冀设立分支机构数量已突破 1 万家》，中国新闻网，http://www.heb.chinanews.com.cn/jjjjj/20240417444828.shtml。

③ 《经济持续恢复协同发展步伐坚实 上半年京津冀生产总值达 51492 亿元》，人民网，http://he.people.com.cn/n2/2024/0902/c192235-40963515.html。

京产权交易所牵头天津、河北产权交易机构发起设立"京津冀产权市场发展联盟",联盟成立以来,至2024年初,共披露三地产权交易项目超过13万项,有力推动了区域要素资源的充分流动配置。[①] 在资本市场方面,北京证券交易所为京津冀企业提供了融资、投资和风险管理服务的重要渠道平台,推动了区域金融资源配置。目前京津冀在北交所上市公司达29家,公开发行累计融资超60亿元。[②] 在技术要素市场方面,围绕创新协同,京津冀先后成立"京津冀技术转移协同创新联盟""京津冀科研院所联盟""京津冀数字经济联盟"等创新要素对接合作平台,有效促进了京津冀创新要素畅通流动、有效共享。京津冀区域内部日益丰富的要素市场载体为各类要素在区域内畅通流动和高效配置提供了有力支撑。

二 京津冀重点要素市场一体化发展现状

生产要素变革性配置是新质生产力产生的重要源泉。其中,人才、资本、技术、数据等生产要素的作用尤为关键。上述领域成为近年来京津冀三地推动要素市场一体化建设的焦点。在推动全国统一大市场背景下,京津冀相关细分领域要素市场制度规则协同、市场化服务协同得到不断深化。

(一)人才要素市场发展情况

1. 区域人力资源管理一体化程度不断提高

在人才开发以及人力资源服务管理方面,京津冀三地相继签署了《京津冀人才开发一体化合作协议书》《京津冀区域人才合作框架协议书》《京津冀人才一体化发展规划(2017—2030年)》《人力资源服务京津冀区域协同地方标准》《京津冀劳务协作协议》等一系列合作协议,建立了京津冀人才一体化发

---

① 《京津冀协同发展十周年 北京国资公司服务京津冀协同发展结硕果》,人民网,http://he.people.com.cn/n2/2024/0902/c192235-40963515.html。

② 北京证券交易所官网统计。

展部际协调小组工作机制,在统一人才市场服务标准、深化职称互认、共享继续教育资源、推动社保待遇资格协同认证、完善人才管理"一网通办"与"跨省通办"机制等方面不断推进一体化,为区域内人才畅通流动提供制度保障。

2. 区域人才招聘市场对接机制不断完善

目前,京津冀三地组织开展区域一体化人才招聘会、人才对接会已成为常态。联合招聘活动的规模日益扩大,活动主题日益丰富,高层次活动数量日益增加。2024 年,在三地相继举办了春风行动"京津冀区域联盟"专场招聘会、第十二届京津冀招才引智大会、京津冀协同暨"通武廊"招聘会等一系列联合招聘活动。同时,京津冀之间建立了多种类型、多个层次的人才供需信息共享发布机制。北京市通州区人社局、天津市宝坻区人社局分别通过"通州就业服务"微信公众号、"开元人力"微信公众号对外同步发布"通宝唐"共享人力资源信息。北京市丰台区创新发布了"京津冀人才区域协同发展机会清单"。

3. 人力资源服务产业跨区域协同广泛建立

目前,京津冀已建立一批国家级、省市级人力资源服务产业园区,如中国北京人力资源服务产业园通州园区、朝阳园区、海淀园区,中国天津人力资源服务产业园津南园区、滨城园区、(和平)保利园区,雄安人力资源服务产业园以及中国石家庄人力资源服务产业园等。依托人力资源产业园区之间互联互通及产业合作,持续带动区域人才市场一体化发展,突出打造出"通武廊""通宝唐"等一批区域人才市场品牌。"通武廊"地区四个产业园共同签署了人力资源服务产业园协同发展合作协议,在开展联动合作、推进产业集聚、组织联合招聘、开展结对共建、打造品牌服务,合作展示形象 6 个方面形成协同发展格局。

(二)资本要素市场发展情况

1. 区域多元融资渠道不断拓宽

在中央有关金融部门大力支持下,京津冀三地金融机构不断推动区域信贷、票据、债券等多种融资市场的协同创新,加大资金要素供给。信贷市场方面,京津冀三地人民银行不断推动银行信贷市场业务协作,建立京津冀重点领域、重大项目"白名单"推送机制,共同创设"京津冀产业链支持计划",推动"京津冀征信链"建设,为京津冀信贷市场融通提供基础支撑。截至2024年6月,三地京津冀协同发展项目贷款余额总计达到3.5万亿元。① 票、债融资市场方面,京津冀共同设立了京津冀协同票据交易中心,为中小企业提供票据全生命周期服务。围绕交易商协会建立政银企债券市场工作协调机制,推动区域债券市场协同发展。截至2024年3月,天津市非金融企业债务融资工具累计发行1.9万亿元,成功发行全国首单京津冀科技创新资产支持票据等首创产品。②

2. 区域多层次资本市场体系加速完善

一方面,新三板和北京证券交易所在支持京津冀地区企业融资方面发挥了越来越积极的作用。截至2023年末,北交所共有上市公司239家,其中京津冀地区企业32家,比上年度增长31%。③ 2024年8月,首单京津冀协同发展公司债券在北交所发行。另一方面,三地区域性股权交易市场朝着规范化、专精化、创新化方向持续发展。北京股权交易中心拥有全国唯一的大学生创业板。河北省股权交易中心迁至雄安新区,着力服务雄安新区承接北京非首都功能疏解,并创新发展乡村振兴、科创、冰雪产业等特色板块。天津股权交易中心获国家政策支持,全面落实区域性股权市场制度和业务创新试点,包括与全国股转公司建立合作机制。截至2024年10月,3家股权交易中心共挂牌企业超4000家。④

3. 各类协同发展基金广泛设立

近年来,三地联合设立"京津冀医疗健康产业投资基金""京津冀协同创新科技成果转化创业投资基金""京津冀协同发展产业投资基金"等一批区域创新创业引导型基金,积极服务京津冀协同发展,在支持三地实体经济转型升

---

① 根据三地公开统计数据整理。
② 《我市京津冀协同发展项目贷款余额突破7500亿元》,天津政务网,https://www.tj.gov.cn/sy/tjxw/202409/t20240910_6722388.html。
③ 北京证券交易所2023年市场统计快报。
④ 根据三地股权交易中心官网公布数据整理。

级、技术创新方面发挥了重要作用。截至 2024 年 9 月，京津冀协同发展产业投资基金共完成 13 个项目的评审，承诺出资总额达到 30.37 亿元，其中 11 个项目已完成出资 24.7 亿元。[①]

（三）技术要素市场发展情况

1. 京津冀整体技术要素交易持续活跃

京津冀三地之间技术交易活跃，为区域协同创新和科技成果转化提供了有力支持。2023 年京津冀地区输出技术合同成交额达 1.22 万亿元，同比增长 15.1%，占全国的 19.8%，高于粤港澳大湾区，与长三角三省一市基本持平。其中，北京是京津冀区域技术要素供给的中心。2023 年，北京市输出技术合同成交金额占京津冀的 69.7%。[②] 同时，天津技术要素输出保持加速增长，流向京冀的技术合同成交额由 2013 年的 35.6 亿元增长至 2023 年的 329.3 亿元，年均增长率达到 24.9%。从输出技术与吸纳技术合同成交额的比较来看，京津冀技术外溢明显大于技术吸纳，二者相对差值达到 0.44 万亿元，远高于长三角三省一市情况。

2. 区域技术交易市场载体建设不断完善

京津冀拥有一批专业的技术（产权）交易、转移示范以及生产力促进机构，具备技术孵化、技术转让、技术咨询、技术评估、技术产权交易、技术投融资等综合服务功能，在区域技术要素流通、转化应用中发挥了重要作用。目前，在全国众多重点技术（产权）交易机构中，北京产权交易所促成技术交易合同金额位居前列。此外，京津冀目前拥有超过 70 家国家技术转移机构，其中超过 60% 的相关机构在北京。[③]

3. 技术资源共享机制不断创新

为促进区域科技创新资源的充分共享，深化区域产学研合作，京津冀三地

---

① 《京津冀协同发展产业投资基金 完成强链补链投资 24.7 亿元》，天津政务网，https://www.tj.gov.cn/sy/ztzl/ztlbtwo/jjjxtfz/zx/yw_165874/202409/t20240926_6740133.html。

② 《关于公布 2023 年度全国技术合同交易数据的通知》，科学技术部火炬中心，下载来源：河南省科学技术厅 https://wap.kjt.henan.gov.cn/2024/03-25/2965825.html。

③ 吕先志、李有平：《2023 年全国技术市场统计年报》，科学技术文献出版社，2024。

创新实施了"科技创新券"政策,且在国内首次开启了创新券异地合作,有力支持区域内企业利用互认的科技服务资源开展测试检测、合作研发、委托开发、研发设计、技术解决方案等科技创新活动。截至 2024 年 6 月,三地创新券服务提供机构(实验室)超过 1100 家,其中北京约 500 家、天津约 410 家、河北约 230 家。①

(四)数据要素市场发展情况

1. 数据要素协同共享机制初步建立

2022 年京津冀数字经济联盟成立,为京津冀组织发展数字经济各种要素搭建了良好的交流合作平台。此后三地数据管理部门于 2023 年、2024 年相继签署了《京津冀大数据发展战略合作协议》《京津冀数据协同发展战略合作协议》。在上述机制推动下,天津北方大数据交易中心与北京国际大数据交易所、雄安数据交易有限公司签订合作框架协议,初步建立数据产品"一套标准、三地共通""一地上架、三地互认",数据需求"一地提出、三地响应",数据商"一地注册、三地互信"等一体化发展机制,推动京津冀数据要素标准体系共建、数据要素生态体系共享、数据交易平台与数据资产登记平台互通,有效推动京津冀数据要素市场一体化发展。截至 2024 年 7 月,北方大数据交易中心首批上架了 6 款互认互通数据产品。

2. 规范化的数据场内交易市场初具规模

2014 年以来,京津冀三地相继成立了河北大数据交易中心、河北京津冀数据交易中心、北京国际大数据交易所、天津北方大数据交易中心等数据交易市场,交易场所建设不断提速,场内交易规范不断完善。其中,北京国际大数据交易中心是目前全国运行规模较大、相关规范机制建设较为完备的数据交易中心,已开通数据交易、数据资产和数据跨境三大板块。截至 2024 年 6 月,北京国际大数据交易中心上线数据交易产品 2000 余个,累积交易额超过 45 亿

---

① 《关于发布京津冀科技创新券服务提供机构(开放实验室)目录(2023)的通知》[京科创发〔2023〕270 号〕。

元,发放超 100 张数据资产登记凭证。① 在交易生态方面,入驻交易主体超 500 余家,其中数据经纪商 170 余家。天津北方大数据交易中心自 2023 年 5 月正式挂牌,截至 2024 年 6 月,累计挂牌数据产品千余个,交易额达 2 亿元。②

3. 区域数据要素市场上下游产业生态持续优化。

中国互联网协会数据显示,2024 年度中国互联网综合实力前百家企业中,超八成企业来自京津冀、珠三角、长三角。其中,京津冀入选企业最多,达 34 家。在产业集聚载体建设方面,京津冀拥有怀来大数据产业基地、石家庄正定数字产业园、天津市滨海新区国家超级计算天津中心、雄安新区城市计算(超算云)中心等一大批数据产业中心。其中,天津超算中心挂牌成立京津冀大数据协同处理中心,助力三地在智慧城市、社会公共服务、产业技术等方面加快协同管理、技术融合和数据融合。

三 京津冀要素市场一体化面临的问题

(一)核心城市人才要素虹吸效应过强

一是区域人才发展不均衡,高端人才高度集聚北京。北京、天津、河北三地的两院院士数量比例为 88.5∶8.0∶3.5。北京 R&D(研究与试验发展)人员占京津冀区域 R&D 人员总量的近六成,研究生数量占京津冀区域研究生总量的近 3/4。③ 北京作为"一核"的带动作用明显弱于虹吸作用。二是阻碍人才流动的经济、社会瓶颈仍需突破。一方面,区域产业链、人才链尚未充分融合,三地之间基于产业链联通带动人才链的市场机制还不健全,要素流动传导效率还不够高。另一方面,三地人才公共服务、社会保障等方面存在较大级差,一些关键事项如户籍制度仍未打通,成为阻碍区域人才畅通流动的重要因

---

① 《北京国际大数据交易所数据交易规模累计达到 45 亿元》,《新京报》,http://m.bjnews.com.cn/detail/1718938311129578.html。
② 天津北方大数据交易中心官网公布。
③ 穆桂斌、杨君:《京津冀人才一体化发展十周年回顾与展望》,《中国人才》2024 年第 5 期。

素。三是区域内灵活用人体制机制仍有待创新。共享共用人才的灵活合作机制还有待进一步创新,有利于用人单位灵活用工、柔性引才的管理机制还需进一步突破。四是区域人才吸引政策存在一定程度"同质化"问题。从具体政策来看,三地特别是天津、河北吸引人才的政策包括落户、住房折扣、购房补贴、就业补贴、家属子女保障、创业支持和科技研发支持等,存在明显的同质化现象。对不同层次、不同类型人才的吸引政策差别也不大,不仅容易引发低端竞争,引才政策也难以有实质性突破。

(二)区域多层次资本要素市场联通仍不充分

一是京津冀金融市场发展水平差异巨大,资本要素分布极不均衡。北京集聚了远比津冀丰富的金融要素资源。截至 2024 年 5 月,北京金融业机构总资产规模近 220 万亿元,约占全国一半。同时北京拥有新三板、北京证券交易所等金融平台载体。二是三地多层次资本要素市场之间协同发展有待进一步深化,北京证券交易所等市场平台对津冀辐射带动作用有待提升。2023 年,北京证券交易所新增上市公司 77 家,其中河北省新增 3 家,天津市新增 0 家。截至 2023 年底,在北京证券交易所上市的津冀企业累积共计 10 家,仅占总量的 4.19%,比 2022 年占比还降低了 0.13 个百分点。[①] 三是资本要素市场跨区域协同发展机制创新需要进一步落实落地,区域金融市场之间联通有待加强。京津冀三地签署多轮金融合作协议,在金融管理层面的协同得到不断强化,相比之下金融产业之间资源整合、业务协同还有较大不足,在金融数据信息交互基础设施联通、股权融资及证券上市培育服务等方面还需进一步细化落实合作协议,加强区域间协同。

(三)技术要素区域内承接转化不足

一是京津冀三地技术要素流动存在突出的极化现象,北京市场一端独大。三地技术水平落差较大、技术要素市场发展程度、所处阶段也存在明显差异,

① 根据《北京证券交易所 2023 年市场统计快报》相关数据计算。

导致主要市场资源集中在北京。二是面对北京丰富的技术要素资源,津冀承接不足,吸纳有限,没有形成很好的联动、带动、滚动效应。这一方面反映出京津冀技术要素市场间协同联动还不够紧密。另一方面也是三地产业不匹配的必然结果。此外,津冀自身所拥有的与技术应用相匹配的资本、人才资源不足,这也是导致对北京技术要素吸纳不足的重要因素。三是从科研成果转化水平、活跃程度来看,京津冀区域内部科技成果转移转化存在瓶颈。京津冀技术要素市场化配置机制及相关服务还不够发达,技术供需配对搜寻成本较高,效率较低。此外,从公共科研立项管理体制机制来看,企业在国家科研决策以及科研院所科研立项方面的参与度较低,导致科研成果与企业实际所需存在偏差,大量科研立项脱离津冀企业发展实际需要,或者适用科技成果转化又缺少本地产业配套与承接。

(四)区域数据要素开发、交易、应用缺乏统一部署

一是京津冀相关数字经济发展以及数据要素市场建设的协议文件多以规划类、原则性软性约束为主。在数据管理标准方面,京津冀尚未协同出台及实施统一的数字标准。例如,各地政府部门建设数据库所采用的技术、平台、标准和数据治理规则标准不一,不同地域数据的含义、格式及载体等内容具有差异性,导致不同地区、不同部门的数据不能共通与共用。二是数据场内交易仍处初步发展阶段。场内交易方面,北京国际大数据交易中心虽然初具规模,但在交易规模、覆盖场景、服务辐射、业务创新等方面还有较大提升空间。截至2024年6月,同样成立于2021年的深圳数据交易所累积交易额超过105亿元,是北京数据交易所同期交易额的2.3倍。[①] 津冀两地场内交易规模更小,仍处于起步阶段。三是京津冀数据流通产业上下游之间缺乏系统分工协同,还没有建立"做大蛋糕"机制,不能按照产业链合作分享整体发展受益,这也导致三地数据场内交易市场建设在一定程度上存在相互竞争、模式不一的问题。

---

① 《深数所王冠:交易所可作为数据要素赋能新质生产力的场景应用载体》,《新京报》,https://baijiahao.baidu.com/s? id=18041776704608403l9&wfr=spider&for=pc。

三是支撑多层次数据交易体系的完整数商产业链、生态链还不成熟。基于数商体系开展数据交易的商业模式还不够成熟,专业数据交易中介和服务机构的数量以及服务质量还不能充分满足数据交易需求,数据交易市场整体生态链有待进一步完备。

四　深化京津冀要素市场一体化建设的对策建议

（一）推动京津冀要素市场一体化建设的宏观举措

一是要加强京津冀要素市场制度建设,进一步统一要素市场基本运行规范。要进一步完善要素资源的产权制度,深化科技成果产权、数据产权制度创新,形成有利于激发要素供给活力的产权配置方案。要维护统一的市场准入和公平竞争制度,确保各种所有制企业、大中小规模企业都能有充分合理的市场渠道获取各种要素资源。要进一步完善要素定价制度,有效发现人才、技术、数据等创新要素的市场价格。要进一步完善要素交易治理制度,健全权责清晰、分工明确、运行顺畅的监管体系。

二是深化区域创新链、产业链联动,带动要素资源充分流动。要进一步优化打造京津冀区域创新布局,深化推动"六链五群"产业体系共建,培育以产业链为纽带、以创新要素集聚为特征、以各类新型创新共同体为载体的创新型产业集群,着力解决协同创新过程中科技创新与成果转化脱节、科技创新与区域产业技术需求脱节等关键问题。

三是推动区域经济社会政策综合协同,搭建要素资源共享基础底座。着力提高京津冀公共服务均等化水平,降低河北与京津两地的公共服务落差。推进市场设施高标准联通,完善区域同城化现代交通网络体系。完善要素市场信息交互渠道,推进同类型要素信息区域发布平台建设。深化京津冀三地要素资源交易平台的整合共享,依托要素市场数字化改造和智能化升级,探索打造京津冀区域综合性要素交易平台。

四是强化市场优先的机制环境,激发要素市场主体活力。要充分发挥企业、高校、科研院所、金融机构、科技中介服务机构等多元市场主体主动作用，形成以产学研为核心的区域协同创新体系。促进创新要素资源向企业集聚，充分激发企业创新动力和活力。支持企业建立产业技术协同创新联盟，鼓励企业联合高校和研究机构开展产学研协同创新。

（二）深化重点要素市场关键领域建设的具体建议

1. 进一步完善区域人才要素市场

一是深化通武廊等区域人才一体化示范区建设，在离岗创业、人才评价、科技人才流动等方面统一三地相关政策，打造京津冀人才"区域通办"服务平台及联动机制，逐步引领推进京津冀人才发展战略规划、政策体系、管理体制等方面全面实现统筹互动。二是进一步强化区域人力资源服务产业协同。建设区域统一的人力资源服务数据平台，建立区域间相互衔接的人才服务网络，形成统一开放的人才服务联网体系。三是推进京津冀统一人才市场建设。促进三地人才市场信息联通、活动联动、业务联系。推广京津冀人才区域协同发展机会清单机制。建立跨省市联合发布关键紧缺人才指南机制。探索共同成立"京津冀人才发展基金"。

2. 进一步完善区域科技金融要素市场

一是完善京津冀金融数据信息等基础设施建设。加强京津冀信用服务机构合作，大力培育区域金融信用产品和相关市场，探索区域信用联动、信息共享的服务体系。二是推动京津冀科技金融扶持政策对接。联合推动中关村先行先试科技金融政策体系与津冀重点合作区域科技金融政策对接，实现三地科技金融政策优惠力度相对持平。联合开展债券品种创新、小额贷款公司跨区域经营等试点。三是优化京津冀多层次投融资体系。推动京津冀区域股权投资机构开展合作交流，探索股权交易市场、融资市场联动创新，优化科创股权投资退出机制。依托京津冀国企资源优势，更多发挥国资科创投资作用。

3. 进一步完善区域技术要素市场

一是深化促进京津冀产学研技术要素资源有效对接。创新实施"京津冀联合攻关"研发计划，建立重大选题指南企业征集机制。鼓励京津冀重点产业龙头企业、平台企业牵头建立开放式创新平台,打造京津冀区域内大中小企业融通、政产学研金服用七位一体的技术资源对接创新生态。二是推动区域技术交易机构及平台升级发展。以三地现有技术交易市场为枢纽,建设京津冀技术交易数智平台大市场,加强京津冀技术交易市场同沪、深、京证券交易市场联系,开发技术投、融资创新产品。三是完善技术要素流通市场化治理生态。大力发展各类产业创新联盟、协会、技术转化平台机构。在现有各地相关技术转移转化基金的基础上成立区域统一的技术转化基金,共同设立技术转移转化项目库。四是依托三地产业协同带动区域技术要素共享。鼓励津冀相关孵化企业、园区运营主体在北京设立反向科创园区飞地。实施京津冀重点创新廊道建设计划,推动武清等区深化与京冀相关区县创新合作,打造有效的科创廊道。

4. 进一步完善区域数据要素市场

一是协同加速"数字京津冀"建设。推动三地相关部门之间建立常态化公共数据共享交换机制,共同搭建京津冀协同大数据平台,完成基础领域数据的统一加工开放。统一数据"度量衡",加紧推进京津冀数据交换、质检、分类、证照等数据治理法规标准的制定,促进数字认证、数据登记等体系的跨区域互认互通。二是协同推进数据交易市场体系创新。深化三地数据交易制度协同,推动三地数据交易市场机构在数据交易模式、核心交易规则、关键定价评估方法等核心领域加强业务合作与规则对接,联合探索数据信托机制、数据交易关键技术创新,适时推动建立京津冀数据交易统一市场平台,将各地平台吸纳整合作为地方节点或地方端口,实现京津冀场内数据交易全部纳入区域一体化市场。三是促进三地数据交易产业链协同发展。三地协同绘制数商产业链图谱,协同推进数商行业强链补链延链,优化数商公平竞争市场环境。推动三地协同制定数据交易产业发展规划,探索建立以北京为交易中心,以津冀为上下游服务、加工、应用中心的发展格局,强化形成"做大蛋糕"的可持续发展机制。

参考文献：

［1］陈玉玲：《京津冀科技创新要素市场一体化面临的困境及对策》，《湖北社会科学》2021 年第 3 期。

［2］姚树荣、冷文如：《面向高质量发展的要素市场化改革研究》，《中国西部》2024 年第 2 期。

［3］王译：《全国统一大市场视域下要素市场化改革的现实问题与应对策略》，《新疆社会科学》2022 年第 6 期。

［4］周宇英：《三大区域技术要素市场一体化发展比较及其对粤港澳大湾区启示》，《科学管理研究》2023 年第 3 期。

［5］刘子妮、刘雪婷、张若愚，等：《中国数据要素市场发展现状与问题研究综述—》，《宏观经济》2024 年第 13 期。

京津冀消费市场扩容升级
研究报告

李晓欣　天津社会科学院经济分析与预测研究所副研究员

摘　要： 近年来,随着京津冀协同发展战略不断走深走实,京津冀消费市场协同建设步伐正在加快,区域消费市场运行总体情况良好,居民消费呈现明显增长态势。与此同时,由于存在地理区位、发展基础、消费资源等方面的差异,区域内各城市之间在消费市场规模与质量上存在落差。为有力促进区域消费市场扩容升级,有效弥合消费市场发展差距,需要持续推进城市之间互联互通与资源共享,建设区域消费品牌矩阵,提升商贸服务能级,推动高品质公共服务一体化,完善消费信用体系,营造良好消费环境。

关键词： 京津冀　区域消费市场　居民消费　扩容升级

一　京津冀消费市场运行态势分析

(一)区域消费品市场规模及其变化

1. 三省市视域下消费品市场运行总体情况

2024 年前三季度,京津两市消费品市场均面临下行压力,河北省消费品市场同比增长 4.8%,其中,京冀两省市社会消费品零售总额分别为 10306.3 亿元、11231.1 亿元。从更长的时间维度来看,2000 年至 2023 年,京津冀三省市社零额规模总体保持良好增长态势,北京市社零额由 1443.3 亿元上升到

14462.7亿元,消费品市场规模扩大超过10倍,年均增速达到10.1%;天津市社零额由736.6亿元增长到3820.7亿元,市场规模扩大近5.2倍,年均增速达到7.1%;河北省社零额从1613.9亿元提升到15040.5亿元,规模扩大9.3倍,年均增速为9.5%。

2. 城市群视域下消费品市场运行差异情况

2024年前三季度,河北省11座地级市消费品市场增速均显著高于京津两市,邯郸市社会消费品零售总额同比增长6.2%,是京津冀城市群中增速最快的城市,其次是保定市、承德市,增速分别达到5.7%、5.5%,但在规模上,京津两市消费品市场规模依旧高于区域其他城市,城市群社零额极差为9883.4亿元,即北京市与承德市之间的差距,承德市社零额仅相当于北京市的4.1%;从河北省内11座地级市来看,石家庄市社零额规模达到2075.1亿元,是河北省内社零额规模最大的地级市,排名末位的是承德市,社零额仅422.9亿元,11座地级市社零额由高到低依次为石家庄、唐山、保定、廊坊、邯郸、沧州、邢台、衡水、张家口、秦皇岛、承德。

（二）区域居民消费规模及其变化

1. 三省市视域下居民人均消费情况

2024年前三季度,京津冀三省市居民人均消费支出均呈现增长态势,其中,河北省居民人均消费支出增速最快,达到7.2%,京津两市居民人均消费支出同比增长分别为5.2%、3.9%;从居民消费支出规模来看,北京市、天津市、河北省居民人均消费支出分别为36581元、26723元、17092元,北京市居民人均消费支出是津冀两省市的1.4倍、2.1倍,三省市居民消费支出规模存在着明显差距。从支出结构变动来看,前三季度,京津两市居民人均消费支出中的居住类、生活用品及服务类、医疗保健类支出与去年同期相比均有不同程度降低,交通和通信类、教育文化和娱乐类支出有所上升;从居民消费支出结构差异来看,北京市居民人均居住类支出占比高于天津市17.1个百分点。

2. 城市群视域下居民人均消费差异情况

由于2024年河北省地级市居民人均消费支出季度数据还未发布,因此,选取 2023 年度数据来分析城市群居民人均消费差异。2023 年,京津两市居民人均消费支出分别达到 47586 元、34914 元,大幅领先河北省 11 座地级城市;北京市居民人均消费支出是天津市的 1.4 倍,是河北省居民消费支出最高的廊坊市的 1.7 倍,是其支出规模最低的邢台市的 3 倍,反映出区域内部城市之间居民消费水平存在显著差异。在河北省内部,廊坊市居民人均消费支出水平最高,达到 28002 元,排名第二位的唐山市居民消费支出与廊坊十分接近,达到 27571 元,而排名末位的邢台,人均消费支出仅有 15949 元。2023 年,河北省 11 座地级市居民人均消费支出规模由高到低依次为廊坊、唐山、秦皇岛、邯郸、沧州、张家口、石家庄、保定、衡水、承德、邢台。

二　京津冀城市群消费资源分布等情况分析

(一)消费资源空间分布特征及比较

京津冀城市群消费资源分布呈现京津两市多且密集,其他城市少且局部集中的空间特点。博物馆、剧院以及 A 级旅游景区等文旅资源较多集中在北京与天津这两座城市,其余城市的博物馆与景区等数量呈递减变化,在部分城市会有所聚集。例如,保定的博物馆与 A 级旅游景区数量、廊坊的剧院数量、秦皇岛与邯郸的 A 级旅游景区数量均显著高于其周边城市,但相比京津两市还存在较大差距。与文旅资源相似,京津冀城市群内部的商业消费资源分布依旧呈现由京津两市向外围逐渐稀疏、局部零星集中的特点。以商圈、购物中心、网红品牌、高档餐厅与酒店为代表的商业资源集中分布在京津两地,城市群内石家庄、唐山、张家口以及保定等地级城市商业消费资源也颇为丰富,但资源总量仍远不及京津地区。

从"量"上比较,北京 A 级旅游景区数量约为天津的 2.2 倍、石家庄的 3.0 倍、唐山的 3.9 倍、秦皇岛的 4.3 倍;北京购物中心数量约为天津的 1.0 倍、石家庄的 3.0 倍、衡水的 7.7 倍、廊坊的 8.3 倍;北京商圈数据约为天津的 3.0 倍、石家庄的 3.6 倍、承德的 4.5 倍、唐山的 5.14 倍;北京三星级及以上酒店总数约为天津的 3.7 倍、张家口的 3.9 倍、石家庄的 5.2 倍、唐山的 6.5 倍、承德的 8.7 倍。

从"质"上比较,京津两地消费资源相比其他城市更是"遥遥领先"。以商圈为例,北京拥有王府井商圈、国贸商圈等 36 个核心商圈,天津拥有鼓楼商圈、和平路商圈等 12 个核心商圈,而河北省除石家庄拥有北国勒泰商圈、万象新百商圈等 10 个商圈以外,其余 10 座地级市不再拥有成熟的商业圈形态,而是退化为规模较小的商业街。

（二）公共服务资源空间分布特征及比较

与消费资源分布相似,北京与天津两地集聚了该城市群相当比重的医疗、教育和养老服务等资源。其中,北京拥有的三甲医院和养老机构数量位于京津冀城市群第一位,其次是天津,河北省 11 座地级市三甲医院总数量远不及京津两市。从教育资源分布来看,北京与天津高等院校数量远超河北省内任何一座城市的高等院校数量。

从公共服务资源量分析,北京三甲医院数量约为天津的 1.78 倍、石家庄的 10.7 倍、保定的 16 倍、唐山的 32 倍,社区医院数量约为天津的 2.7 倍、石家庄的 3.2 倍、唐山的 9.5 倍、廊坊的 6.75 倍,养老机构约为天津的 1.3 倍、石家庄的 1.9 倍、唐山的 1.5 倍、廊坊的 6.8 倍;高等院校数量约为天津的 1.6 倍、石家庄的 2.1 倍、保定的 6.1 倍、唐山的 7.7 倍;普通高中数量约为天津的 2.2 倍、石家庄的 3.2 倍、保定的 4.6 倍、沧州的 6.6 倍。

河北与京津两市在优质医疗与教育资源质量方面也相差悬殊。北京拥有北京协和医院、中国人民解放军总医院等众多大型综合医院和专科医院,医疗水平领先全国,医疗设备十分先进。天津拥有涵盖多个专科领域的天津医科大学总医院、天津市肿瘤医院等医院,医疗水平整体较高。河北省拥有河北省人民医院、河北医科大学第一医院等,这些医院规模有所差异,医疗技术与京津相比也存在差距。另外,北京拥有北京大学、清华大学、中国人民大学等 8 所 985 院校和 26 所 211 院校,天津拥有天津大学、南开大学 2 所 985 院校和 4 所 211 院校,而河北省仅拥有一所 211 大学——河北工业大学,其本部并不在省内,而是坐落于天津。

(三)主要城市消费市场差异化建设比较

北京作为首都,国际知名度高、各类资源富集、国际贸易便利、金融体系发达、文化娱乐活动丰富,有助于吸引更多的消费者,推动消费市场的繁荣和提升城市的竞争力。同时,以落实"四个中心"首都城市战略定位为指引,发挥首都优势,北京更有能力、更有条件去把握消费升级新趋势,持续加快国际消费中心城市建设。

天津立足"一基地三区"功能定位与港口区位优势,正在成为国际贸易和物流的重要枢纽。工业城市底蕴与制度型开放优势对供应链、经济结构、商业中心、外资外贸等方面均有着巨大影响,使得天津消费市场能够提供多样性消费产品、多元化消费场景,国际消费中心城市建设持续加快。

石家庄作为河北省的省会城市,消费资源相对集中,同时,得益于京津消费市场的辐射力,持续吸引周边城市消费人群,促进本地消费市场发展。保定与廊坊均位于河北省中部,保定作为一座历史文化名城,其文旅消费市场具有较高发展潜力;廊坊紧挨京津两市,在承接北京产业转移过程中消费市场建设也同步得到加强。唐山作为河北重要港口城市,在物流和贸易方面具有突出优势,有助于促进当地商贸、消费市场发展。张家口和承德位于河北省北部,毗邻北京,其中,张家口在 2022 年冬季奥运会举办后,城市冰雪运动产业发展迅速,带动了冰雪消费市场增长;承德以其"避暑胜地"风景旅游资源著名,对北京及周边地区游客具有较高吸引力,旅游消费市场蓬勃发展。秦皇岛、邯郸、邢台、沧州、衡水五座城市虽位于城市群边缘地带,但也具有独特的区位优势,秦皇岛作为海滨城市,拥有优美的自然环境和旅游资源,每年都会吸引大量游客观光;邯郸位于河北省中部地带,交通枢纽城市的区位优势使其成为周边地区的商贸中心,对相关产业的发展与消费市场的繁荣起到促进作用;邢台地处河北省南部边缘,消费市场规模相对较小,其依靠消费品工业门类齐全优势,特色消费品产业快速发展;沧州位于河北省东部,濒临渤海,港口和物流条件较为便利,有利于发展跨境贸易;衡水位于河北省西北部,地理上与京津距离较远,通过发展食品及生物制品等优势产业促进经济增长,为本地消费市场建设奠定了良好的经济基础。

综合分析,城市群内部主要城市在资源分布、区位特征、发展质量、目标定位等方面存在显著差异,京津冀消费市场呈现出"中心—外围"空间结构特征,其中,北京、天津是区域消费核心城市,其自身消费市场综合实力明显强于其他城市,在城市自身发展的同时,也能积极带动区域内其他城市消费市场建设;石家庄、保定、沧州、唐山可作为区域消费中心城市,其拥有一定规模消费市场优势和内需潜力、较为完善的商业载体、产业组织和消费环境,可辐射带动其他周边省内城市;其余城市属于消费支点型城市,这些城市自身综合实力并不突出,与城市群内部城市经济联系较弱,尚不具备成为消费中心城市的能力,在某个消费领域或行业发展具备一定优势。

三　京津冀消费市场扩容升级的对策建议

(一)提升区域互联互通与资源共享水平

第一,加快消费设施联通建设。以"融圈进群"为方向,推动直辖市与省会城市更加紧密联动发展,特别是支持支点型城市深度融入城市群建设。深化核心城市与中心城市结对合作,注重中心城市服务业发展,借鉴核心城市服务体系建设,打造高水平消费设施,实现商业设施有效联通,提升中心城市影响力,缩小京津冀内部城市差距。支持消费中心城市积极打造全国新品首发首秀活动平台,消费核心城市在资源对接、宣传推广等方面应给予支持。

第二,提振消费协同推进。消费核心城市、中心城市与支点型城市需相互支持,共同举办"京津冀消费季"、中华美食荟、中华老字号博览会等促消费活动。持续挖掘区域有影响力、有历史文脉的消费资源与品牌,协同推进京津冀区域老字号市场合作,加大农产品产销对接,促进消费产业链供应链区域合作。完善京津冀城市群重点零售企业联系制度,提升重点零售企业核心竞争力、品牌影响力和示范带动力,引导企业在城市群内梯次布局实体门店。

第三,推动文旅产业焕新升级。共同构建公共文化服务高质量发展先行区、高能级文旅产业发展高地、世界级高品质文旅目的地。持续推进以社保卡为载体的京津冀居民服务"一卡通"在旅游观光、文化体验方面实现"同城待遇"。深化文化和旅游公共服务数字化平台的互联互通、数字资源的共建共享。共同构建京津冀文化和旅游产业合作交流和发布推广平台,加强区域重大文旅节庆活动资源整合。加强客源市场互动、游客互送。常态化推出京津冀重点旅游地区旅游专列。构建惠民利民、品质保证、服务便捷的旅游服务网络。

第四,促进地区分工持续深化。鼓励、支持城市群内商贸流通和供应链企业发展,推动支点型城市传统商贸企业向供应链企业转型,增强核心城市、中心城市与支点型城市之间的贸易联系,提高区域整体资源配置效率和企业跨区域经营能力。充分发挥各城市地域优势,注重产业协调分工。畅通农产品流通渠道,携手推进区域共富。打造产销一体的农产品流通区域合作新模式。加快在河北省建立保供京津的特色农产品主产地,不断拓宽京津冀农产品双向流通渠道,丰富区域农产品供给。

(二)构建区域高水平品牌矩阵

第一,集聚优质品牌首店首发。加快推动区域知识产权保护与促进条例出台,强化对品牌商标权和商品专利权的保护,吸引国内外一线品牌总部机构以及具有全球视野和品牌运作能力的投资商、运营商在消费核心城市、中心城市落地,汇集本土品牌、国际品牌。加大商业品牌首店政策实施力度,特别是引导消费中心城市因地制宜出台鼓励品牌首店发展的配套措施,通过开通品牌首店服务"绿色通道",助力品牌首店落地选址和推广。持续推进消费中心城市建设重点商圈,开展品牌首秀线上推广等活动。

第二,擦亮老字号金字招牌。引导餐饮、食品、零售、文化等行业老字号汇聚,在各城市中心地区打造老字号聚集区,重塑城市商业名片。支持老字号餐饮原址老店或旗舰店改造升级,保持原汁原味商业风貌。消费核心城市、中心城市、支点型城市的老字号企业要联动发展,老字号企业数字化转型经验可互相借鉴。鼓励老字号企业创新经营模式,与知名 IP 跨界合作,推出蕴含京津冀文化的联名系列、文创系列和伴手礼系列产品。发挥北京老字号协会平台作用,宣传推广京津冀各市老字号品牌,借助平台三省市联动开展老字号嘉年华、新国潮等一系列促消费活动。推动区域老字号精品上高铁、进社区、上平台,推动城市群老字号在新时代焕发新生机。

第三,打造时尚品牌活动风向标。消费核心城市需聚焦建设完善的新消费品牌孵化体系,聚焦新业态、新模式、新服务,在美妆、食品、服饰定制、健康养老、休闲娱乐等领域,培育一批具有核心竞争力的新消费品牌企业,推出一批拥有自主知识产权的产品,打造集设计、发布、展示、销售于一体的时尚消费创新培育平台。积极举办国际时装周,打造高品质赛事活动集群,提高城市群消费知名度。消费中心城市可以考虑出台一揽子政策措施,对新兴消费品牌企业在租金减免、人才引进、证照联办、实现商标注册便利化等方面加大支持。

(三)增强区域商贸能级

第一,完善城市商圈规划布局。支持石家庄、唐山、廊坊、保定、沧州开展消费中心城市以创促建,激励中心城市构建以步行街为引领、智慧商圈为支撑、便民生活圈为基础的城市商业格局,加快商贸流通创新发展、改革探路,逐步缩小与核心城市的消费差异。在京津冀城市群内部开展示范步行街认定,发挥步行街商旅文消费虹吸效应,提高步行街品牌集聚度、消费便利度、市场繁荣度。

第二,加强流通设施建设。打造立体化综合交通网络,增强中心城市交通枢纽作用。在现有京津、京唐秦、京保石、京张、京承快速轨道交通发展轴构架的基础上,加快建设群内网络化轨道联系,培育中心城市在城市群的交通枢纽地位,注重唐山、沧州、廊坊等中心城市交通设施建设,畅通中心城市与核心城市、支点型城市的要素流通渠道,缩小中心城市与北京、天津在基础设施、公共服务等方面差距;提升中心城市与消费支点型城市的交通便利程度,引导人口在中心城市与支点型城市之间加快流动,增强中心城市对支点型城市的辐射带动能力,推动中心城市成长为带动京津冀城市群消费发展的新增长极。

第三,促进内外贸一体化发展。发挥京津消费核心城市在城市群中的贸易制度优势,发挥高端引领与辐射带动功能,全方位拓展京津冀城市群合作广度和深度,助推河北省各地级市贸易发展,加快实现城市群同城化,内外贸高效运行、深度融合、相互促进。强化核心城市、中心城市与支点型城市在法律法规、监管体制、经营资质、质量标准、检验检疫、认证认可等方面的互通衔接,全面加强产品对标驱动、渠道对接驱动、数字赋能驱动等,聚焦供应链创新与应用、商贸流通创新发展、物流标准化数字化建设等工作,持续提升贸易便利化水平。

(四)促进区域高品质公共服务一体化

第一,推进公共服务标准化便利化。在京津冀城市群内部推动建立基本公共服务标准体系,全面实施基本公共服务标准化管理,以标准化促进基本公共服务均等化、普惠化、便捷化。推进核心城市与中心城市、支点型城市在基本公共服务保障方面加强区域协作联动,确保覆盖城市群全体居民。建立异地就医直接结算信息沟通和应急联动机制,完善住院费用异地直接结算,开展异地就医门急诊医疗费用直接结算试点工作。推进社会保险异地办理,开展养老服务补贴异地结算试点,推进京津老年人群在河北省实现异地养老。实施民生档案跨区查档服务项目,建立互认互通的档案专题数据标准体系。探索构建区域基本公共服务平台,促进居民异地享受基本公共服务并便捷结算,利用数智化技术推动实现公共服务资源均衡分布、合理配置。

第二,推动教育合作发展。协同扩大京津冀优质教育供给,促进教育均衡发展,率先实现区域教育现代化。依托消费核心城市优质学前教育、中小学教育资源,鼓励核心城市与支点型消费城市实现学校跨区域牵手帮扶,深化校长和教师交流合作机制。推动京津冀大学大院大所全面合作、协同创新,鼓励京津一流大学、科研院所到河北省设立分支机构。

第三,打造医疗康养健康圈。优化配置区域医疗卫生资源,大力发展健康产业,持续提升人民健康水平。推动消费核心城市、中心城市优质医疗卫生资源统筹布局,采取合作办院、设立分院、组建医联体等形式加大对支点型城市医疗卫生系统建设的支持,扩大优质医疗资源覆盖范围。共建以居民健康档案为重点的全民健康信息平台和以数字化医院为依托的医疗协作系统,实现双向转诊、转检、会诊、联网挂号等远程医疗服务。依托优质医疗资源、现代医药产业、养老产业,制定区域产业资本和品牌机构进入当地养老市场指引,支持民营养老机构发展。在河北省建设一批国际知名的健康医疗服务、养生养老基地。

(五)完善区域消费信用体系

第一,积极推进个人信用体系建设。完善城市群个人信息保护制度和消费后评价制度,大力优化线上消费环境,加大力度打击网络刷单炒信等黑色产业链。健全公示、警示等信用约束和联合惩戒机制,实现"一处违法、处处受限"。建立京津冀地区消费领域信用修复机制。充分运用全国信用信息共享平台、金融信用信息基础数据库等,建立健全企业和相关人员信用记录。

第二,深化经营主体信用体系建设。重点针对人民群众反映强烈的线上线下食品安全、假冒伪劣、虚假宣传等经营违法失信行为,开展定期专项治理行动,引导并规范一批失信经营主体,促进经营主体信用水平整体提升。依据企业信用风险分类管理结果,将高风险经营主体列为监管重点,提高抽查比例。建立京津冀市场经营主体信用网站、微信公众号等,集中曝光一批严重违法失信典型案例和"屡罚不改"经营主体信息。加强社会舆情和网络舆情分析、研判、处置,及时回应社会关切,营造良好社会氛围。

(六)营造区域良好消费环境

第一,营造满意消费环境。引导大型连锁商场、超市、直营店实行跨省市异地异店退换货,倡导城市群线下实体店实行七日无理由退货承诺。建立区域食品安全地方标准及规范性文件制修订提前共商制度,共同完善京津冀地区食品安全信息追溯体系建设,建立京津冀食品质量检验结果互认机制与食品抽检不合格产品信息共享机制。引导京东等一批京津冀知名电商创建"安心消费电商平台",完善有利于电子商务发展和消费者权益保护的商品、服务质量担保机制,建立健全争议在线解决机制,积极落实赔偿先付制度。鼓励农村家宴、民宿、农家乐等经营主体积极开展美丽乡村放心消费行动。

第二,协同加强消费者权益保护。依托数字技术,对消费者投诉产生的各类数据进行专业化、标准化、协同化处理,动态分析研判消费者投诉热点问题。加强京津冀三省市在消费者权益保护工作上联动配合、整体协同。建立健全消费者权益保护工作信息共享、协同配合、联动响应的协作机制,不断增强消费维权的共同合力。建立村级消费维权联络站(点),实现消费投诉处理不出村。充分发挥京津冀行业组织自律性、消费者权益保护委员会和社会公众、媒体的监督功能。加快完善"北京品牌""天津精品""河北名品"标准体系,发布实施一批京津冀地区服务型消费标准。

参考文献:

[1] 马聪玲、滕菲菲:《消费城市视域下城市文旅消费集聚效应研究》,《价格理论与实践》2024 年第 10 期。

[2] 刘成:《信息消费、新业态与区域经济增长——以京津冀、长三角与珠三角为例》,《商业经济研究》2024 年第 16 期。

[3] 苗月新:《我国省份之间生产、消费与流通能力的比较研究——基于跨时段数据分析角度》,《中国市场》2024 年第 26 期。

加快发展新质生产力篇

天津科技创新发展研究报告

张冬冬　天津市科学技术发展战略研究院副研究员
李小芬　天津市科学技术发展战略研究院研究员

摘　要： 2024年，天津贯彻落实总书记视察天津重要讲话精神和关于发展新质生产力的重要论述，发挥科教资源丰富等优势，持续提升创新策源能力、成果转化能力和科创服务能力，加快推进高水平科技自立自强，在发展新质生产力上勇争先、善作为。京津冀科技创新协同走深走实，战略科技力量加速在津布局，科技创新产业创新融合持续深化，天开高教科创园等科创载体加快建设，但仍存在前沿科技创新成果向新赛道产业转化的效能有待提升、科创服务体系有待完善等问题。下一步要强化京津冀科技创新协同，建设协同创新共同体；争取战略科技力量布局，提升创新策源能力；加快关键核心技术攻关，深化科技创新产业创新融合；深化科技创新载体建设，打造科技创新标志区；强化要素流通配置，提升科技创新要素支撑。

关键词： 天津　新质生产力　科技创新

一 天津科技创新取得积极进展

2024 年,天津贯彻落实习近平总书记视察天津重要讲话精神和关于发展新质生产力的重要论述,发挥科教资源丰富等优势,持续提升创新策源能力、成果转化能力和科创服务能力,加快推进高水平科技自立自强,在发展新质生产力上勇争先、善作为。全社会研发投入强度达到 3.58%[①],高于全国 0.93 个百分点,位于北京、上海之后,持续在全国 31 个省区市中排名第三位;综合科技创新水平指数达到 81.25[②],仍处于全国前列;在全球区域创新集群中排名第 34,相较于上年上升 2 个位次[③];科技创新持续催生新质生产力。

(一)京津冀科技创新协同走深走实

以京津冀协同为战略牵引,将北京科技创新优势和天津自身先进制造研发优势结合起来,主动承接和吸纳北京科创资源,加快形成"北京研发、天津转化"协同创新格局。

1. 三地创新协同度持续提升

从投入来看,京津冀三地整体研发投入持续增强。三地 R&D 经费投入强度保持平稳上升态势(见图 1)且差距逐步缩小,平均 R&D 经费投入强度从 2015 年的 3.42% 增长至 2023 年的 4.13%,增长 0.71 个百分点[④],高于长三角、珠三角(3.38%、3.54%[⑤])。从产出来看,京津冀三地专利产出量质齐升,专利授权数量从 2015 年的 16.15 万件增长至 2023 年的 43.80 万件,年均增长率达到 21.4%;发明专利授权量从 2015 年的 4.38 万件增长至 2023 年的 13.64 万件,占整体专利的比重从 2015 年的 27.10% 提高至 2023 年的

---

① 国家统计局、科学技术部、财政部:《2023 年全国科技经费投入统计公报》。
② 中国科学技术发展战略研究院:《中国区域科技创新评价报告(2024)》。
③ 世界知识产权组织:《2024 年全球创新指数》。
④ 国家统计局、科学技术部、财政部:《2014—2023 年全国科技经费投入统计公报》。
⑤ 由于缺乏统一口径数据,珠三角数据以广东省数据替代。

41. 52%①。从合作来看,京津合作专利数量已累计达到 38424 件,年度合作专利数量从 2015 年的 2167 件上升至 2023 年的 3621 件,2024 年前 10 个月,已合作产出专利 3632 件,超出 2023 年全年,跨区域专利合作持续深化②（见图 2）。

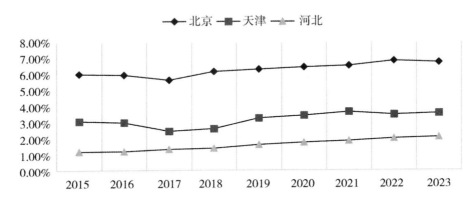

图 1　2015—2023 年京津冀三地 R&D 投入强度

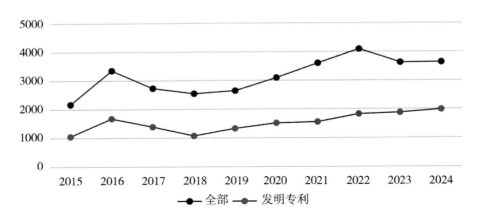

图 2　2015—2024 年京津合作专利产出数量

2. 北京成果加速向津冀转移

通过拓宽转化通道、提升承接服务能力、搭建合作对接渠道等举措,天津

---

① 国家知识产权局:2014—2023 年知识产权统计年报。
② 数据通过 Incopat 全球专利综合文献数据库检索获得。

持续服务推进北京科技成果在津转化。2015年以来,北京成果持续流向津冀(见图3),年均增速达到71.4%;2024年上半年,北京流向津冀技术合同2452项,成交额345.4亿元,同比增长75.7%①。重点平台发挥作用有力,截至2023年末,中关村企业在津冀两地设立分支机构超过1万家,北京企业对津冀两地投资4.9万次,投资总额2.3万亿元,京津冀成果区域内转化的比重不断提高;三地协同共建京津冀国家技术创新中心,加速推动原创性、颠覆性技术成果产业化,目前已建立多个分中心,天津中心建设方案已制定发布,预计年内将引入约10项来自京冀地区的科技成果在津落地转化。

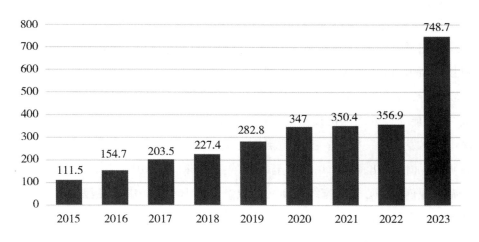

图3 2015—2023年北京地区流向天津、河北技术合同成交额

3. 京津冀合作载体提质增效

重点园区不断提升承载能力,加快承接北京成果溢出,推进高质量发展。滨海—中关村科技园加快引进北京理工大学新能源与高性能制造实验室等创新平台,提升创新策源能力;引进中国技术交易所天津先进技术交易服务中心,构建先进医疗领域集项目资源挖掘、概念验证、育成孵化于一体的成果转化体系,持续优化营商环境;截至2024年前三季度,已累计注册企业超过5500

---

① 北京市统计局:《上半年京津冀经济持续恢复 协同发展步伐坚实》。

家,为 1000 余家北京科技型企业提供科技创新和应用场景支持。京津中关村科技城已移植北京中关村 5 大类 203 项服务,初步形成了新一代信息技术、新能源与新材料、高端装备制造、生物医药与医疗器械四大产业集群。武清京津产业新城加快建设,截至 2024 年上半年,核心区已入驻 451 家企业,总投资 150 亿元。

(二)战略科技力量加速在津布局

以实验室体系为代表的战略科技力量持续提升,在关键核心技术攻关、支撑产业高质量发展等方面取得显著成效。

1. 重大科技创新平台提质扩容

全国重点实验室 2024 年新获批 2 家,数量达到 17 家,有力整合国内优势科技创新力量,开展前沿探索、基础及应用基础研究。6 家海河实验室高水平入轨运行,面向产业需求,形成了一批重大原创性、颠覆性成果,脑机海河实验室"高性能非侵入式脑机接口编解码关键技术体系"等成果获得 2023 年度天津市技术发明奖一等奖。市级重点实验室聚焦与学科建设协同、与产业链发展协同,加快优化领域布局。截至 2024 年 3 月末,天津国家企业技术中心、国家制造业创新中心等国家级创新平台数量达到 167 家。中央驻津科研院所达到 62 家,市属科研院所 42 家。

2. 企业创新主体地位凸显

企业协同创新机制进一步优化,科创企业队伍进一步扩大,创新效能持续提升。链主企业牵头成立产业链创新联合体,2024 年,首批瑞普生物、金桥焊材等 9 家链主企业和 62 家链上重点企业成立了 17 个产业链创新联合体,包含成员单位 170 家,发挥链主企业在技术需求拉动科技创新、市场需求提供应用场景等方面的龙头带动作用,提升产业链整体创新水平。科技企业梯度培育成效显著提升,2024 年前三季度,全市 8688 家企业通过科技型中小企业评价入库,雏鹰、瞪羚企业分别达到 4207 家、374 家,科技领军(培育)企业达到

308 家[①];独角兽企业达到 6 家,总估值达到 106.1 亿美元。企业创新效能凸显,2023 年企业获发明专利授权 8214 项,同比增长 37.5%,占比达到 57.4%,高出 2022 年 6.5 个百分点。

(三)科技创新与产业创新融合持续深化

聚焦重点产业、战略性新兴产业、未来产业发展,天津持续加强自主创新,提升高质量科技供给,加速科技成果转化,深化科技创新与产业创新融合,助推新质生产力加快发展壮大。

1. 产业关键技术取得突破

2024 年,我市各类创新主体聚焦重点产业领域,围绕原创性、颠覆性技术攻关,取得一系列关键核心技术突破,助推产业高端化、智能化、绿色化发展。高端化方面,在功能性半导体石墨烯、新型丙烯催化剂方面取得了从"0"到"1"的突破,有望引领行业根本性变革。智慧化方面,在国产工业软件、人工智能等领域取得积极进展,天河显式动力学数值模拟软件已具备国产化替代能力,360、科大讯飞等人工智能大模型落地多个应用场景,将持续赋能行业智慧化升级。绿色化方面,在高性能锂离子电池、钙钛矿太阳能电池等领域取得技术突破,助推"双碳"产业迭代升级。

2. 科技成果加快转化

强化科技成果转化政策支持,2024 年,天津印发《关于进一步推动科技成果转化创新改革的若干措施》,从实施职务科技成果单列管理、深化职务科技成果赋权改革、深入推行科技成果作价入股等七方面出台 18 条举措,精准解开成果转化"细绳子",解决成果"不敢转、不愿转、不会转"难题。完善科技成果转化服务体系,探索实施"一门式"服务,推动成果转化从管理审批型向创新服务型转变,全面提升成果转化效率。科技成果转化取得显著成效,2023 年全市登记技术合同成交额创历史新高,达到 1957.4 亿元,实现四年翻番,占 GDP

---

① 天津市科技局:《全市 2024 年 1—9 月份有关科技型企业评价情况通报》。

比重位居全国第三①；2024 年前三季度，全市技术合同成交额已突破 1400 亿元。

3. 新兴产业保持较快增长

新产业活力加快释放，2024 年前三季度，规模以上高技术制造业增加值增长 6.7%，快于全市规上工业 3.5 个百分点；彰显新质生产力的信息技术应用创新产业链、车联网产业链、集成电路产业链增加值分别增长 26.6%、19.8% 和 14.1%；十大现代产业体系中的电子信息产业、航空航天产业增加值增速均超过 20%，分别增长 25.8% 和 38.4%。科技服务业规模不断扩大，信息传输软件和信息技术服务业、科学研究和技术服务业等现代服务业增加值分别增长 9.7%、5.3%。战略性新兴产业、未来产业加快布局，战略性新兴产业投资增长 6.4%，其中高端装备制造产业、生物产业、新能源产业投资分别增长 27.0%、29.0% 和 26.9%；下一代信息技术、未来智能、生命科学等未来产业加快布局，将建设未来产业科技园、未来产业先导区等②。

（四）科创园区加快建设

天开高教科创园（以下简称"天开园"）进入提质增效发展新阶段，成为天津科技创新的"新地标"。高标准建设滨城科创区，持续打造"北京研发、天津转化"新高地。

1. 天开园建成科创"新地标"

天开园作为科技创新策源地、科研成果孵化器、科创服务生态圈的功能凸显，逐步形成大学和城市相互滋养、相互赋能、相辅相成的良性发展格局。

第一，作为科技创新策源地，聚集了一批高科技、高成长、强带动的科创企业，辐射范围不断扩大。科创企业加快聚集，截至 2024 年 9 月，天开园累计注册企业 2361 家，永续新材料、佰鸟纵横、天润瀚阳等一批企业快速成长，在天

---

① 陈曦：《天津推出 18 条措施——解除束缚科技成果转化的"细绳子"》，《科技日报》2024 年 7 月 23 日。

② 天津市统计局：《前三季度我市经济保持平稳增长》。

津其他区域加快产业化,实现了辐射带动全市发展。2024 年,"一核两翼"空间布局扩大至"一核两翼多点",滨海高新区华苑片区、中国民航大学及相关区域、河西区新八大里及其周边区域纳入多点,依托多点区域空间载体资源、科技成果转化服务资源、数字经济等产业资源,持续做强天开园品牌。

第二,作为科研成果孵化器,引育高能级孵化平台,服务大批京津冀科创成果在园落地孵化。引进各类创业服务企业,建立创业导师队伍,成立天津市概念验证中心、中试平台咨询委员会和天津市技术经理人发展促进会,打造"全生命周期"的企业孵化服务。与南开大学、天津大学等 17 家高校校友会签署合作协议,畅通高校与"园区"的握手通道。承接北京科创成果,吸引清华、北大等科技创新团队来津创业,截至 2024 年 5 月,天开园新增注册企业中京冀两地来源企业占比达到 12%。

第三,作为科创服务生态圈,持续优化顶层设计,建立健全天开科创服务体系。2024 年,天津出台天开园政策 2.0 版,扩大对企业的支持范围,提升支持力度、精确度;发布《天津市促进天开高教科创园发展条例》,以立法引领推动天开园发展。建立天开"基金群",构建覆盖企业发展全周期的金融服务体系,截至 2024 年 9 月,天开园企业已累计获得投资 7.72 亿元、贷款 5.02 亿元。天开智慧园区服务平台上线,构建全要素、便利化线上服务矩阵。

2. 滨城科创区建设步伐持续加快

滨城科创区强化滨海—中关村科技园("一核")、华苑科技园("一区")承载功能,加快引进北京科创资源,强化产业科技创新,探索科创改革先行先试,打造新动能引育标杆。第一,加快承接京津冀科技成果产业化。滨海—中关村科技园作为"一核",2024 年上半年新增企业超 360 家;华苑科技园作为"一区",2024 以来引入高成长科技型企业 215 家,新质生产力集聚初见成效。第二,持续强化产业科技创新。滨海新区与工信部火炬中心、怀柔科学城等签署科技创新协同发展协议,发挥滨城地理优势、产业优势和配套优势,吸引北京创新项目来滨海新区开展成果转化。第三,围绕关键环节探索先行先试。推动企业以"先使用后付费"模式与高校开展合作,服务细胞生态海河实验室构建"科研转化—临床研究—CMC 生产—质控评价—材料供应—产品应用"等全流程转化生态体系,首创技术经理人培养新体系,已培养 50 名技术经理人,促进成果转化交易近千万元。

二 当前存在的问题

天津科技创新取得了一系列标志性成果与进展,综合科技创新水平保持全国第一梯队。但与国际创新趋势、国内创新部署的要求相比,与国内先进省市相比,在前沿科技成果转化为新赛道产业、科创服务体系等方面仍然存在短板。具体表现在以下几方面。

(一)前沿科技创新成果向新赛道产业转化的效能有待提升

第一,面向科技创新前沿、面向未来的科技创新力量仍然不足。如在人工智能领域,天津人工智能科技产业区域竞争力①排名在全国各大城市中排名第9,企业创新能力(包括企业规模、企业专利数等指标)这一分项指标排名第12,与北京、上海等存在差距。第二,对前沿科技成果转化为新产业的支持力度仍需增强。如在脑机接口产业领域,天津已布局脑机交互与人机共融海河实验室等创新平台,在脑机交互领域拥有全球最大专利池,但尚未出台支持脑机接口产业发展的专项行动方案或政策,而北京已率先出台《加快北京市脑机接口产业发展行动方案(2024—2030)》。第三,高端科研人才依然短缺。根据调研结果显示,人工智能等前沿领域的本地企业在人才招聘方面仍然困难,需从北京引进高端创新人才。

(二)科创服务体系仍有待提升完善

第一,高水平科技成果转化孵化载体仍然较少。根据国家火炬中心发布年度考核评价来看,天津现有 36 家国家级孵化器且 19 家获评"优秀","优秀"

---

① 中国新一代人工智能发展战略研究院:《中国新一代人工智能科技产业区域竞争力评价指数(2024)》。

"良好"率占全市国家级孵化器总数的88%,高于全国平均水平13个百分点。但与北京国家级孵化器71家、引领类标杆孵化器10家相比,专业化高水平孵化载体相对少,在超前孵化、深度孵化、投孵联动等方面仍然存在差距。第二,投早、投小、投硬科技的创投资源集聚度、活跃度均有待提高。2024年一季度,天津新募集股权投资基金19支,总金额144.91亿元;上半年天津投资案例数39件,投资金额19.84亿元,募资、投资等数据在全国31省市中排名①相对不高。

三 对策建议

(一)强化京津冀科技协同,建设协同创新共同体

第一,强化央地协同,争取北京资源。把主动融入北京国际科技创新中心建设作为京津冀创新协同的发力方向,持续深化部市、院市、校市、企市合作,聚焦已开展合作的高校院所,如北京航空航天大学、北京理工大学等,引进重点平台、重大项目、高端人才等创新资源。

第二,强化攻关协同,攻克产业关键技术。强化基础研究合作,持续实施京津冀基础研究合作专项、国家自然科学基金委区域联合基金等,吸引京津高水平科研力量联合攻关,促进基础研究、应用基础研究与产业发展相互融通。持续聚焦"六链五群"建设,依托产业链创新联合体等组织,面向产业链创新需求开展揭榜挂帅,推动开展跨区域、跨领域合作,提升产业链创新显示度。

第三,强化转化协同,赋能产业创新。发挥天津科技资源和制造业配套齐全的相对优势,加快打造区域科技成果转化中心,畅通京津冀高校与天津龙头企业握手通道,把北京科技创新优势和天津先进制造研发优势结合起来,加快探索"北京研发、天津转化"有效模式。

---

① 清科研究中心:《2024年Q1中国股权投资市场发展概况》《2024年H1中国股权投资市场发展概况》。

第四，强化平台建设协同，做强关键节点。做实做强京津冀国家技术创新中心天津中心，按照"目标一致、平台共建、机制统一、协同发展"的原则，加快打造区域差异化平台，建设科研攻关、成果转化服务体系，打造成为京津冀协同创新的战略节点和重要动力源。

（二）争取战略科技力量布局，提升创新策源能力

第一，建设高水平实验室体系。深化体制机制创新，推动实验室与学科建设紧密协同、与重点龙头企业深度关联、与天开园建设同向发力。推动有条件的实验室争取建设国家实验室或基地。以全国重点实验室为纽带链接全球优质科创资源，强化应用基础研究。推动海河实验室创新"平台＋项目＋成果＋团队＋生态"五位一体管理运行新范式，既注重从"0—1"的创新，更注重从"1—N"的突破。聚焦产业链发展需求，持续优化市级重点实验室体系布局，推动提质增效。

第二，激发高水平大学创新活力。推动高校开展多学科协同、多主体参与的有组织科研，解决重大科技问题。支持高校建设基础学科研究中心、学科交叉研究中心，布局建设未来技术学院。推动高校加快战略科学家和科技领军人才培养，积极同其他战略科技力量开展协同育人，提升战略科技人才培养质量。

第三，发挥中央驻津科研院所示范作用。依托中央驻津科研院所争取其上级单位在津布局更多科创资源，引进央企研究总院、研发总部等。支持中央驻津院所与天津企业开展项目合作、协同攻关、共建研发转化基地等，加快科技成果在津转化。

第四，加大科技领军企业培育力度。强化系统布局，做大科技领军企业增量，推动创新能力强、内生动力足的骨干企业、潜力企业加速晋级，支持科技领军企业强化对未来产业新领域新赛道加强前瞻布局。加大要素供给，加大创新资源要素对企业开放力度，推动高层次创新人才在高校院所和企业间双向流动。推动协同创新，支持领军企业牵头组建创新联合体，加强多主体协同创新。

（三）加快关键核心技术攻关，深化科技创新与产业创新融合

第一，加快前沿关键核心技术攻关。聚焦合成生物、细胞与基因治疗、脑机交互、人工智能、石墨烯半导体等前沿领域，超前部署前沿技术项目，加快建设建制化的重大创新平台，集聚优势力量开展科研攻关，推动形成从"0—1"的科研突破，形成更多高质量科技供给。

第二，加快前沿科技创新成果向新赛道产业转化。聚焦下一代信息技术、空天深海、新型能源、前沿材料等未来产业领域，加快制定专项支持政策，明确细分赛道的具体发展规划思路。组建面向未来产业的概念验证中心、孵化器、加速器等全链条转化服务平台，推动前沿科技成果加快转化，形成更多专精特新、独角兽企业。

（四）深化科技创新载体建设，打造科技创新标志区

第一，推动天开园提质增效。推进"一核两翼多点"协调发展，发挥核心区创新策源作用，强化拓展区的成果转化及基础配套功能，加快实现差异化定位、协同化发展。强化创新策源，依托天开实验室创新发展联盟，链接全国重点实验室、海河实验室，建立交流合作平台，开展前沿性技术攻关。强化科创服务，引聚科创服务资源，壮大天开基金群，构建商务服务矩阵，依托智慧园区运营服务平台强化精准服务。营造创新创业氛围，持续举办主题活动，进一步激发创新创业潜能。

第二，加快滨城科创区建设。持续做强"一核一区"，滨海—中关村科技园打造滨海新区京津冀协同发展桥头堡和主阵地，吸引优质新型研发机构，积极有序错位承接北京科创资源；华苑科技园融入天开园建设，探索"投贷联动""孵化＋投资"等创新机制。辐射带动"一带 N 园"，推动"一带"加强经开区为主的制造创新、提升保税区为主的自贸创新、加快高新区为主的科技创新，形成融合发展格局；推动"N 园"高质量发展，精准补齐科技服务机构，加快形成新质生产力。

（五）强化要素流通配置，提升科技创新要素支撑

第一，构建全链条科技人才体系。围绕科技创新全链条，引育战略科技人才、应用型人才、产业型人才和服务型人才。升级优化"海河英才"行动计划，坚持柔性引才和靶向引才相结合，引进高层次创新创业人才、急需紧缺人才及高水平创新创业团队。强化青年科研人才培养，培养一批卓越工程师、高端职业技能人才。完善创新人才分类评价机制，建立以创新能力、质量、实效、贡献为导向的人才评价体系。

第二，强化科技金融支撑。发挥天使母基金等引导基金作用，鼓励有实力的高校、院所、园区设立创业投资基金，形成覆盖科技企业全生命周期的股权投资基金体系，鼓励"投早、投小、投长期、投硬科技"。实施科技型企业上市倍增计划，推动更多优质企业在北交所、科创板等上市融资。把握商业银行股权投资试点扩大机遇，加快成立 AIC（金融资产投资公司）股权投资基金，用好银行体系广泛的科技金融合作网络，提供多元化接力式金融服务。

参考文献：

［1］朱玉兵：《深入落实习近平总书记视察天津重要讲话精神 以科技创新引领加快发展新质生产力》，《求知》2024 年第 3 期。

［2］中国科学技术发展战略研究院：《中国区域科技创新评价报告（2024）》，科学技术文献出版社，2024。

［3］李国平：《京津冀：打造高质量发展动力源》，《人民论坛》2024 年第 17 期。

天津科创园区发展研究报告

涂峰达　天津市经济发展研究院经济师

摘　要： 科创园区作为科技成果产业转移的重要载体，是链接科创资源与市场要素的重要一环，是深入践行科教兴国战略、创新驱动发展战略和人才强国战略的重要抓手。天津市科创主体众多，包括天开高教科创园、大学科技园、科技企业孵化器、众创空间、科技园等，已基本建立起了梯度培育的科技企业孵化体系。但也存在整体发展水平不高、协同发展机制不足、科创资源有待聚集、专业化服务水平不足等问题。国内外先进科创园区发展经验证明，高效的科创园区必须具备优质的科创资源、良好的孵化环境、专业化的园区服务等条件。天津应加强对全市科创园区的统筹规划，形成协同发展格局，加速科创资源聚集，打造示范孵化基地，提升专业化服务水平，打造特色主题园区。

关键词： 科技成果转化　科技企业孵化　科创园

一　天津科创园区发展现状

科技兴则民族兴，科技强则国家强。党的二十届三中全会明确提出"推进高水平科技自立自强"，全会通过的《中共中央关于进一步深化改革、推进中国式现代化的决定》强调，"加强创新资源统筹和力量组织，推动科技创新和产业创新融合发展"。科创园区集聚了各类创新发展要素，是链接高校、政府、产业、金融的重要环节，大力提升科创园区发展质量对提升天津创新创业生态、吸引集聚高水平人才、推动科技成果本地转化、加快传统制造业转型升级等都有重要意义。近年来,天津全力打造科技创新高地,以国家自主创新示范区和天开高教科创园为引领,积极完善政策措施,营造创新环境,已形成了"天开园—孵化器—众创空间—科技产业园区"一体化的科技创业孵化链条。2023年,全社会研发投入强度达到 3.49%,综合科技创新水平指数达到 83.29%,均居全国前列。科创园区已成为天津市提升自主创新和原始创新能力、新旧动能转换的重要战略引擎。

目前,学界和政府管理部门对科创园区范围没有明确统一的界定,也缺乏准确的统计口径,为便于研究,此报告仅对具有明确统计数据的天开高教科创园、大学科技园、科技企业孵化器和众创空间等载体开展研究,主要情况如下。

（一）天开高教科创园成为创新热土

天开高教科创园于 2023 年 5 月 18 日正式开园,以"一核两翼多点"的布局囊括了天津市大部分重要的科创资源,其中,"一核"的先导区位于南开区 11 个空间载体内,西翼拓展区选址范围为环西青大学城,总面积 24.79 平方公里,东翼拓展区为海河教育园区,总面积约 37 平方公里。2024 年,又分别将滨海高新区华苑科技园、中国民航大学（东丽校区）及大学科技园、河西区新八大里及其周边区域纳入天开园空间发展布局,进一步提升了天开园整体规模。

天开高教科创园在市委市政府的大力支持下发展迅猛,已成为天津市最具活力的科技创新策源地,印发了《天津市人民政府支持天开高教科创园高质量发展的若干政策措施》和《关于进一步支持天开高教科创园高质量发展的若干政策措施》等文件,在科技成果转化奖励、创新资源开放共享、强化金融资本支撑等方面分别出台了 34 条、45 条鼓励措施。截至 2024 年 10 月底,天开园累计注册科技型企业超过 2400 家,实际入驻超 1200 家,聚集科创、金融服务机构超过 350 家。在区域协同发展中吸引力日渐增强,北京、河北省来源企业合计占比达到了 12%。在科技金融方面,九安医疗、天开集团、海河产业基金、天津大学北洋教育发展基金会与北洋海棠基金共同在天开园设立了一支 50 亿规模兼具投资子基金和直投项目功能的科创母基金,11 月 4 日,在天津区域性股权市场设立天开园科创板块,首批推荐赛迪半导体、善测科技、费曼动力等 148 家企业完成挂牌入板。

(二)大学科技园全面布局

2021 年,天津市出台了《关于加快推进天津市大学科技园建设的指导意见》和《天津市大学科技园建设三年行动计划(2021—2023 年)》,以"一校一园""一校多园"和"多校一园"等模式建设大学科技园,共认定市级大学科技园 12 家,提供载体面积达 17.6 万余平方米。科技企业快速集聚孵化,截至 2023 年末,孵化企业 600 余家。其中天津大学科技园创立于 1999 年,为天津市唯一一家国家级大学科技园,已形成"一中心、三分园、N 基地"的园区格局。在资金支持方面,设立的北洋海棠基金,先后投资了 40 余个创业项目,直接投资和带动投资近 20 亿元人民币。2023 年海棠团泊基金(规模 2 亿元)、海棠天开高教科创基金(规模 2 亿元)、海棠金种子基金(总规模 1 亿元)等子基金陆续成立,2024 年 50 亿科创母基金正式发布,北洋海棠基金总体管理规模已超 60 亿元;同时,科创母基金将遴选新能源新材料、合成生物和医疗大健康、人工智能与智能制造等领域的头部GP 设立子基金,形成 100 亿—150 亿规模的基金群。在孵化科技企业方面,深之蓝海洋科技、易思维、精锋医疗等校友企业已成长为行业独角兽。

(三)科技企业孵化器和众创空间成效良好

天津是我国科技企业孵化器事业的先行地区之一,1989 年成立了天津市第一家科技企业孵化器(天津市科技创业服务中心),近年来出台了科技企业孵化器管理办法、创新型载体培育计划等系列措施,形成"区级培育、市级认定、推荐国家"的三级梯度培育体系。截至 2024 年 5 月,天津市现有市级以上孵化器 95 家,孵化场地面积超 134 万余平方米,聚集在孵企业 4900 余家、创业导师 1500 名;在孵企业创造就业岗位 5.3 万余个,拥有知识产权 2.1 万余件。在国家年度考核评价中,36 家国家级孵化器有 19 家获评"优秀","优秀""良好"率占天津市国家级孵化器总数的 88%。

2015 年以来,天津市大力发展众创空间,并着力打造专业化众创空间助推创新创业升级发展,探索实践出了专业化裂变式创新发展、产业链高端开放创新、科技创业孵化链条服务等一批成熟发展新模式。数据显示,国家备案众创空间 88 个,提供工位 1.77 万个,常驻创业团队拥有知识产权 2460 个,发明专利 346 个,创业团队达到 1 万余人,总收入达到 1.69 亿元。（见表 1）

表 1　国家级科技孵化器和众创空间总体情况

国家级科技企业孵化器		国家备案众创空间	
统计孵化器数（个）	34	统计众创空间个数（个）	88
总面积（平方米）	736861	提供工位数（个）	17751
在孵企业数（个）	2613	当年服务的初创团队数（个）	2857
累计毕业企业（个）	2714	当年服务的初创企业数（个）	3415
在孵企业人员数（人）	35660	初创企业吸纳就业人数（人）	12235
在孵企业总收入（千元）	7235273	常驻初创企业有效知识产权数（个）	5751
孵化器总收入（千元）	320831	众创空间总收入（千元）	169447

数据来源:《中国火炬统计年鉴（2023）》。

（四）其他科创载体持续焕发活力

滨海—中关村科技园是天津重点科技园区,截至 2024 年 5 月,注册企业数量已突破 5000 家,国家高新技术企业达 193 家,国家科技型中小企业达 259 家,专精特新企业达 12 家。园区战略性新兴产业和高技术服务业营收总额超过 80 亿元,年均复合增长率达 107%,研发人员占从业人员比重超 50%。宝坻京津中关村科技城规划面积 14.5 平方公里,是北京中关村在京外首个重资产投资项目,探索形成了“创新研发在北京、验证转化在宝坻”的“宝坻模式”,2024 年新增签约实体项目 120 个。

天津市于 2018 年印发了《天津市人民政府办公厅关于加快产业技术研究院建设发展的若干意见》,围绕我市重点发展的人工智能、生物医药、新能源新材料等战略性新兴产业布局产业技术研究院。数据显示,全市产研院职工总数 1700 余人,其中研发人员超 1200 人,占比 70% 以上;入驻创新人才团队近 100 个。知识产权总量 1300 余项,对外开展技术开发、转让等服务 3600 余项;

衍生孵化企业 880 余家。各产研院和衍生孵化企业合计收入总额超 68 亿元，实缴企业所得税和增值税超 3.5 亿元。涌现出化学机械抛光设备关键核心技术、国内首台医用三重四极杆质谱仪等亮点成果。

二 存在问题

天津各类科创载体在发展过程中暴露出总体发展能级不高、协同发展机制不健全、科创资源集聚不足、专业化服务水平有待提升等问题，与北京、深圳、杭州等城市存在一定差距。

（一）科创园总体发展能级不高

天津科创园区整体数量较少、发展规模小，孵化企业质量与北京、上海、深圳等地存在较大差距。大学科技园方面总体水平距离国内第一梯队差距较大，国家级大学科技园仅有 1 家（天津大学国家大学科技园），远低于北京（16个）、上海（14个），管理机构从业人员总数 6 人，北京、上海各 428 人、334 人，在孵企业 121 个，北京、上海各 1232 个、1104 个，在 2021 年国家大学科技园绩效评价中，天津大学科技园排名 27（良好），而北京有 4 家、上海 3 家位列"优秀"。国家备案众创空间天津 88 个，北京、深圳分别为 141 个、337 个，总收入 1.7 亿元，北京、深圳分别为 18 亿元、12.7 亿元。科技企业孵化器 110 个，在直辖市中最少（北京 272 个、上海 204 个、重庆 188 个）（见表2）。

表 2　科创载体情况对比　　　　　　　　　　单位：个

城市	国家级大学科技园	科技企业孵化器	国家备案众创空间
天津	1	110	88
北京	16	272	141
上海	14	204	58
重庆	3	188	66

数据来源：2023 中国火炬统计年鉴。

孵化器在孵企业尤其是高新技术企业数与京沪差距较大,天津368家,北京、上海分别达到1398家、481家。技术交易情况在东部10个省市中排名较低,输出技术和输入技术成交综合排名分别为第7、8名,技术合同登记情况全国排名11位。这与天津建成全国先进制造研发基地、打造自主创新重要源头和原始创新主要策源地的重要目标仍然具有一定差距。

(二)协同发展机制仍有不足

大学科技园、科创产业园、高科技企业孵化器、众创空间等科创性质的园区名目繁多、布局分散,协同发展水平有待提升。第一,市域范围内协同机制有待完善,各园区运营主体多样,大学科技园的创建运营主体为各高校或下属机构,天开高教科创园由市级管委会管理,众创空间和科技企业孵化器运营主体为各类有资质的独立法人单位,各园区之间沟通协作不畅,在重点产业发展方向、优质创新企业招引中比拼政策优惠和展开盲目竞争,导致整体发展水平不足。第二,区域协同发展仍处于起步阶段,在2023年5月发布的《京津冀产业合作重点平台目录》中,协同创新平台共16个,天津只有5个,除宝坻京津中关村科技城、天开高教科创园等少数重点科创园区外,与京冀科创协同发展整体水平仍有不足,双向或三方合作机制仍需继续优化。例如京津合作示范区为北京在津"飞地",治理结构复杂,尚未建立成熟的利益分配机制,创新协作仍存在一定壁垒,也阻碍了科技创新生产要素的自由流动和合理配置,降低了科技创新的效率。

(三)科创资源有待集聚

第一,科技金融资源与北京、深圳、杭州等地相比较为匮乏,根据2023年发布的《中国城市科技金融发展指数》显示,天津综合景气度指数排名14,深圳、北京、杭州位居前三;在投资景气度排名中,天津也未进入前十名,反映了企业、政府和金融等社会各方支持科创事业扩大发展的意愿和实际力度距离一线城市仍有一定差距。而作为首个成为科创金融改革试点城市的济南表现亮眼,综合景气度排名国内第10,融资、投资和政策三个方面均处于景气状态,科创企业融资难和融资贵问题显著改善(见图1)。

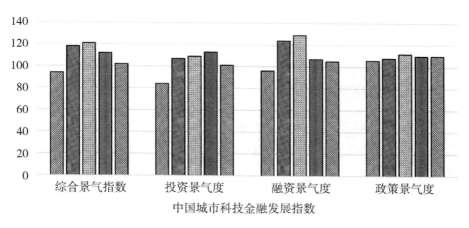

图1 城市科技金融指数对比

在国家备案众创空间享受财政资金支持额方面,数据显示,天津仅约为京沪的1/5,也低于重庆、宁波、深圳等城市。在国家级科技孵化器获风险投资额方面,北京、上海、深圳分别为158亿元、85亿元、69亿元,天津仅为7亿元,也低于青岛(12亿元)、厦门(10亿元)(见表3)。

表3 国家级科技孵化器科技金融情况 单位:千元

	孵化基金总额	对公共技术服务平台投资额	当年获得投融资企业数(个)	当年获风险投资额
天津	64987	58730	375	705424
北京	31867646	183842	516	15814106
上海	5077954	74439	409	8537271
深圳	4903550	138658	310	6948290

数据来源:2023中国火炬统计年鉴。

第二,出于载体容量、扶持政策、人才等因素考量,近年来持续有在津高校前往外地设立科技园或孵化基地。

第三，理工科高校毕业生就业持续外流，进一步导致了科创资源的外流。例如，2021—2023 年，天津工业大学的应届毕业生前往京津冀就业人数占比持续下滑，由 51.68% 下滑到 45.68%，前往长江经济带城市就业比例则持续上升。

（四）专业化服务水平不足

天开高教科创园由专业化运营团队运作，并公开选聘职业经理人，而其他大学科技园运营主体通常为校办企业，在技术经理人、便捷化政务服务等方面仍有不足。园区专业化不足，95 家市级孵化器中，专业化孵化器仅有 10 余家，国家备案科技企业孵化器管理机构从业人员平均 15 人，北京、福建分别为 22 人、21 人，创业导师人数天津平均为 22 人，北京、广东分别为 35 人、31 人。

三 国内外科创园区经验借鉴

国内外创新成果卓著的科创园区具有丰富科创资源、完善的科技创新服务体系、产学研集群效应明显和成熟的创新网络等优势，各园区充分发挥优势，探索出了不同的创新做法。

（一）构筑以企业为核心的科技创新体系

中小企业抗风险能力弱，从研发到成果转化高度需要政策扶持。日本东京于 21 世纪初依托东京大学、东京工业大学等高等学府，积极构建高校、企业、政府机构和金融机构高度关联的产学研合作创新体系，实行中小企业技术革新制度（SBIR）。相关政府部门相互配合，选择能够产业化的研发成果并给予特定补助金，每年根据指定项目设计补助金额，扶持中小企业完成从研究开发到产业化。具体政策包括享受专利申请和审查费用降低或减免，提高企业征信，不再需要企业债务的第三方保证，享受日本金融国库的特别贷款制度，以较低利率获取"新事业培养基金""女性、青年/资深企业家扶持资金""新开业扶持资金""新事业活动促进资金"等日本政策金融国库的融资，更多参加国家和相关机构投标的机会等。大型企业资金实力雄厚,对从"0"到"1"的基础研究表现出越来越浓厚的兴趣,国内外大企业投资高校科技成果转化热情持续高涨。例如,浙大校友、拼多多创始人黄峥发起的繁星公益基金首期1亿美元,用于浙大科技园"计算+生物医疗""计算+农业食品"和"先进计算"三个创新实验室的科研项目。

(二)锚定以种子企业为重点的孵化模式

具有良好研发基础和市场应用场景的优质中小企业,是实现快速投资回报和产生社会效益的排头兵。美国科技企业孵化器建立了"种子加速器"模式,以短、平、快的方式重点扶持种子企业,使它们能够尽快创效升级,通常6个月左右就可以产生社会效益,通过持续追加后续资金,或者以投资参股的形式参与到孵化企业的发展中来,使其获得可持续优势。以色列则是对孵化企业开展严格评估,专门成立孵化器项目评审委员会,由产业代表、业内投资者和学者组成,严格按照程序评估,每年通过评审的只有7%—9%,不仅是对科技企业的进驻把关,也是对项目的评价与咨询,大大提高了科技企业的有效毕业率。

(三)孵化链与产业链深度融合

孵化器紧密链接科技、资本并向产业纵深是当下科技创新的发展方向。韩国在科技成果大规模工业化阶段,孵化器持续为创业企业提供科技、营销、资金和管理等方面的支持,寻找新的市场增长点,推动区域内产业经济的发展,促进领军企业和核心企业的改革创新。浙大科技园以深度孵化为理念,提出以"有组织科技成果转化—有源头科技项目孵化—有体系未来产业培育"为内涵的孵化体系,2020年,与顺丰集团合作共建"浙大科技园·顺丰智慧物流创新中心"专业孵化器,围绕顺丰技术需求和重点发展方向,对接浙江大学等高校科研院所的资源,推动研发、专业孵化、专业化投资、专业化人才培养等"3+1"内容模块的深入实施。

(四)着力打造专业化服务

科创园区的专业化服务水平决定了孵化质量。高素质的管理队伍是美国企业孵化器成功运作的保证,根据相关调查显示,美国孵化器管理人员中,约60%的人有企业管理经历,43%的人经营过自己的企业,39%的人从事过管理咨询工作,31%的人从事过金融业务,26%的人从事过财务管理,47.5%的人有研究生学历,42.7%的人具有大学及大专学历。苏州工业园区创立的国际科技园(SISPARK)依托园区省一级的境外投资备案(ODI)审批权限长三角境外投资促进中心优势,以需求为导向为园内企业提供更加全面的跨境投资服务,为企业提供包括境外投资相关政策实施、全球渠道网络资源吸引、优质项目"对接—跟进—协调—落地"等服务在内的全方位体系。同时,为服务企业"出海",在韩国首尔设立了首个国际商务合作中心,组建跨境投资部,打造专业化的跨境投资服务平台,2023年在ODI方面便接洽了半导体、机器人、生物计算、智能制造等领域客户60余家,已完成及推进中项目近20个。

四 对策建议

为加快科创园区建设,助力打造具有全国影响力的科技创新策源地,建议加强对全市科创园区的统筹规划,形成协同发展格局;加速科创资源聚集,打造示范孵化基地;提升专业化服务水平,打造特色主题园区。

(一)加强统筹规划,构建开放协同的科创新格局

1. 加强规划布局

第一,制定全市科创园区发展规划。以市科技局、市教委等部门为主导,建立全市科创园区协调统筹发展委员会,明确科创园区范围和各类科创园区定位,制定统计指标,大力发展特色主题科创园,减少同质化竞争。第二,分类分级发展。坚定不移大力发展天开高教科创园,积极打造以大学科技园、众创空间、科技企业孵化器为基础、以天开高教园为核心的科技创新园体系,形成

具有国际影响力的科技创新策源地,持续筛选高层级大学科技园和其他科创载体纳入到天开高教科创园"一核两翼多点"发展布局。其他科创园区依托自身领军企业平台、资金、市场等方面优势,鼓励其建设垂直领域产业孵化器,深度孵化产业链、供应链上下游企业。第三,加强统筹布局。在市内六区、西青、津南重点布局服务前沿技术创新和科技成果转化的科创园区,在武清、滨海新区、东丽重点布局服务产业加速的孵化器,在其他区重点布局服务特色产业培育的孵化器。

2. 建立健全产业协同发展机制

第一,积极推进产业错位发展。天开高教科创园积极抢抓未来产业赛道,重点布局合成生物、类脑智能、深海空天、低空经济等产业领域。大学科技园重点围绕本校学科建设,积极推进科技成果转化。科技企业孵化器和众创空间明确主导产业,发展专业化服务。第二,积极推动各类科创园区兼并重组或构建合作机制。鼓励产业发展方向相近的园区兼并重组,实现规模化效益,同时鼓励科创园区相互建立合作机制,推动优势互补,实现协同发展。

3. 完善区域协同发展机制

第一,统筹市区协同发展。积极推广天开高教科创园的"市区研发、郊区制造"经验,鼓励全市其他各类科创园区积极与其他区联动发展,支持有条件的科创园区通过设立分园、品牌共享和服务模式输出等方式多点布局,在多个区域建设分园或分支机构,打造从武清京津产业新城到滨海—中关村科技园的"科创走廊"。第二,强化京津冀协同孵化。支持科创园区主动对接国家战略科技力量和顶级战略科学家,积极对接京冀科创平台,全力推进天津滨海—中关村科技园、宝坻京津中关村科技城"一园一城"等科技合作载体建设,与北京中关村、清华科技园等在前沿领域开展组团联动,形成"北京研发/京津共研、天津试验/制造"模式。第三,提升天津科创国际影响力。重点打造天开高教科创园品牌,积极推进园区企业赴海外沟通学习,与国外科研机构和企业合作开展相关前沿领域研究,探索建设各类海外投资服务机构,鼓励举办国际化创新创业赛事、沙龙、展会等活动,积极吸引更多海内外优质项目在津落地。

（二）加速创新资源集聚，打造示范孵化基地

1. 发挥好高校科创资源优势

第一，积极引聚师生、校友资源。发挥好高校作为科创策源地作用，聚焦促进科技成果转移转化和产学研结合，加快实施"成果转化'解细绳'3.0版""建立校企握手通道""完善科技成果转化体系"等，全面推进天开高教科创园和大学科技园高质量发展，持续为高校科技成果转化提供有力支撑。积极面向在校师生征集优质项目，引导推动校友回大学科技园创业，强化校友对大学科技园企业的发展支持。第二，促进高校基础科研资源共建共享。扩大天开高教科创园关于大型研究仪器、图书馆等资源共享政策范围，鼓励孵化器与市属人工智能基础设施、新型数据中心、共享开源平台等新型基础设施联动，为在孵企业及项目提供模型、算力、数据等资源。

2. 拓宽科创融资渠道

第一，大力发展政府引导基金作用。根据市区财政状况，持续扩大财政支持力度，灵活运用政府主导的科创基金，支持国家、市级科技计划项目入孵，探索"科技经费＋股权投资"接续支持机制。第二，积极鼓励社会资本参与。鼓励科创园区运营主体联合社会资本共同设立专业的早期孵化基金，支持资本聚焦硬科技建设孵化器，实现投后管理与孵化加速的深度融合。第三，鼓励金融机构提供支撑。鼓励银行、担保机构等联合孵化器开发硬科技创业贷，给予长周期贷款支持，鼓励科创园区与第三方担保机构设立"科技成果转化风险基金"，探索以"政府＋企业＋保险机构"三方主体共担科研风险的科技成果转化保险合作新模式。

3. 推进产业资源集聚

第一，加强产研合作平台建设。支持科创园区紧扣产业需求，自建、共建专业技术服务平台，为科技企业提供技术开发、概念验证、小试中试、检验检测等服务，持续支持"产研汇"品牌活动，深度整合优质产业链、供应链资源。第二，提升产业研究院服务社会水平。发挥产研院链接高校、科研机构和企业的枢纽作用，建立一批示范产研院，打通创新"最后一公里"。

(三)提升专业化服务水平,打造特色主题园区

1. 做深产业孵化服务

第一,提升园区基础功能设施建设。针对园区主导产业,建设合理、科学、高效的厂房和试验基地,充分满足不同领域研究开发所需要的供能、三废处理等功能需求。第二,拓展专业服务范围。在完善"财务 + 税务 + 法务"等传统中介代理服务基础上,加强在质检、分析、申报、采购、验证、入关、专利、人才培养等方面的支持服务。第三,加强外部支持。支持园区加强与技术转移机构、技术经理人团队合作,配备高水平的研发辅助团队和技术咨询专家,为创业企业提供研发生产系统解决方案、高可靠性集成设计、测试及交付实施等服务,增强成果转化落地服务能力。

2. 推动体制机制创新

第一,探索园区利益制度改革。借鉴北京认股权综合服务经验,探索科创园区"以服务换股权",共享企业成长价值。第二,优化政务服务。推广天开园行政综合服务中心经验,在全市科创园区广泛开展智慧政务服务,在具备条件的园区内设立政务服务站点或智能政务终端。第三,探索所有制改革。推动具备条件的国资孵化器开展以价值创造为导向的考核评价机制和混合所有制改革试点,积极探索孵化团队持股孵化、项目跟投、容错免责等体制机制创新。

3. 加速孵化人才队伍建设

第一,加大力度引进专业化人才队伍。引导有经验的硬科技投资人、资深产业服务专家、具有成功转化经验的科学家、业界知名产品经理、优秀创业者等进入孵化行业,扩大运营团队中有实际企业管理经验的比例。第二,建立多层次孵化器从业人员培育体系。通过组织培训班、研学考察、交流分享等方式,提升孵化器从业人员能力素养。支持符合条件的孵化服务人才申报技术经纪等职称评审,推动孵化服务人才纳入人才计划和人才工程。

参考文献：

[1] 颜振军、李静、石俊峰，等：《生态位视角下北京市科技企业孵化器发展评价》，《中国科技论坛》2022 年第 5 期。

[2] 倪莎：《大学科技园运营现状以及促进科技创新孵化的优化路径——以四川 13 家大学科技园为例》，《投资与合作》2024 年第 8 期。

[3] 潘金玉、李全文、闭合，等：《广西科技企业孵化器发展现状及其对策研究》，《科技与发展》2024 年第 2 期。

[4] 方彬楠、程靓：《北京推动科技企业孵化器创新发展》，《北京商报》2023 年 12 月 20 日。

[5] 姚磊：《国家大学科技园高质量发展对策研究》，《中国高校科技》2024 年第 9 期。

[6] 赵绘存、马莉莎：《基于国内外经验的高教科创园区未来产业培育研究》，《求知》2023 年第 12 期。

[7] 王启万：《江苏省科技企业孵化器转型发展研究——借鉴美国、以色列、韩国经验》，《产业与科技论坛》2017 年第 16 期。

[8] 丁森、杨章贤、杨馥瑞：《京津冀协同发展下的宝坻科创产业空间优化》，《石材》2024 年第 2 期。

[9] 张冬冬、李小芬：《天津建设高水平大学科技园的对策研究》，《天津经济》2021 年第 9 期。

[10] 易金生：《天津市大学科技园建设的成效、问题及对策建议》，《天津经济》2024 年第 8 期。

[11] 宋雅琼、宗碧云、马中昌：《众创空间与科技企业孵化器协同发展机制研究》，《科技经济市场》2024 年第 5 期。

[12] 王晓青、吴秋明：《中国科技企业孵化器演进历程与发展思考》，《发展研究》2024 第 8 期。

[13] 常耀中：《中国众创空间发展路径及政策研究》，《科技创业月刊》2024 年第 8 期。

天津信创产业发展研究报告

李 李 天津市经济发展研究院高级经济师

摘 要： 信创产业是新质生产力发展的重要推动力，是新一轮科技革命和产业变革的战略支撑，是促进产业数字化转型和经济高质量发展的关键环节。天津信创产业发展较快，产业综合实力持续提升，产业生态体系逐步完善，关键核心技术取得突破，行业应用场景不断丰富，产业政策措施更加精准。但同时也存在自主创新实力有待提升、产业链存在断链风险、未来前瞻领域布局不足、人才要素储备有所欠缺等问题。未来一个阶段，信创产业逐步进入行业拓展期，千行百业面临数字化转型，人工智能带动产业需求激增，地缘政治风险突出增强了信创产业发展的紧迫性。未来天津应充分发挥链主企业头雁作用，攻坚突破关键核心技术，加强串链补链强链措施，积极培育应用生态圈，健全产业人才培养体系，推动天津信创产业实现高质量发展。

关键词： 信创产业 自主可控 数字经济

党的二十届三中全会指出，"健全提升产业链供应链韧性和安全水平制度，抓紧打造自主可控的产业链供应链，健全强化集成电路、工业母机、医疗装备、仪器仪表、基础软件、工业软件、先进材料等重点产业链发展体制机制，全链条推进技术攻关、成果应用，建立产业链供应链安全风险评估和应对机制"，为信创产业发展指明方向。信创产业是实现国产信息技术自主可控的核心领域,是把控产业链供应链安全关键环节的重要抓手,因此,天津加快推动新一代信息技术创新产业发展,对于构建自主可控 IT 架构、实现科技自立自强以及发展新质生产力,具有重要的战略意义。

一　天津市信创产业发展基础与现状

(一)产业综合实力持续提升

天津信创产业已布局多年,发展迅速,总体水平位居全国前列。天津将信创产业作为发展新质生产力的首位产业,是全市重点打造的 12 条产业链之一,目前已形成了从 CPU、操作系统、数据库到整机终端、高性能服务器、超级计算、安全信息服务为代表的完整产业体系,产业特色优势持续巩固,产业规模持续扩大。2024 年上半年全市信创产业规模达到 661.9 亿元,同比增长27%,保持良好发展势头。天津已成为国内产业链最为完整、科技研发水平最高、产业集聚程度最高的产业基地,为全国信创产业的发展提供了样本示范。天津形成了以"飞腾 + 麒麟"和"曙光 + 海光"为代表的国内主流信创技术路线,其中,飞腾在全国党政系统信创市场占有率超过 70%,麒麟连续 11 年位列中国市场占有率第一名。

(二)产业生态体系逐步完善

天津聚集了超 1500 家信创行业企业,飞腾、麒麟、海光、中科曙光、联想、360 等一大批信创领军企业在津蓬勃发展。加强信创产业链强链补链,天津市政府推动与华为、百度、58 集团、360 等骨干企业的合作,积极建设天津软件园、华为天津总部、联想(天津)智慧创新服务产业园、PK 大厦等项目,并先后引进金山办公、天燕金蝶、宝兰德等办公软件、中间件企业相继落户天津,产业链韧性和安全水平得到进一步强化。"中国信创谷"建设成果卓越,建成千亿级信创产业集群,鼓励信创企业利用资本市场融资经营,华海清科、唯捷创芯、海光信息等企业相继完成上市,其中市值过千亿企业共 2 家,储备了紫光云、希格玛微电子等一批拟上市企业。广泛扩大信创适配朋友圈,建成天津信创适配认证中心,构建了"1中心N基地"适配平台建设全新模式。

(三)关键核心技术取得突破

强化国家战略科技力量建设,加快国家先进计算产业创新中心、先进操作系统创新中心、国家级"芯火"双创平台以及天津先进技术研究院等信息创新平台,为信创产业发展提供强劲动力。高水平建设信创海河实验室,形成了三维几何造型引擎、兼容RISC-V指令集的处理器核设计等一批突破性关键信创技术。在工业软件领域,对标美国显示动力学(AUTODYN)CAE软件,国家超级计算天津中心等研发机构联合开发"天河显式动力学数值模拟软件(GalaxyEDS)",在高超声速材料响应模拟、多介质高阶紧致求解等方面实现超越。在基础软件领域,支持麒麟软件建成桌面操作系统开源根社区,推出国内首款桌面开源根操作系统"开放麒麟",并发布了操作系统2.0版本。紫光云打造从核心算法到用户界面完全自主研发的"紫鸾5.0信创云平台",具备高性能、高可用性、高安全性等特点,为信创产业提供了优质的云计算服务。天津搭建了国内首个"信创浸没液冷智算方案实验测试平台",通过采用浸没液冷技术,有效解决了信创服务器在高性能计算过程中的散热问题。天河显式动力学数值模拟软件成功入选了"科创中国"产业基础先导技术榜。

(四)行业应用场景不断丰富

天津信创行业的应用场景已经涵盖了政府及公共服务、工业制造、金融、交通物流、能源环保等多个领域。坚持以用立业、应用牵引,深入开展信创双百行动,坚持每年发布"100个标杆场景"和"100款优质产品",全力推动金融、能源、电信、卫生健康等13个重点行业开放应用场景,为信创产品提供先行先试良好发展环境,对符合条件的项目最高给予1000万元资金支持,通过首批158个重点应用场景牵引,大量信创企业打开市场、增资扩产。中汽研搭建全国首个"汽车行业信创适配中心",搭建智能座舱、零部件、业务系统仿真场景,为汽车行业提供了信创产品的适配和测试服务。信创产品深入服务探月探火等重大工程,为国家铸牢战略安全的信息底座。"天河一号""天河三号"两大世界领先的超级计算机系统,已累计支撑国家重大科技项目4000余项。召开2024信息技术应用创新发展大会暨解决方案应用推广大会等行业重点会议,充分展示天津信创产业最新成果和创新实践,向全国提供了一批可复制、可推广的典型解决方案。

（五）产业政策措施更加精准

天津面向核心技术产业化实际需求,设立了第一期为100亿元的信创产业母基金,为优质项目孵化落地提供全面支撑,加速推动"技术＋场景"融合落地。在推动制造业高质量发展政策中专门设立"信创专项政策包",重点支持信创产品推广、标杆场景打造和适配服务保障基地建设。成立天津信息技术应用创新产业（人才）联盟,汇聚了70余家信创领域领军企业,搭建起了信创企业之间学术技术交流、科技成果转化、产学研合作、商业合作对接平台。天津成立信创产教联合体,并充分发挥人才联盟作用,积极谋划产教融合平台搭建,推动天津大学、南开大学等十余所高等院校与麒麟软件、紫光云、中汽研等多家信创企业合作共建特色化示范性软件学院,推动建成信创现代化产业学院、联想人工智能学院等20余所,建成大数据、关键基础软件等领域200多个实习实训基地和产教融合平台。

二 天津市信创产业发展存在的主要问题

（一）自主创新实力仍需提升,存在"卡脖子"技术困难

虽然天津在信创自主创新方面已经取得一定进展,但总体技术水平与国际领先水平相比仍存在一定差距,核心技术研发能力仍需提高,硬件技术突破面临较大挑战。如在高端芯片、操作系统、数据库领域,部分领域的产品性能、稳定性和安全性仍无法完全满足市场需求。由于系统构架的差异,在"PK"系统架构下,现有应用软件移植难度较大,无法实现规模化应用。高端芯片的设计方法、制程工艺、EDA 工具使用等方面亟待提升。内存、闪存、传感器等基础元器件替代存在一定挑战,国产化替代进程中需要解决高性能、低成本、高稳定性的问题。

(二)产业生态建设仍需加强,产业链存在断链隐患

天津信创产业生态仍需进一步完善,产业链上下游协同程度有待提升,供应链抗风险能力较弱。由于信创产业链链条较长,涉及多个环节和多个厂商,且对原材料和零部件依赖程度较高,导致对产品质量、交货期要求高,对供应链稳定性提出更高要求。中间件、固件等关键零部件仍然依赖进口,办公软件、工业软件等关键技术供应随时面临断链风险。面对国际市场竞争和挑战,市场生态还未完全成熟,国产厂商产品存在应用范围过窄、兼容性差、可拓展性不强等问题。由于缺乏统一的信创技术路线适配标准,无法形成统一持久的技术能力沉淀,难以实现生态适配结果在信创产业链各行业的互通互认。

(三)产业发展潜力潜能存在局限,未来前瞻领域布局不足

对于未来信息产业发展来说,天津面临系统谋划不足、技术底座不牢等问题,前瞻性部署有所欠缺。伴随高性能计算、异构计算、智能计算、量子计算、类脑计算成为计算新趋势,天津在具有较高发展前景的神经形态、类脑智能自主可控以及量子技术自主可控产品方面发展相对滞后。从以 CPU、操作系统、数据库、中间件为代表的基础软硬件层面看,产业的国产化率仍然较低,多项领域的国产化率不到 10%,整体仍有较大的提升空间,仍需较多资源和时间投入来追赶。同时,与科技创新相适应的科技金融体制仍不健全,"投早、投小、投硬科技"的金融体系还不完善,天使投资、风险投资、私募股权投资作用发挥不够。

(四)高端生产要素有所欠缺,人才储备问题突出

信创产业发展离不开高素质的人才队伍支撑,天津在高端信息技术人才方面仍存在一定短缺,系统集成、信息安全等领域的卓越工程师、大国工匠储

备不足。系统架构师、数据分析师等技术型人才、既懂技术又懂业务的复合型人才以及设备维护、网络布线等高技能技术工人均存在一定程度的短缺。另外，产教人融合发展程度不高，产学研用黏性不足，资源共享和真实场景共享不充分，职业教育和培训体系在课程设置、教学内容上与市场需求脱节，人才在专业技能、实践经验方面难以满足企业的实际需求。

三　信创行业发展趋势研判

（一）信创产业从局部替代期向范围拓展期转变，助力千行百业数字化转型

信创技术为各行各业数字化转型提供了有力支撑和坚实保障，信创产业已经逐步应用于千行百业中，展现出强大的生命力和广阔的应用前景，提高了整体经济社会的数字化、网络化、智能化水平。当前我国信创产业正处于局部替代期向范围拓展期转换阶段，未来随着技术的不断进步和应用场景的不断拓展，信创产业将继续向新的行业领域渗透融合。各行业在不同环节、不同层次、不同领域进入国产化替代阶段，党政、金融、电信运营商、电力等已进入深层次信创产业替代阶段，医疗、交通、教育等行业信创替代已开始陆续试点。在政策与市场双轮共同驱动背景下信创产业发展路线更加清晰，行业级"大信创"全面铺开，市场规模不断扩大。

（二）数字经济带动信创产业加快发展，AI大模型促进产业建设不断拓展

随着数字经济规模的扩大，各领域对信息技术软硬件的依赖程度越来越深，为信创产业提供了良好的经济基础。从数据安全的角度来看，信创产业作为实现数据安全和网络安全的基石，为数字经济提供了安全可控的信息技术环境。从技术创新的角度来看，数字经济强调技术创新和数字化转型，推动了信创产业在芯片、操作系统、数据库等关键技术领域的突破，提升了自主创新

能力。人工智能带来的新算力革命正在引发新的产业变革,2022 年以来人工智能发展迅猛,AI 大模型层出不穷,各类应用场景持续落地,超大规模人工智能模型与海量数据催生大量智算需求。大量智算需求以及相关基础软硬件设施的国产化替代将进一步促进信创市场空间的拓展。由政府和电信运营商主导的智算中心逐步开始进入规划、建设并投入运营的阶段。信创产业与人工智能技术的加速融合,进一步促进了以智能体为代表的应用场景落地实施,为信创产业的发展提供了更多机遇。

(三)全球网络安全风险事件频发,国际地缘政治风险激增增强信创产业发展紧迫性

新形势下国家对信息安全和自主可控的重视程度不断提高。新一轮科技革命和产业变革对国家安全提出更多挑战,区块链、云计算、大数据等技术的快速发展对国家信息安全、金融安全、网络安全带来极大挑战。伴随信息化、网络化时代的发展,国家网络安全防御能力建设成为热点、焦点。提高信创产业自主创新能力,加速国产替代,加强多维度网络防御和抵御能力成为迫切需求。新的地缘政治形势下,外部环境日趋严峻复杂,以美国在内的西方国家在高科技关键领域对华实施"小院高墙"政策,以"脱钩断链"等手段限制打压我国高科技产业发展,进一步增加了信创产业国产替代的紧迫性和必要性。

四 天津促进信创产业发展的对策建议

(一)发挥链主企业头雁作用,实施串链补链强链措施

1. 促进链主企业领航领跑

依托信创产业链链主企业,联合上下游生态伙伴,积极聚拢产业生态,围绕行业重点领域开展关键技术攻关、适配测试、应用场景丰富、国产化产品研发。注重链主企业招商,孵化引进产业链内相关企业,逐步完善信创产业创新资源和产业聚集。加快终端整机大规模量产,抢占重点行业安可替代和行业

应用推广市场。推动360科创园等项目建设，引育中国软件网信产教融合示范基地等配套项目，推动飞腾、海光、曙光、联想等龙头企业持续壮大。

2. 持续优化链长负责制

摸清信创产业链家底，全面梳理信创产业链发展现状，摸清产业链中堵点断点，构建产业链地图和数据库，研究信创产业企业清单、人才清单、技术清单、产品清单，形成"一链一图一库"。提升链长制政策精细度和精准度，围绕基础芯片、基础软件、终端、工业软件、云计算和网络安全等领域，重点解决信创产业链中关键配件、集成部件配套等问题，解决产业链"卡脖子"难题，提升产业链供应链安全稳定。聚焦基础理论研究、关键技术研发、主导产品研制、生态体系构建等方面，开展有针对性的建链、延链、补链。

3. 培育市场主体发展壮大

支持企业申报科技型中小企业，培育信创领域专精特新种子企业，打造信创产业独角兽。每年遴选一批创新能力强、成长速度快的信创企业，组织实施重大创新项目，支持企业综合实力提升。积极建设一批信创领域孵化器，充分发挥创新资源优势，推动"首台套"等核心技术成果转化项目在信创产业园区转化，促进实验室成果应用熟化。围绕信创产业园等科技活动密集区域，加强首都科创资源对接，重点引进培育一批市场化、专业化的科技服务机构。支持科研服务机构提供技术转移、概念验证、知识产权、科技咨询、法律咨询、会计账务等服务，做好企业服务支撑。

（二）攻坚突破关键核心技术，推动未来产业发展

1. 加强关键核心技术攻关

面向CPU、下一代操作系统、分布式数据库等关键核心领域，通过"揭榜挂帅""赛马"等新型科研组织机制，引导领军企业开展技术攻关和产业化应用，激发企业创新活力。依托企业、高校和科研院所，集中力量突破高端通用芯片、智能高端传感器、闪存、高精密减速器、计算机整机、智能终端等重点领域的关键核心技术。联合攻关集成电路、智能机器人、应用电子等新产品和新工艺，全面改善产品技术和档次。积极发布技术创新供需清单，搭建公共创新对接桥梁,构建起"大院、大企业"紧密合作的信创产业创新联合体,提升科技成果转化水平。

2. 融入京津冀产业协同创新

依托京津冀信创产业联盟,充分利用北京科技研发资源和专家优势,加强高端创新资源引入,加速与北京创新链、产业链协同发展。加强京津冀信创产业创新合作,强化与北京中关村科技园、大院大所、重点院校等机构的合作,促进中关村科技服务标准、品牌在天津延伸,促进首都研发、天津转化。依托信创海河实验室,加速建设重点实验室、技术创新平台、产业创新中心为主的产业研发体系。发挥国防科大、中科院等高校和科研院所作用,以高水平信创课题为主线,围绕国家信创战略任务和产业链重大需求,深度开展原始创新。

3. 打造未来信息产业高地

围绕整机、数据库、安全软件、人工智能、芯片设计等领域,引进一批产业链薄弱环节重点企业。提升信创产业能级,推动产业成龙配套、成链成群。依托信创产业技术,适度超前布局信创未来产业,聚焦6G、神经网络、量子科技、脑机接口、AI芯片等未来先导领域,引进培育一批创新型企业,形成一批自主可控产品。引导企业合理布局信创未来领域,加大科技型企业扶持力度,培育信创领域高新技术企业、科创"新物种"企业。在国家信创先导产业方面,积极争取国家重大项目、重大平台落户天津,抢占产业发展先机。

(三)积极培育产业生态圈,打造产业发展集群

1. 加快建设适配公共平台

整合市级信创产业资源,依托麒麟软件适配总部等机构,联合飞腾、国家超算、中科曙光、360等骨干企业和科研单位,整合建设一批信创产业创新适配测试中心,向全国信息技术应用创新市场提供适配技术咨询和服务。融入全国适配中心体系,加强与全国各地适配中心、国家实验室等协同组网,开展国产化芯片、操作系统、数据库等应用场景技术方案攻关,提升公共平台对信创企业的吸引力和辐射力。率先建立全市统一的信创适配技术标准,指导适配公共平台开展标准化行业测评,优化技术方案构建效率,力争为形成国家信创适配技术标准贡献天津力量。

2. 高标准建设信创产业园

聚力推动"中国信创谷"建设,做大做强信创产业"软件、硬件、应用"三大链条,打造千亿级信创产业集群。推动部市共建国际级信创产业基地,加强与西青经济技术开发区、河西区网信大厦等园区载体的协同发展,打造信创特色主题园区,高水平打造天津软件园。优化园区管理制度和运营制度,加强专业服务力量配置,提升招商入驻、政策服务、品牌宣传等多领域服务能力,提升对信创企业的服务水平。提升信创产业园区服务水平,借鉴中关村科技园管理机制,优化服务环境、提高服务效率,积极搭建公共服务平台,为园区信创企业提供技术研发、检验认证、人才聘用等全方位服务。

3. 促进信创场景融入千行百业

深入挖掘智慧城市、公共服务、工业制造、电力环保等各行业领域场景需求,推动信创产品与技术行业的深度融合,加强政策引导和市场培育,定制化开发解决方案,满足行业个性化需求。利用展会、论坛、媒体等多种宣传形式,加强示范项目建设和推广,展现信创技术优势,拓宽市场接受度。围绕市属国企数字化转型及行业信创需求,推动加快国企数字化、智能化业务转型,鼓励市属国企对信创产品的应用与推广。面向重点行业领域,定期更新全市信创应用场景机会清单,为信创产品开展测试验证及应用提供环境,推进示范场景共建,打造标杆型产品和解决方案。

（四）健全产业人才培养体系,增强人才要素支撑

1. 深化产教融合培养模式

推动高校与信创企业开展人才培养合作,通过共建实训基地、开发联合课程、共享导师资源等方式,进一步推动产教融合发展。建立健全校企联合招生、培养、就业的全链条机制,实现人才培育与产业需要的无缝衔接。推动高校优化课程体系,加强教学实践要求,根据信创产业发展的主要特征和行业趋势,不断优化完善课程体系。加强案例教学和项目教学,切实提高人才实践能力和职业素养。鼓励高校积极尝试"订单式"培育、现代"学徒制"等学生培养

方式,根据信创企业需要定制化、个性化培养人才,进一步拓宽人才就业渠道。

2. 加大信创人才引育力度

秉承"引育并举、以用为本"的发展理念,加强人工智能、信息安全、计算机科学、软件工程等领域人才引进,优化信创产业人才储备。充分利用"海河英才"行动计划、131 人才培养工程等政策效应,积极引育和储备国内外优秀信创产业人才,建立健全人才服务体系,提供人才招聘、人才培训、人才评估等一站式人才服务,为人才提供全方位的支持。优化科技人才激励机制,采取股权、分红等措施完善人才激励手段,摒弃"唯学历论、唯论文论"评审方法,从专利、项目、案例、工作方案和设计成果等方面多元化考核评定,鼓励优秀高科技人才破格越级申报。

参考文献:

［1］ 王朝虹、陈本燕、杨君,等:《关于成都信创产业创新发展的思考与建议》,《决策咨询》2021 年第 8 期。

［2］ 周琳、魏劲松:《山西省信创产业创新发展策略研究》,《科技资讯》2022 年第 1 期。

［3］ 夏来保、孟祥芳:《信创产业发展的内生逻辑、实践挑战与高质量发展路径》,《新经济导刊》2022 年第 12 期。

［4］ 欧国成、文汉乔、罗才华:《"双循环"背景下信创产业集群培育路径研究》,《内江科技》2022 年第 7 期。

［5］ 孙宇宁、于钢、王静雅:《中国信创产业发展战略分析——以日本为例》,《标准科学》2023 年第 11 期。

［6］ 李勇:《凝心聚力推动天津信创产业高质量发展》,《求知》2021 年第 5 期。

天津未来产业发展研究报告

吴建新　天津滨海综合发展研究院副研究员
谷印麟　天津滨海综合发展研究院研究实习员

摘　要： 未来产业是新质生产力的重要载体,当前全球范围内未来产业均呈现科技交叉融合、产业全球竞争的趋势。党中央、国务院高度重视未来产业发展,各先进地区积极培育未来产业,天津在发展未来产业方面具备产业体系完备、基础设施完善、应用场景多元化等方面优势,但需克服企业创新主体作用不足、人才要素保障不充分、区域协同与联动不畅等挑战,逐步完善产业链交叉融合、政产学研用协同等方面机制建设,分阶段、分步骤、分区域、分重点推动天津未来产业高质量发展,打造全国领先的未来产业创新高地。

关键词： 未来产业　天津工业　产业生态

一　未来产业的特征与全球发展趋势

新质生产力是创新起主导作用,摆脱传统经济增长方式、生产力发展路径,具有高科技、高效能、高质量特征,符合新发展理念的先进生产力质态。未来产业是发展新质生产力的关键载体,新质生产力的提升离不开未来产业的实践应用和创新引领,而培育发展未来产业也需要新质生产力的支撑和推动。

(一)未来产业的界定与特征

未来产业是前沿技术驱动,当前处于孕育萌发阶段或产业化初期,具有显著战略性、引领性、颠覆性和不确定性的前瞻性新兴产业。未来产业通常具有以下几个特征:一是战略性,未来产业涉及的领域具有极大的战略价值,对国家产业发展乃至全球产业分工格局具有重大影响;二是前沿性,未来产业由前沿技术驱动,是处于萌芽期的产业,代表了最新的科技成果与研究方向,对现有产业发展方向具有引领和指导作用;三是颠覆性,未来产业其技术与市场均未成熟,往往会对现有的产业带来技术路线或创新范式的革命性变化;四是不确定性,未来产业需要大量资金投入支持其研发活动,在探索形成较为确定的技术路线与运营模式过程中,面临高昂的试错成本。

(二)全球未来产业发展趋势

1. 国际未来产业的先进案例

2016 年,美国推出《国家人工智能研究发展战略计划》,随后不断加大资金投入,推动人工智能技术创新。从投资方向来看,美国在算法、机器学习等通用人工智能基础技术上投资最多,其次是大数据、智能算力中心等人工智能交叉领域。近年来,美国在生成式人工智能领域不断出现 ChatGPT、Sora 等现象级应用,在全球范围内带动了新一轮爆发式发展的浪潮,并逐步开始向生产和生活场景渗透。

2019 年,欧盟发布《加强面向未来欧盟产业战略价值链报告》,提出自动驾驶汽车、氢技术及其系统、智能健康等六大未来产业发展方向。2024 年 3 月,欧盟发布《地平线欧洲战略计划(2025—2027)》,将绿色低碳发展作为未来发展的主要方向,在可再生氢和海上可再生能源等领域推进技术研究和创新。

2. 全球未来产业发展的普遍趋势与共性特征

整体而言,全球范围内未来产业均呈现科技交叉融合、产业全球竞争的趋势。人工智能、大数据等前沿技术不断向各行业渗透,交叉领域不断产生新的研究成果,如脑机接口需要信息技术与生命科学交叉融合,低空经济需要通信技术与航空制造技术、无人驾驶等深度融合。此外,随着全球地缘政治冲突加剧,国际供应链稳定性风险升高,全球产业链供应链加快重组,西方国家通过出台保护政策在关键技术领域设置壁垒,阻碍技术产业交流合作,未来产业全球竞争趋势愈发明显。

（三）发展未来产业的战略意义

未来产业是新质生产力的重要载体和现代化产业体系的重要组成部分,在新一轮科技变革推动下,世界各国均在不遗余力地布局未来产业,以期为中长期经济发展提供强大动能和重要支撑。未来产业是我国打破西方国家传统优势产业垄断的新赛道,也是重塑全球产业分工格局的重大机遇,有助于提高我国在全球价值链中的分工地位。

二 我国及先进地区发展未来产业的举措与经验

（一）我国未来产业的战略部署与先进地区的发展经验

1. 战略规划引导

党中央、国务院高度重视未来产业发展,"十四五"规划纲要中提出"在类脑智能、量子信息、基因技术、未来网络、深海空天开发、氢能与储能等前沿科技和产业变革领域,组织实施未来产业孵化与加速计划,谋划布局一批未来产业。"党的二十届三中全会报告中提出"建立未来产业投入增长机制"。

2. 专项政策推进

2024 年 1 月,工信部牵头印发《关于推动未来产业创新发展的实施意见》,明确了未来产业的界定范围,面向未来制造、未来信息、未来材料、未来能源、未来空间、未来健康等 6 大重点方向,围绕技术供给、产品打造、主体培育、丰富场景、优化支撑体系等方面,构建未来产业的发展生态,针对未来产业创新发展提出了具有可行性的具体举措。

3. 创新体系构建

构建我国未来产业创新体系,是助推经济高质量发展的关键举措。我国近年来积极推动产业链、创新链、资金链、人才链深度融合,促进资本、人才、数据等创新要素灵活合理配置,以市场化为导向推动未来产业技术研究,发掘更多未来产业应用场景,构建起适宜未来产业发展的良好生态。

(二)各地推动未来产业发展的政策梳理与经验做法

各先进地区积极培育发展未来产业,近期密集出台相关政策。

表1 主要省、直辖市发展未来产业政策梳理

地区	出台时间	出台政策	未来产业主要发展方向
上海市	2022.09	《上海打造未来产业创新高地发展壮大未来产业集群行动方案》	未来健康、未来智能、未来能源、未来空间、未来材料
浙江省	2023.02	《关于培育发展未来产业的指导意见》	优先发展未来网络、元宇宙、空天信息、等9个未来产业,探索发展量子信息、脑科学与类脑智能、深地深海等6个未来产业
北京市	2023.09	《北京市促进未来产业创新发展实施方案》	未来信息、未来健康、未来制造、未来能源、未来材料、未来空间
江苏省	2023.11	《省政府关于加快培育发展未来产业的指导意见》	加快培育第三代半导体、未来网络、氢能、等10个成长型未来产业,谋划布局量子科技、深海深地空天、类人机器人、先进核能等一批前沿性未来产业
天津市	2024.04	《天津市未来产业培育发展行动方案(2024—2027)》	下一代信息技术、未来智能、生命科学、空天深海、新型能源、前沿材料
广东省	2024.09	《关于加快培育发展未来产业的行动方案》	未来网络、通用智能、生命与健康、低碳能源、先进材料、未来空间和量子科技

资料来源:根据网络公开资料收集整理。

各省市发展未来产业的经验做法主要包括,浙江省加快开展省级未来产业先导区创建工作,聚焦第三代半导体、未来网络、人工智能等领域,充分发挥各地市在高能级创新平台、高校资源、产业集聚等方面优势，在全省不同地区创建了 8 个省级未来产业先导区，形成特色明显、错位发展的未来产业发展格局。上海市和厦门市通过举办未来产业大赛方式，从全球范围遴选和招引具有高成长性的优质科技创业和成果转化项目及高层次人才，探索以"项目＋人才"双轮模式推动科技创新和成果转化。江苏省聚焦计算数学、凝聚态物理等15 个基础研究领域，支持前沿类、探索类和攀登类三种重点项目，推行持续稳定支持和动态调整相结合的管理机制，在项目实施周期内按年度持续给予资助经费，并根据项目进展情况决定后续资助力度，助推前瞻性基础研究、引领性原创成果取得重大突破。

三　天津发展未来产业的基础

（一）天津与其他超大城市在未来产业发展的基础比较

1. 研发强度比较

研发强度是衡量一个地区科技创新活动投入力度的重要指标，2023 年天津的研发强度达到 3.49%，显示出天津在较高水平上支持科技创新投入。然而，与北京（6.83%）、上海（4.44%）和深圳（5.79%）等超大城市相比仍有一定差距，特别是在基础研究经费占 R&D 比重方面，处于明显落后水平，无法有力支撑未来产业的理论创新与原创研发。

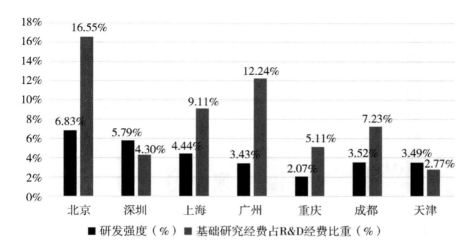

图1 天津与其他城市在研发强度与基础研发方面的比较

数据来源:各地统计局及网络公开资料。

2. 重点实验室分布

重点实验室是科技创新的重要载体,对于推动未来产业发展具有关键作用。天津在重点实验室建设方面取得了一定成效,目前拥有6家海河实验室和17家全国重点实验室,涵盖了生物医药、新材料、信息技术等多个领域。然而,与其他超大城市相比,天津在重点实验室的数量和覆盖领域上仍有待提升。

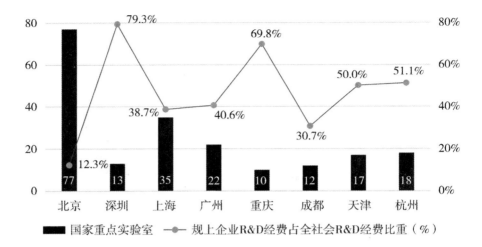

图2　超大城市研发单位情况

数据来源：各地统计局及网络公开资料。

3. 创新平台与载体建设

创新平台与载体是支撑未来产业发展的重要基础设施，天津在创新平台与载体建设方面取得了长足进展，然而，与北京（中关村科技园区、怀柔科学城等）、上海（张江科学城、临港新片区等）和深圳（深圳湾科技生态园、光明科学城等）等地区相比，天津的创新平台与载体在规模和影响力、集聚效应和辐射能力上仍存在一定差距。

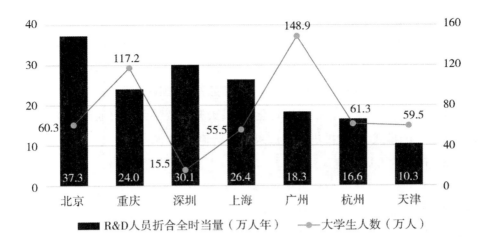

图3 主要超大城市研发人才情况

数据来源：各地统计局及网络公开资料。

4. 其他基础条件比较

在人才资源方面，天津虽然拥有多所知名高校和科研机构，但 R&D 人员数量不足，仍需加强高端人才引进和留用工作（图3）。在产业硬实力方面，天津的工业体系较为完备，但在新兴产业和未来产业细分领域的前沿培育方面仍需加大力度。

（二）天津发展未来产业的优势

1. 完备的产业体系

天津市发展未来产业有机遇、有基础、有优势。工业方面，天津工业拥有百年历史，近年来锚定"全国先进制造研发基地"定位，已拥有全部41个工业大类，606个工业小类，2023年天津市12条重点产业链增加值合计占规模以上工业的79.8%，其中集成电路、车联网、航空航天等产业实现两位数增长。服务业方面，现代服务业和高技术服务业发展迅速，成为天津经济增长的重要引擎，2023年互联网服务业、商务服务业和专业技术服务业营业收入分别增长16.7%、15.1%和12.0%。

2. 丰富的科研教育资源

天津市在科教资源方面具备显著优势,目前共有 56 所高校,如南开大学、天津大学、天津科技大学等高校为天津市培养输送了大量优秀人才。科研方面,天津市重点打造海河实验室、全国重点实验室,国家级院所和国内高水平研发机构超过 170 家。科技成果转化方面,天开高教科创园等通过"学科 + 人才 + 产业"的模式,高效推进科技成果转化落地。

3. 开放的市场环境

天津市着力打造开放包容的市场环境,积极落实全国统一的市场准入负面清单制度,降低市场准入门槛,通过一系列融资支持、减税降费的政策措施,支持民营企业和中小企业发展。2024 年 5 月,发布《天津市 2024 年营商环境质量提升行动方案》,实施 6 项行动、23 项重点工作、189 条具体措施,为创新型企业提供了更加安全、有保障的市场环境。

4. 完善的基础设施

天津市拥有完备的产业发展基础设施,交通基础设施方面,天津市作为国家中心城市,拥有发达的铁路、公路、航空和港口运输能力。信息基础设施方面,天津市已完成 5G 基站全覆盖,拥有国家超级计算天津中心和多个智能算力中心,以及北方大数据交易中心,为人工智能等应用提供算力底座和数据交易服务。完备的基础设施支撑不同领域创新成果不断涌现,如中科院工生所人工合成糖、脑机海河实验室"脑语者"系列芯片等多项国际领先和全球首例产品,麒麟软件"开放麒麟 1. 0"、海油工程 2500 米级超深水打桩锤等实现全自主研发并填补国内技术空白。

5. 多元化的应用场景

天津市充分发挥场景创新牵引作用,从重点产业未来化和未来技术产业化两方面双向发力,围绕石化、生物医药等现有重点产业链和脑机交互、低空经济等未来新赛道打造创新应用场景,同时在城市治理、民生服务等领域融合新技术,促进智能巡检、智慧医疗、智慧文旅等场景推广。现已形成了经开区小核酸产业集群、生物制造谷、信创谷等多个未来产业集聚区,构建了脑机交互医疗器械、5G 全连接工厂等几十个未来产业技术应用场景,其中深之蓝的线控水下机器人、水下滑翔机和自主水下航行器已应用于南水北调、神舟载人飞船等多个国家级重点项目。天津港集团联合华为公司打造"津鸿"操作系统,大力推进人工智能场景应用。

(三)天津未来产业发展的挑战

1. 企业创新主体作用不足

目前天津的创新平台主要由高校、科研院所牵头设立,高校科研方和企业需求方的长效撮合机制尚未建立。头部企业和标杆企业数量少,引领带动产业链能力不强,聚焦未来产业发展的专业孵化载体较少,对未来产业项目和企业增量供给后劲不足。

2. 人才要素保障不充分

高端人才短缺,适合人才成长流动的产业生态有待完善。产业与高校合作力度仍需加强,未来产业领域产教联合体数量不足,未来产业所需各类创新人才数量不足。

3. 财政基金扶持不精准

产业基金差异化定位不足,受财政资金保值和绩效评价约束,缺少针对成长期小企业的投资支持,未能彰显财政基金的领头示范带动作用,金融未能与科技和产业形成良性循环。

4. 成果转化效率不高

研发能力与生产能力错配,如生物医药等一些产业虽引进了不少国内外知名企业,但其研发设计总部未能在天津布局,对本土技术研发能力的促进作用有限。国家级平台数量较少,前端科技创新和后端产业应用的连接不紧密。转化路径不畅、商业应用环节受阻,如天津生物制造技术等具备领先优势,但仍需打通制度审批堵点。

5. 区域协同与联动不畅

未能有效承接北京非首都功能疏解。北京作为国家科技创新中心,基础研究全国领先,但流向京外的技术合同中,约半数流向长江经济带各省市,流向天津的不足一成。天津市市内创新资源分布较为分散,存在部分资源重复建设、不成规模、没有代表性地标的问题，各行政区和功能区之间联动不足，缺少产业链上下游配套协同。

四 天津未来产业发展的重点领域与布局

（一）未来产业重点领域选择

1. 下一代信息技术

包括核心芯片、基础软件、量子技术、终端外设等方向，目前麒麟软件已发布我国首个开源桌面操作系统"开放麒麟 1.0"，填补了国内空白；飞腾腾云 S5000C 芯片首款全流程在境内完成并实现量产，信创中心发布全球首款 SDI 芯片。下一步天津市将依托中国信创谷，发展自主计算芯片、光电子芯片、量子芯片、软件定义晶上系统等，推动其在数据中心、高性能计算、智能计算和网络通信等信息基础设施以及航天高端芯片领域的应用，打造具有国际竞争力的数字产业集群，在部分场景实现国产化应用。

2. 未来智能

包括智能驾驶、人工智能核心芯片、人工智能生成技术等方向，利用好国家人工智能先导区、国家级车联网先导区和智能网联汽车协同发展建设试点等优势，围绕"车路云一体化"试点和产业生态构建等关键环节，在动力电池、检测认证、共性及前瞻技术等领域汇聚研发力量，联合构建智能网联汽车产业创新生态。积极布局智能算力基础设施，加大力度推进人工智能场景应用，依托超算中心、天津市智算中心等算力资源，推进计算、数据与智能等深度融合，布局 AI + 药物研发、AI + 新材料、AI + 交通、AI + 城市治理等应用，推动人工智能实现规模化应用。

3. 生命科学

包括脑机交互、生物制造、细胞与基因治疗等方向，天津合源生物首个中国原研 CAR-T 产品源瑞达已获批上市，中合基因国内首台自动化"Kb 级基因拼接仪"成功自主研制，下一步天津市将在滨海新区、南开区、津南区、武清区等区域打造合成生物产业集群,建立智能化、自动化、柔性化人工细胞工厂,建设生物基材料制造业创新中心,推进合成生物在创新药物研发、医美产品研制、微生物菌株培育、绿色生物制造、生物可降解材料、未来食品等领域的应用转化。开展人机交互、VR/AR、类脑智能、数据智能等相关领域软硬件技术研究,推动脑机交互与人机共融技术在神经科学研究、疾病诊疗、游戏娱乐、学习教育、智能家居等领域的应用。

4. 空天深海

包括深海探采、空天技术、低空经济等方向,目前天津市已有海油工程自主研发的全国首台 2500 米级超深水打桩锤完成海试,云遥系列卫星掩星廓线产品通过中国气象局业务准入评审等一系列成果,未来将依托天津滨海高新区、天津(宁河)未来科技城等创新载体,推动新一代载人运载火箭、可重复使用运载火箭、卫星互联网、垂直起降飞行器等技术研发和成果转化,完善空天产业链,探索更多低空经济应用场景。布局深海油气探采服务,促进海洋油气开采核心技术研发,围绕海洋物探工程勘探、海洋工程地质调查、新型海洋传感器、水下无人探测装备与应用、深海光学通信、深海导航定位等领域,打造空天深海开发产业高地。

5. 新型能源

包括氢能及储能、新型太阳能光伏与储能电池、可持续航空燃料等方向。在该领域,天津荣程集团打造的绿氢制储加用一体化样板项目已建成投运,TCL 中环 N 型硅片持续保持全球市场占有率第一的产品竞争力。未来天津市将布局光伏发电制氢、海水制氢、钠离子电池、锌固态离子电池和锂离子电池等技术攻关和产品研发,推动高压、液化、固态金属储氢产业化,开展氢能车辆、氢能船舶示范应用,提升光伏材料、电池片、电池组件和光伏系统产业环节竞争力,加快可持续航空燃料(SAF)产业化落地应用,打造先进能源产业高质量发展样板。

6. 前沿材料

包括半导体材料、特种烯烃衍生物等方向,目前天津青禾晶元复合衬底产线技术水平全球领先,绿菱气体打破了国外高纯电子特气领域的垄断。下一步天津市将加快布局半导体碳化硅、砷化镓和磷化铟等衬底材料,研发电子特气、有机氟、OLED 显示材料、TFT-LCD 显示材料、纳米触控膜材料及技术,加快发展聚烯烃、聚丁烯-1 等特种弹性体、高端牌号聚烯烃、超高分子量聚乙烯等特种烯烃衍生物产品。推动高性能聚碳酸酯、聚酰胺工程塑料、聚甲醛、特种工程塑料在航空航天、电子和环保等领域中的应用,打造新型材料产业基地。

（二）重点区域布局与产业集聚

1. 天开高教科创园

天开高教科创园构建"一核两翼多点"的总体空间格局,目前已形成核心区、西青园、津南园、华苑科技园、东丽园、河西园六个片区,吸引 2000 余家科创企业落地,在新能源、新材料、人工智能、合成生物、生物医药、脑机工程等领域,已经具备一定集聚优势,为未来产业创新发展和科技成果转化提供了坚实条件,为天津高质量发展持续注入活力。

2. 滨海新区未来产业集聚区

滨海新区抢占未来产业发展制高点,目前已经形成了四大未来产业集聚区,包括保税区生物制造谷、经开区小核酸产业集群、高新区信创谷和细胞谷,构建了京津冀氢能高速绿色物流专线、远程精准医疗、脑机交互医疗器械、智能网联集装箱卡车、5G 全连接工厂、智慧港口、智慧城市等 40 余个未来技术典型应用场景,培育了细胞生态海河实验室、康希诺、合源生物、中电云脑等 50 余个未来产业龙头骨干企业和发展平台,有效促进了前沿技术应用、新型业态孕育、智慧城市建设和未来产业的培育,逐渐成为促进科技创新和产业焕新的"滨城"新范式。

3. 其他区域特色集聚区

根据各区县的产业基础和资源禀赋,规划建设一批特色未来产业集聚区,通过差异化布局,形成各具特色的未来产业发展格局。如武清区可打造智能网联汽车产业集聚区,重点发展自动驾驶、车联网、智能交通系统等领域,加强与北京、河北等地区的合作,共同推动京津冀智能网联汽车产业协同发展。宝坻区可打造新能源汽车和氢能产业集聚区,重点发展新能源汽车整车制造、关键零部件生产以及氢能产业链上下游环节,推动新能源汽车和氢能产业的规模化、集群化发展。静海区应依托其现有的生物医药产业基础,打造生物医药产业集聚区,重点发展生物制药、医疗器械、健康服务等领域。西青区可依托其良好的制造业基础,打造高端装备制造产业集聚区,重点发展航空航天、智能机器人、精密仪器等领域。蓟州区可打造生态旅游与未来健康产业集聚区,重点发展健康旅游、康复养老、健康管理等领域,推动生态旅游与未来健康产业的融合发展。

(三)发展未来产业的总体思路

天津发展未来产业,应以习近平新时代中国特色社会主义思想为指导,深入贯彻党的二十大精神和习近平总书记关于科技创新与产业发展的重要指示,全面落实《天津市未来产业培育发展行动方案(2024—2027)》,聚焦未来产业的前沿性、战略性和颠覆性特征,以创新驱动为核心,从创新能力、科研合作、资源配置、人才战略、应用场景以及产业生态安全等全维度协同推进,逐步完善产业链交叉融合、政产学研用协同、创新资源优化配置、专业人才梯度培育、研发成果场景化应用化、国际化科技研发合作、容错试错与激励、数据统计与评估等方面机制建设,分阶段、分步骤、分区域、分重点推动天津未来产业高质量发展,打造全国领先的未来产业创新高地,推动天津未来产业走向世界舞台。

五 推动天津未来产业发展的对策建议

(一)提升创新能力,构建产业链交叉融合创新机制

1. 强化产业间技术融合

未来产业的发展趋势之一是不同产业链之间的深度交叉与融合。天津应抓住这一机遇,通过政策引导和资金支持,鼓励企业、高校和科研机构在关键

核心技术上进行跨领域合作,推动信息技术、生物技术、新材料技术、新能源技术等领域的交叉融合,形成一批具有颠覆性创新能力的产业链。例如,在生物制造领域,可以推动基因编辑、合成生物学与智能制造技术的融合,开发出更高效、更环保的生物制造工艺。

2. 建立产业链协同创新平台

为了促进产业链上下游企业的紧密合作与协同创新,天津应建立一批产业链协同创新平台。这些平台可以依托行业龙头企业、高校和科研机构,围绕未来产业的关键环节和核心技术,开展联合研发、技术攻关和产业化应用。通过平台的建设,促进技术、人才、资金等创新要素的集聚与共享,加速科技成果的转化和产业化进程。

(二)加强创新合作,构建政产学研用多主体协同机制

1. 强化政府引导作用

政府在推动未来产业发展中应发挥重要的引导作用。天津市政府应加强对未来产业发展的顶层设计和规划布局,制定针对性强的政策措施,为产业发展提供有力保障。同时,政府还应加强与企业、高校和科研机构的沟通协调,及时解决产业发展中遇到的问题和困难。

2. 促进产学研用深度融合

为了推动未来产业的快速发展,天津应促进产学研用各主体之间的深度融合。通过建立产学研用合作机制,鼓励企业、高校和科研机构围绕未来产业的关键技术和市场需求开展合作研发。同时,加强创新成果与产业应用的对接,推动科技成果的快速转化和产业化应用。此外,还应加强人才培养和引进工作,为未来产业提供充足的人才支撑。

(三)优化资源引导,构建创新资源优化配置机制

1. 优化创新资源配置政策

制定更加精准的创新资源配置政策,确保创新资源能够高效、合理地流向未来产业的关键领域和重点项目。通过政策引导,鼓励企业、高校和科研机构

加大对未来产业的研发投入,同时加强对创新资源的统筹管理和协调配置,避免资源的分散和浪费。

2. 建立创新资源共享平台

为了促进创新资源的有效共享和利用,天津应建立一批创新资源共享平台。这些平台可以依托重点实验室、工程技术研究中心等创新载体,整合各类创新资源,为企业、高校和科研机构提供共享服务。通过平台的建设,促进创新资源的开放共享和高效利用,降低创新成本,提升创新效率。

(四)强化人才战略,构建专业人才梯度培育机制

1. 加强高端人才引进

未来产业的发展离不开高端人才的支撑。天津应加大对高端人才的引进力度,通过提供优厚的待遇和良好的工作环境,吸引国内外优秀人才来津创新创业。同时,还应加强与高校、科研机构的合作,共同培养未来产业所需的专业人才。

2. 建立多层次人才培养体系

为了构建专业人才梯度培育机制,天津应建立多层次的人才培养体系。通过加强职业教育和继续教育,培养一批具有实践经验和创新能力的技能型人才;通过加强高等教育和研究生教育,培养一批具有深厚理论基础和创新能力的高端人才。此外,还应加强与国际知名高校和研究机构的合作与交流,引进先进的教育理念和教学方法,提升天津的人才培养水平。

(五)拓展应用领域,构建研发成果场景化应用化机制

1. 打造未来技术应用场景

天津应充分利用城市资源和产业基础,打造一批具有示范意义的未来技术应用场景。在智能交通领域,推动自动驾驶、车路协同等技术在城市公共交通、物流配送等场景的应用;在智慧医疗领域,推动人工智能、大数据等技术在疾病预防、诊断治疗等方面的应用。通过应用场景的打造,推动未来技术的成熟和普及。

2. 加强研发成果的市场化推广

为了加速研发成果的市场化进程，天津应建立完善的市场化推广机制。通过搭建技术交易平台、举办科技成果展示会等方式，加强研发成果与企业、市场的对接。同时，鼓励企业加大对新技术、新产品的市场推广力度，提高市场占有率和品牌影响力。此外，还应加强知识产权保护工作，为研发成果的市场化提供有力保障。

（六）深化交流合作，构建国际化科技研发合作机制

1. 加强与国际科研机构的合作

天津应积极寻求与国际知名科研机构的合作机会，共同开展未来产业的关键技术研发和产业化应用。通过合作项目的实施，引进国外先进的技术和管理经验，提升天津在未来产业领域的国际竞争力。同时，还应加强与国际科研机构的交流与合作，共同推动全球未来产业的发展。

2. 推动国际技术转移与成果转化

为了加速国际先进技术的引进和转化应用，天津应建立完善的国际技术转移与成果转化机制。通过搭建国际技术交易平台、举办国际技术转移对接会等方式，加强与国际技术市场的对接与合作。同时，鼓励企业加强与国外企业的技术合作与交流，引进国外先进的技术和产品进行消化吸收再创新。此外，还应加强知识产权保护工作，为国际技术转移与成果转化提供有力保障。

（七）完善包容环境，构建容错试错与激励机制

1. 建立容错试错机制

未来产业的发展具有高度不确定性和风险性，因此需要建立容错试错机制来鼓励创新者大胆尝试和探索。天津可以通过设立容错试错专项基金、提供法律保障等方式，为创新者在技术研发、成果转化等方面提供宽松的环境和容错的空间。同时，加强对创新失败案例的总结和分析，提炼经验教训，为未来的创新活动提供参考和借鉴。

2. 完善激励机制

为了激发创新者的积极性和创造力,天津应完善激励机制。通过设立创新奖励、提供税收减免、给予资金扶持等方式,对在未来产业发展中作出突出贡献的企业、高校和科研机构进行表彰和奖励。同时,加强对创新人才的激励和保障,提高创新人才的待遇和地位,营造尊重创新、鼓励创新的良好氛围。

(八)保障产业安全,构建数据统计与评估机制

1. 构建产业生态安全体系

加强未来产业供应链安全管理,确保关键核心技术和原材料的自主可控,降低外部风险对产业发展的影响。推动建立未来产业风险预警和应对机制,及时发现和解决产业发展中可能遇到的问题和挑战。加强未来产业知识产权保护,严厉打击侵权行为,保护创新主体的合法权益,激发创新活力。

2. 强化数据统计与分析能力

建立完善的数据统计体系,对未来产业的规模、结构、效益等进行全面、准确、及时的统计和分析。利用大数据、云计算等现代信息技术手段,提升数据统计和分析的效率和精度,为政策制定和产业规划提供科学依据。加强数据共享和开放,推动政府部门、企业、科研机构等之间的数据互联互通,促进产业资源的优化配置和高效利用。

3. 完善产业评估机制

建立天津未来产业发展评估指标体系,定期对产业发展情况进行评估和分析,及时发现问题和不足,提出改进措施和建议。加强对未来产业政策执行情况的监督检查,确保各项政策措施的有效落地和实施。推动建立未来产业第三方评估机制,鼓励对天津未来产业发展进行客观、公正、科学的评估,持续进行与国际国内先进地区的对比研究。

参考文献：

［1］李东格、高月：《美〈国家人工智能研究与发展战略计划〉主要特点及启示》，《科技中国》2023 年第 9 期。

［2］徐馨、郭梓云：《欧盟积极推动能源绿色转型》《人民日报》，2024 年 4 月 24 日。

［3］徐凌验、胡拥军：《全球三大重大前沿技术发展趋势及未来产业前瞻布局展望》，《中国物价》2024 年第 6 期。

［4］《"学科＋人才＋产业"融合发展 助力天开高教科创园建设》，人民网，2023 年 5月 12 日，http://tj. people. com. cn/n2/2023/0512/c375366-40413397. html。

天津智能网联车产业发展研究报告

王雪滔　天津社会科学院数字经济研究所助理研究员

摘　要： 天津智能网联车产业已初步形成产业集群,测试道路与车联网先导区建设取得显著进展。然而,自动驾驶技术成熟度、信息安全、产业链协同及市场接受度等方面仍面临挑战。随着政策红利与市场需求增长,以及智慧城市与智能交通的融合发展趋势,天津智能网联车产业迎来新的发展机遇。建议构建融合创新体系,攻坚核心技术;加强基础设施建设,筑牢产业发展根基;强化市场拓展与品牌建设,以推动产业高质量发展。

关键词： 天津　智能网联车　应用场景　数字技术

随着全球新一轮科技革命和产业革命的持续蓬勃发展,传统汽车产业迎来大变革,电动化、网联化、智能化成为汽车行业转型升级发展的主线,智能网联车已成为世界公认的汽车产业未来发展方向和焦点。智能网联车产业发展对于我国抢占新一轮全球汽车产业竞争制高点,培育经济发展新动能,建设以实体经济为支撑的现代化产业体系具有重要战略意义。天津市委、市政府高度重视智能网联车发展,提出以"整车和'三电'等关键零部件为牵引,建成全国重要整车及配套生产基地"。得益于雄厚工业基础与国家首批电子信息产业基地的定位,天津智能网联车产业取得显著成就,产业体系逐渐完备。然而,当前天津智能网联车产业仍面临技术瓶颈尚未破解、产业协同不足及市场接受度不高等问题。未来,天津将着力融合创新体系、持续推动智能网联车产业创新发展，为全国智能网联车产业贡献力量。

一 天津智能网联车产业发展现状

（一）产业集聚趋势不断加强

产业供给能力不断提升。整车企业方面，天津拥有一汽丰田、一汽大众、长城汽车等整车企业，近年来智能网联渗透率不断提高，为智能网联车产业的发展提供了坚实基础；在智能关键部件领域，天津聚集了经纬恒润、英创汇智、中科慧眼、中汽数据、天安智联等一批重点企业，在感知系统、决策系统、通信系统等方面具有强大的研发和生产能力；在车联网领域，天津与华为、东风悦享、天翼交通、国汽智联、吉大正元等车联网领域企业建立了紧密合作，在车联网技术的研发、应用和推广方面发挥了重要作用；在智能网联设备方面，天津聚集了以载合汽车、斯年智驾、主线科技、长城云视车联等企业为代表的智能网联设备企业，推动了智能网联车产业的商业化、无人化创新应用。

产业集聚趋势不断强化。天津智能网联车产业主要集聚在河北区、西青区以及东疆综合保税区等地。河北区作为天津率先全域开展智能网联开放测试区域的中心城区，积极推进车联网先导区拓展区建设。河北区目前已开放意风区1.6公里无人驾驶"旅游线"、天津站至天津之眼7.3公里车路协同"接驳线"、19.8公里无人配送线三条示范线路。目前河北区已与多家车联网领域企业合作，吸引车联网生态企业落户。西青区智能网联车产业集群占地面积约12.2平方公里，以西青汽车工业区为主要载体，包含南站科技商务区、金地威新产业园、中北产业园等重点园区。该集群以车联网产业为核心，围绕车用通信系统、感知系统、执行系统、决策系统、系统集成应用、方案提供商、出行服务等产业链环节形成产业集聚区。智能网联汽车创新应用区推动智能网联商用车商业化、无人化创新应用，聚集了多家智能网联汽车和智能网联设备企业，推动智能网联汽车技术的商业化进程。

（二）规划引领及政策保障日渐完善

政策环境进一步优化。天津市人民政府办公厅于 2023 年 9 月 12 日印发了《天津市加快新能源和智能网联汽车产业发展实施方案（2023—2027 年）》。该方案明确了新能源和智能网联汽车产业作为本市新的支柱产业的发展方向，提出电动化、网联化、智能化的发展路径，并设定到 2025 年新能源汽车产量占比达到 30%，到 2027 年达到 45% 的具体发展目标，旨在将天津打造成为北方重要的新能源汽车生产基地和全国重要的智能网联汽车示范应用与成果转化城市。

天津制定并出台了《天津市智能网联汽车道路测试与示范应用实施细则（试行）》等地方性政策文件，明确了智能网联汽车道路测试和示范应用的具体要求和流程。

（三）基础设施建设进一步完善

智能网联测试道路建设取得显著进展。截至目前，全市智能网联测试道路已涉及河北区、东丽区、西青区、滨海新区等多个行政区。西青区目前已建立了"虚拟测试—封闭测试—开放测试"的三级测试体系。其中，虚拟测试场位于西青中北中汽中心，是世界上功能最齐全的虚拟测试场之一，为车企提供了省时省成本的测试服务。封闭测试场位于王稳庄镇，占地面积 1475 亩，规划有 7 个测试分区，一期项目已于 2021 年第三季度投入使用。东疆综合保税区、中新生态城等区域也积极推进智能网联测试道路建设，其中东疆综保区的测试道路是北方当前唯一的智能驾驶集装箱卡车的测试道路场景。

产业配套设施不断完善。在路侧感知设备方面，中新生态城已实现 5G 信号与北斗高精度定位全域覆盖，道路视频监控实现重要路口基本覆盖。同时，对道路交通标志标线、交通控制与诱导设施进行提升改造，为智能网联汽车提供安全的道路测试环境。西青区实现单目视觉测量系统等技术创新，利用深度学习和计算机视觉技术进行相关物理参数测量，应用于路侧智能感知，提升了车联网的决策精度和效率。在云平台建设方面，车联网先导区建立了基础数据服务平台,通过收集和分析车辆、道路、环境等多源数据,为自动驾驶车辆提供精准的决策依据,提高行驶安全性和效率。

二 天津智能网联车产业面临的挑战

(一)技术发展瓶颈尚未破解

关键零部件技术成熟度尚显不足。一是核心零部件自主研发能力有限。智能网联车的关键零部件包括传感器、控制器、执行器等,零部件的性能和可靠性直接影响到智能网联车的整体性能和安全性。然而,目前天津在关键零部件的自主研发仍然依赖进口或采用国外技术,自主研发实力有待进一步提升。二是零部件性能与可靠性有待提升。目前天津在关键零部件的性能和可靠性方面还存在一定的差距,在极端环境下容易出现故障或性能下降,影响到智能网联汽车的稳定性和安全性。

信息安全与数据隐私保护面临挑战。天津智能网联车产业在信息安全与数据隐私保护方面的挑战日益凸显,这既是对技术层面的考验,更是对产业整体安全防护能力的全面检验。一是数据隐私保护标准缺失。智能网联车产生的数据包含大量个人隐私信息,如行驶轨迹、乘客信息等。天津目前亟需制定严格的数据隐私保护标准,确保这些数据在收集、使用、存储等环节都得到妥善保护。二是数据加密与防护技术亟需更新。天津在智能网联车领域已经采取了一定的数据加密和防护措施,但随着技术的不断发展,黑客的攻击手段也在不断升级。因此,现有的数据加密和防护技术难以完全抵御高级别的网络攻击。

车路协同与标准统一尚未完全实现。天津智能网联车面临设备与系统兼容性不够、车路协同技术标准化与互操作性不足以及跨区域跨平台协同的挑战。一是表现在不同厂商设备与系统间的兼容性问题。天津智能网联车各厂商出于技术路线、市场策略等多种原因,其设备与系统多采用不同的技术标准和通信协议,导致车辆与道路基础设施、车辆与车辆之间难以实现无缝连接和高效通信。二是车路协同技术的标准化与互操作性不足。当前,由于技术标准的缺失或不完善,车路协同系统的性能和安全性无法得到有效保障,难以实现跨厂商、跨系统的互操作。三是跨区域跨平台的协同挑战,天津不同地区的智能网联车产业发展水平、技术标准、政策法规等存在差异,导致智能网联车在不同地区之间的运行存在障碍。

(二)产业链协同与资源整合面临困境

产业链上下游协同不足。天津智能网联车产业面临零部件供应商与整车厂配合不紧密及产业链各环节信息共享与协作障碍。一是智能网联车技术的复杂性和高度集成性,对零部件供应商与整车厂之间的配合提出了极高的要求。然而,目前两者之间在技术研发、产品测试、质量控制等方面的配合尚不够紧密。一方面,零部件供应商可能无法及时响应整车厂的技术需求,导致技术整合效率低下,影响智能网联车的研发进度;另一方面,整车厂对零部件的质量要求严格,而供应商尚无法完全满足,导致产品质量问题频发。二是智能网联车产业链涵盖研发、制造、销售、服务等多个环节,目前产业链各环节之间的信息共享与协作存在明显障碍。一方面,由于各环节之间的信息孤岛现象严重,导致信息共享不畅,协作效率低下;另一方面,由于各环节之间的利益诉求不同,缺乏共同的目标和愿景,导致协作意愿不强,不仅制约了智能网联车产业的创新能力和市场竞争力,也影响了整个产业的可持续发展。

资源整合难度大。天津智能网联车产业资源整合面临技术差异衔接、技术融合困难以及利益冲突与协调问题。一是智能网联车产业不仅涵盖传统的汽车制造领域,同时广泛涉及信息技术、人工智能、大数据、云计算等多个新兴行业,在技术标准、研发流程、市场策略等方面存在显著差异,实现多领域多环节的有效衔接和协同,是智能网联车产业实现资源整合的首要难题。例如,汽车制造企业更侧重于产品的安全性和可靠性,而信息技术企业则更注重技术的创新性和灵活性,技术理念上的差异导致在资源整合过程中出现技术融合困难。二是资源整合过程中可能遇到的利益冲突与协调问题同样不容忽视。例如,汽车制造企业可能希望保持对产品的控制权,而信息技术企业则希望获得更大的技术话语权。

（三）市场接受度不足与消费习惯问题

市场接受度有待提升。天津智能网联车产业发展成果尚未广泛传播，消费者对其了解不足，且示范应用受限及安全疑虑限制了消费者接受度。一是天津在智能网联车领域进行了大量探索和示范应用，但这些成果尚未广泛传播到普通消费者中，消费者对智能网联车的概念、功能、技术及其带来的便利性和安全性提升了解不足。二是目前智能网联车的示范应用和测试主要集中在特定区域和场景下，普通消费者难以接触到这些车辆，从而无法亲身体验其功能和优势。三是对自动驾驶安全与可靠性的疑虑，自动驾驶车辆需要依靠传感器、摄像头和算法来感知和判断周围环境，任何技术故障或误判都可能导致严重的安全事故，限制了消费者对智能网联车的接受程度。

消费习惯与成本问题。消费者对传统驾驶方式的依赖及智能网联汽车高昂的成本与购买门槛，制约了其普及和发展。一是消费者对传统驾驶方式的依赖。尽管智能网联汽车能够提供更为安全、舒适、便捷的驾驶体验，但驾驶者已经习惯传统的驾驶方式，对于智能网联汽车所带来的智能化、自动化驾驶方式存在一定的抵触心理，阻碍智能网联汽车的普及和推广。二是智能网联汽车的高昂成本与购买门槛也是制约其发展的重要因素。智能网联汽车集成了众多高科技元素，包括自动驾驶技术、智能互联技术、人工智能技术等，技术的研发和应用都需要大量的资金投入。因此，智能网联汽车的成本相对较高，购买门槛也相应提高。

三 天津智能网联车产业发展机遇

(一)政策红利与市场需求增长

国家与地方支持政策持续发力。国家及天津市政府对智能网联车产业的支持政策频出,相继出台《车联网(智能网联汽车)产业发展行动计划》《智能汽车创新发展战略》《关于加强智能网联汽车生产企业及产品准入管理的意见》《天津加快新能源和智能网联汽车产业发展实施方案(2023—2027年)》《2024年汽车标准化工作要点》等政策,通过提供资金补贴、税收减免、研发支持等一系列方式,降低生产成本,激发了市场活力。同时,车联网先导区、大数据服务平台等基础设施建设为智能网联汽车的研发和测试提供了重要支撑。开放测试道路和应用场景为智能网联汽车的商业化运营创造了有利条件,推动了天津智能网联车产业的快速发展和产业升级。

需求增长驱动产业创新与生态重塑。随着新能源汽车的普及和智能网联技术的日益成熟,消费者对智能网联车的需求呈现出显著增长的趋势。2024年上半年我国新能源汽车产销分别完成492.9万辆和494.4万辆,同比分别增长30.1%和32%。需求增长推动对车辆性能、安全、智能化、网联化功能需求升级。一是需求升级推动技术创新。消费者对智能网联车的需求从基本的导航、娱乐、远程控制等功能,逐渐升级到自动驾驶、语音交互、智能识别与响应等高级功能,这种需求升级推动了智能网联技术的持续创新,促进了相关产业的发展。二是市场潜力亟待进一步挖掘。伴随消费者对智能网联车认知度的提高和购买力的增强,智能网联车市场潜力巨大,不仅限于个人消费者,还包括了出租车、网约车、物流车等商业应用领域。三是产业生态重塑,消费者需求的变化促使智能网联车产业从单一的产品制造向多元化的服务提供转变,包括车联网服务、数据服务、售后服务等,推动整个产业生态的重塑和升级。

公共领域应用持续推广。近年来,天津在出租、环卫、城市物流配送等公共领域积极推广智能网联车,成效显著。出租车领域引入了智能网联调度系统,通过大数据分析和预测,优化出租车的调度和分配,减少了空驶率,提高了乘客的乘车体验。环卫领域应用了智能网联清扫车,城市物流配送领域则推广了智能网联配送车。公共领域的推广和应用提高了服务质量和运营效率,为智能网联车提供了丰富的测试环境和应用场景,促进了技术创新和产业升级。未来在公共交通、旅游等领域可以进一步拓展应用场景,同时还可以与其他产业进行跨界融合,推动产业创新性发展。

(二)产业聚集效应凸显

区域协同与产业链整合趋势明显。天津智能网联车产业的聚集效应首先体现在区域协同与产业链整合上。京津冀三地正携手建设智能网联新能源汽车科技生态港,规划总面积达 8000 亩,其中天津园区位于武清京清汽车产业园。这一举措不仅加强了京津冀地区的产业联动,同时推动了智能网联车产业链的深度整合。天津园区将重点打造智能网联车零部件产业的集中承载空间,助力企业资源对接和要素整合,提高天津汽车产业能级和数智化水平。

重点区域与主导产业的协同发展初见成效。天津智能网联车产业的聚集效应还体现在重点区域与主导产业的协同发展。例如,东丽区作为天津的重要制造业基地,正全力推动新一代汽车(智能网联)和新能源汽车产业链的发展。该区通过实施"串链、补链、强链、提升产业竞争力"的行动,吸引多家专精特新企业和国家级"小巨人"企业入驻,形成了较为完整的产业链。

(三)智慧城市与智能交通融合发展日益成熟

智慧城市基础设施建设取得显著成就。特别是在智能交通系统和车联网平台方面,通过综合运用北斗、5G 等先进技术,天津构建了高精度时空服务平台和智慧道路环境,实现交通流量的实时监测和智能调度。同时,车联网平台的搭建促进了车辆与道路、车辆与车辆之间的信息互联互通,为智能网联车提供了精准导航和驾驶建议。

智慧城市与智能交通融合发展。天津在自动驾驶巴士和无人售卖车领域方面取得了显著成果,全国首批智能网联旅游公交于2024年10月1日在中新天津生态城启动试运营。这5辆新加坡智能网联公交车(MooBus)由MooVita公司自主研发,具备先进的自动驾驶技术,包括障碍物避让、交通信号识别、自动加减速及变换车道等功能,为市民和游客带来了智慧文旅新体验。智能交通系统和车联网平台的深度融合不仅为智能网联车产业发展提供了强大的技术支撑,还推动了技术的持续创新,拓展了智能网联车在城市自动驾驶、物流运输和港口装卸等多个场景的应用,为智能网联车产业的快速发展奠定了坚实基础。

四 天津智能网联车产业发展对策与建议

(一)构建融合创新体系,攻坚核心领域技术

一是加快落实跨行业组织管理机构和统筹推进机制。在《天津车联网(智能网联汽车)产业发展行动计划》的基础上,研究制定战略规划的具体落实措施。充分发挥政府与主管部门的政策引导作用,促进智能网联汽车产业集聚发展。依托京津冀智能网联汽车研发联盟和联合实验室,通过合作共享技术和资源,提高创新能力和研发效率。

二是搭建关键技术创新合作平台。将智能网联汽车产业链所涉各环节,拥有自主知识产权或具备自主研发生产能力的企业、科研院所和高校等机构分领域组建攻关小组,着重加强对车载AI芯片、传感器、车载操作系统和通信网络等方面重点领域的研究,攻克技术壁垒,强化智能网联汽车自主研发能力及生产配套体系。

三是扶持企业自主核心技术研发能力建设。在信息通信技术、智能化技术、综合交通管理技术等方面形成行业领先优势。加强天津汽车企业自主创新的产品开发能力,尝试在天开高教科创园内建立先进的智能网联车实验室和测试基地,为研发智能网联汽车的企业提供先进的研究创新空间,促进技术交流和合作。

四是重视智能网联汽车领域技术创新的军民融合。调查研究军工产业在芯片、传感器等方面技术应用情况，进一步引导和支持智能网联汽车相关企业参与军民融合发展。搭建民营企业优势军民两用技术创新成果展示、对接、交流平台，推广可转民用的军用先进技术，促进供需交流，探讨相关技术转为民用的可行性方案。

（二）夯实产业发展基础，加强基础设施建设

一是打造"一核七级全域"智能网联车产业格局。坚持智能化、绿色化发展原则，依托西青区智能网联车产业集群，加快技术创新研发和应用场景深化，形成一批可借鉴、可复制、可推广的经验做法。以西青先导区为核心，河北区、津南区、武清区、宝坻区、经济技术开发区、中新天津生态城、东疆综合保税区为拓展区，探索智能网联车产业差异化发展路径，构建一批具有特色化、差异化、优势互补的产业集群。

二是推动天津 5G 通信网络环境的升级。扩大网络覆盖区域，提升网络覆盖质量，充分发挥区域内中科曙光、飞腾、麒麟、科大讯飞等电子信息领军企业的作用，积极推进车联网通信技术的相关研究和规划工作。鼓励整车和零部件企业协同发展，针对智能网联汽车核心零部件存在的短板，优先发展 AI 芯片、高性能传感器、电池系统、底盘系统、轻量化零部件。

三是促进智能网联汽车跨地区测试场地建设。根据智能网联汽车场地测试需求，合理规划和划拨土地，加速土地审批流程，为测试场地的建设提供保障。天津继续联合京冀共同投资建设智能网联汽车测试场地，加大对不同路况、交通流量和城市特点的覆盖程度，通过共同打造规模宏大的测试场地，为智能网联汽车的研发、测试和验证提供优质的环境条件。

四是完善测试标准体系，提高测试标准权威。对智能网联汽车的测试内容、方法和要求进行系统化的研究与总结，形成统一的行业标准，在 LTE-V2X 测试评估和 LTE-V2X 部署与组网方案、LTE-V2X 商业模式和 C-V2X 业务需求演进研究等领域深化测试研究工作，推进车联网各数据接口标准统一，提升车用数据高时空传输，促进交通系统智能化发展。

(三)强化品牌建设力度,拓展智能网联车市场

一是推动智能网联车场景有序开放。深化海河沿线的自动驾驶＋车路协同示范线路、智慧旅游接驳以及无人物流等商业示范场景等特色示范项目,提升智能网联汽车的测试与应用水平,丰富市民和游客的出行体验。进一步开放高速(快速)智能网联汽车测试道路,并推动"于家堡—响螺湾"片区、东丽湖、海河教育园区等各区域根据自身特色构建车联网应用示范项目。

二是明确品牌定位,设计品牌标识,塑造品牌形象,提升智能网联汽车的曝光度和市场认可度。利用津云等新媒体、国家会展中心(津南)、天津梅江会展中心等多种渠道进行品牌宣传,举办智能网联汽车展览会与技术交流会等活动,提升品牌知名度和美誉度。建立用户反馈机制,设立天津智能网联汽车示范区用户服务中心,及时收集和处理用户的意见和建议,不断优化产品和服务。

三是提升产品竞争力,打造商业闭环发展路径。推动智能网联车产业商业化运营,推进西青先导区步入规模化商业推广阶段。鼓励整车企业在津建设智能网联车小镇,构建"车路云网一体化"解决方案。完善数据管理机制,建立数据交易流通体系,推动智能网联汽车数据要素价值释放和转化,探索智能网联车软硬件基础设施建设逐步转向"经营性"模式,为企业带来实际经济收益。

参考文献:

[1] 贾骥业、赵丽梅、朱彩云:《"车路云一体化"是智能网联车产业发展的关键》,《中国青年报》2024 年 8 月 20 日。

[2] 李山:《边云协同计算:智能网联车的发展趋势》,《科技日报》2024 年 6 月 21 日。

[3] 宁广靖:《智能网联车驶向智高点》,《天津日报》2024 年 4 月 11 日。

[4] 唐金成、刘一鸣:《中国智能网联车险之现实困境与创新路径》,《西南金融》2024年第 3 期。

[5] 尹颖:《智能网联车路云一体化的思考》,《智能网联汽车》2021 年第 1 期。

天津新能源产业发展研究报告

尹晓丹　天津市经济发展研究院经济师

摘　要： 新能源产业产业链长、关联度高、带动性强，是天津市建设全国先进制造研发基地、"制造业立市"的重要载体。近年来，在政策系统支持下，天津市新能源产业体系不断完善，产业规模不断壮大，创新能力不断提升。但还存在产业发展质量有待提升、区域同质化竞争激烈、生态环境和资源环境制约大、产业链上仍存在"短链""细链"等问题。未来，随着世界能源革命加速推进，国内政策支持不断增强，天津市新能源产业仍有较大发展空间，尤其是氢能产业方面。建议从提升产业发展质效、创新能源开发利用模式、多措并举"强链""补链""延链"、完善协同创新体系、推动建设氢能应用基地等方面发力，推动天津市新能源产业高质量发展。

关键词： 新能源产业　产业竞争　创新能力

党的二十届三中全会指出，要发展绿色低碳产业，加快规划建设新型能源体系，完善新能源消纳和调控政策措施，建立能耗双控向碳排放双控全面转型新机制，加快发展方式绿色转型。《中共中央 国务院关于完整准确全面贯彻新发展理念做好碳达峰碳中和工作的意见》《关于促进新时代新能源高质量发展的实施方案》等一系列部署和要求，为新能源产业发展擘画了蓝图。新时代新征程，加快推进新能源产业高质量发展，持续推动绿色低碳转型，是加快形成新质生产力、抢占发展先机的现实需要，是建设社会主义现代化大都市的必然要求。

一　新能源产业发展形势

（一）新能源产业国际发展趋势

1. 市场规模快速增长,发展潜力依然巨大

2023 年,全球可再生能源容量比 2022 年增长 64%,达到约 560GW。可再生能源新增装机容量较上年增长 50%[①],为近 30 年来最快增速。2023 年,欧盟电力混合中可再生能源占比 44%,其中风力和太阳能发电占比达到 27%,均刷新最高值。美国能源信息署(EIA)的数据显示,可再生能源提供了 2023 年美国电力产量的 22.7% 以上。同时,未来市场发展潜力依然很大,国际能源署(IEA)、国际可再生能源署(IRENA)等机构的研究指出,2050 年全球 85%—90% 的发电将来自可再生能源。

2. 技术创新不断增强,综合成本不断下降

能源生产消费向集中式与分散式并重转变,综合能源服务将广泛提供多种能源服务,形成源网荷储一体的绿色供能用能模式。国际可再生能源署报告显示,过去 10 年间,全球风电和光伏发电项目平均度电成本分别累计下降超过 60% 和 80%,其中很大一部分归功于中国贡献。

3. 投资强度不断加大,国际竞争更加激烈

预计 2024 年全球能源投资总额将首次超过 3 万亿美元[②],其中约 2 万亿美元将用于清洁技术。以新型能源技术为核心的能源技术开发已成为国际新一轮经济社会变革重点,企业间、国家间的竞争十分激烈。各国对新能源产业通过财政补贴、税收优惠等方式加大支持力度。欧美加速推进新能源产业链本土化和"去中国化"。美国《通胀削减法案》中,对能源领域的补贴高达 2500

---

① 国际能源署发布的《2023 年可再生能源》年度市场报告。
② 北京大学能源研究院与国际能源署联合发布的《2024 世界能源投资》。

亿美元。欧盟发布了关键矿产目录并制定相应安全战略,加快战略性矿产资源的全球布局。

(二)我国新能源产业发展形势

1. 产业规模持续扩大,新能源装机占比实现突破

中国新能源产业发展强劲,持续引领全球能源转型。新能源产业规模实现跃升,截至 2023 年末,全国新能源和可再生能源发电装机突破 15 亿千瓦,达到 15.2 亿千瓦,新能源装机首次超过煤电装机,我国能源电力结构持续优化。截至 2024 年 6 月末,煤电装机容量 11.7 亿千瓦,占总发电装机容量的比重为 38.1%;并网风电、太阳能发电装机容量合计 11.8 亿千瓦,占总装机容量比重达到 38.4%。能源转型投入不断增加,2023 年,中国能源转型投资达 6760 亿美元,排全球第一位。中国是全球可再生能源领域的领跑者,2023 年新增装机占全世界新增装机一半以上,累计装机规模约占全球的 40%。

2. 技术水平不断提升,产业竞争力强劲

"中国新能源产业在开放竞争中练就了真本事,代表的是先进产能,不仅丰富了全球供给,缓解了全球通胀压力,也为全球应对气候变化和绿色转型作出巨大贡献"。关键核心技术不断取得新突破,新能源设备效率不断提升。高效晶体硅、钙钛矿等光伏电池技术转换效率多次刷新世界纪录,陆上风电机组最大单机容量突破 10 兆瓦。智能电网技术处于世界前列,建成柔性直流输电等标志性工程。

3. 能源治理日趋现代化,公平开放有序竞争的能源市场加速形成

持续深化市场经济体制改革,多元市场主体共同发展。民营企业不断发展壮大,在风电整机制造领域占比约 60%。2024 年中国民营企业 500 强中,光伏领域的民营企业上榜 18 家。深化对外开放,加强全球能源合作。全面实行准入前国民待遇加负面清单管理制度,除核电站以外的能源领域外商投资准入已全面放开。外资在新能源领域发展迅速,法国电力集团、LG 新能源等加速在中国布局。

二 天津新能源产业发展现状

(一)产业政策系统发力

1. 专项政策不断完善

近年来,围绕新能源产业相关专项政策不断完善,有效夯实新能源产业发展政策保障。2023 年京津冀产业链供应链大会发布了"六链五群"的京津冀产业协同新途径,其中氢能作为"六链"之一,将围绕制氢、储运、加注和应用四个环节,打造全球新能源风向标。2024 年 8 月,国家发展改革委发布《中新天津生态城建设国家绿色发展示范区实施方案(2024—2035 年)》指出,大力发展非化石能源。《天津市新型储能发展实施方案》(津发改能源〔2023〕209 号)提出,到 2025 年,建设新型储能电站 100 万千瓦,"十五五"新型储能电站规模进一步扩大,有效支撑新增新能源电力调峰需求。

2. 金融支持不断强化

绿色金融助力绿色发展,截至 2024 年 6 月末,天津市绿色贷款余额已达6563.82 亿元,高出 2023 年全年 563.82 亿元。天津市充分发挥融资租赁集聚优势,加快推进建设全国新能源设施租赁中心。目前,天津市聚集了一大批具有绿色能源产业背景、深度服务绿色产业发展的融资租赁公司,汇聚绿色租赁资产规模约 5000 亿元。近两年来,天津租赁公司在风力设备、光伏设备、新能源汽车融资租赁等多个领域跑出首单。比如,东疆综合保税区内,落地全国首个"绿色信贷 + 绿色租赁"标杆项目。依托天津市制造业高质量发展专项资金,天津市出台支持新能源产业发展支持政策,对氢燃料电池及制氢装备等新能源产业重点领域制造业企业,加强资金支持。

(二)产业体系不断健全

1. 重点领域产业集群式发展

新能源产业是天津市"1 + 3 + 4"现代工业产业体系中三大新兴产业之一,

是天津市 12 条重点产业链之一。新能源产业链主要包括锂离子电池、风能、太阳能、氢能及其他新能源 4 条子链,产业规模约 1000 亿元,主要分布在滨海新区、北辰区、宝坻区。锂离子电池子链,主要布局在宝坻区、滨海高新区和静海区,宝坻经开区九园工业园动力电池材料产业成功入选 2023 年度 100 家全国中小企业特色产业集群。太阳能子链,主要布局在滨海高新区、北辰区。风能产业子链,主要布局在天津经开区、高新区。氢能及其他新能源子链,主要布局在天津港保税区氢能示范园。天津氢能示范产业园已落地燃料电池系统、电堆、氢能叉车制造、氢气制备研发等氢能产业链上下游企业十余家,吸引新氢动力、氢璞创能、杭叉集团、国鸿氢能等一批国内氢燃料电池产业链优质企业入驻,初步形成产业聚集。

2. 产业链不断完善

天津市深入实施"制造业立市"战略,12 条重点产业链全面实施"链长制",不断推进串链补链强链,新能源产业链不断完善。在锂电储能方面,宁德时代来津布局,将助力优化天津新能源电池产业链供应链布局优化,推动新能源电池产业的集聚发展,同时补齐废旧电池回收及循环利用方面的短板。在光伏方面,加强 N 型光伏产线项目发展,抢抓光伏行业发展的机遇。腾讯天津高新云数据中心分布式新能源微电网项目天津最大规模的 IDC 微电网光伏项目正式并网发电,天津港南疆港区全国港口行业单次并网容量最大的分散式风力发电系统正式投入运行。在风电方面,通过加强重点企业撮合对接,一批重点企业本地配套实现快速落地。天津海上风电项目实现突破,三峡新能源天津南港海上风电示范项目加快推进。中国科学工程热物理研究所在滨海高新区成立中科国风国家级检测中心,补齐风电产业链检测环节。在氢能方面,不断加强京津冀三地产业协同发展,氢能产业示范园不断发展壮大。

（三）产业规模不断扩大

1. 新能源产品产量不断增加

2023 年,全市可再生能源电力装机规模达到 707.12 万千瓦;完成绿电交易电量 18.3 亿千瓦时,是 2022 年全年的 23.5 倍。2024 年 1—6 月,天津光伏发电新增并网容量 119.1 万千瓦,同比增长 12.57%,累计并网容量 608.7 万千瓦,同比增长 86.49%,占全国累计并网容量 0.85%。不断完善新能源消纳机制,推动绿电交易加快发展。2024 年 6 月,天津市绿电绿证服务中心正式成立,全面承接天津全域绿电绿证交易服务,是国内首家省级绿电绿证服务中心。2024 年 1—6 月,天津参与绿电交易的外资、合资企业数量达到 174 家,交易电量达到 23 亿千瓦时,分别是 2023 年的 2.64 倍和 4.18 倍,绿电交易规模快速增长。

2. 龙头企业加快集聚

锂离子电池领域,关键材料方面,聚集国安盟固利、巴莫、贝特瑞新能源和贝特瑞纳米等重点企业,主要生产高镍三元、钴酸锂等电池材料;电芯电池方面,聚集力神电池、三星电池等重点企业,主要生产动力、消费、储能电池;回收利用方面,聚集格林美、赛德美、巴特瑞等重点企业,一批动力电池回收利用项目建成投产,解决退役电池"最后一公里"去向。太阳能领域,硅片方面,聚集环智新能源、环欧新能源等重点企业;电池片方面,聚集爱旭太阳能等重点企业。组件方面,拥有环晟新能源、英利等重点企业。风能领域,风电主机方面,聚集维斯塔斯、东方电气、明阳等重点企业;关键零部件方面,聚集弗兰德传动、瑞源电气、采埃孚等核心配套产品生产商;叶片方面,聚集维斯塔斯、明阳、东方电气、艾尔姆、中车等重点企业。

表 1　天津新能源产业各领域主要龙头企业情况

产业领域	概况
锂离子电池	国安盟固利在国内首家实现钴酸锂正极材料产业化。巴莫高镍三元正极材料在国内同行业市场排名第二。力神是国内首家锂离子电池研发与制造企业,力神新能源滨海基地项目,建设 24GWH 动力电池产线,目前一期 8GWH 项目已开工建设。
风能	我市风电年生产能力超过 5000 兆瓦,已具备年产中大型风力发电机组叶片 6000 套以上的能力。

185

产业领域	概况
太阳能	中环新能源，主要生产 G12 大尺寸光伏硅片，产能占全球产能 20% 以上，成为全球最大的光伏单晶硅片出货商。环晟新能源高效叠瓦组件供货比例全球领先。
氢能	荣程新能（天津）氢能科技有限公司已成为国内拥有在市政道路实际开展氢能重卡运输业务车辆最多的实体企业。新源氢能顺利通过中国氢能联盟研究院的清洁氢认证，成为国内首批获得燃料电池汽车示范城市群清洁氢认证的企业。

（四）产业创新体系不断完善

1. 创新生态不断完善

创新载体不断完善，搭建了国家锂离子动力电池工程技术研究中心、天津市先进锂离子电池材料企业重点实验室等一批国家级和天津市重点科技创新平台。推动新能源领域产学研用紧密结合，基本形成政府、企业、高校和科研院所等多方参与的新能源产业服务体系。服务平台不断完善，全方位、多层次促进新能源产业发展。成立了全国首个"双碳"产业联盟、天津新能源产业（人才）联盟、天津市电池行业协会、天津市新能源电池人才创新创业联盟等组织；组织第五届、第六届世界智能大会城市能源革命高峰论坛；建设智慧能源平台，完成"新能源云"平台建设和推广应用，依托平台开展新能源"一站式"接网服务，实现接网流程全过程公开、透明。

2. 关键核心技术创新能力不断提高

完善揭榜挂帅、科研众包等机制，加强关键核心技术攻关，提升科技成果转化。力神电池公司研发的高镍电池将电芯能量密度提升至 330Wh/kg，达到国内领先水平。国家电投资产管理公司成功研发我国首个具有自主知识产权的兆瓦级近海海上漂浮式光伏发电项目，解决了制约海上绿色电发展的安全性难题、耐候性难题和技术经济性难题。风电领域高强度大型薄壁内齿圈变形控制技术达到国际领先水平,抗台风型机组、高原型机组、寒带低温型机组均为国内首创。天津港东疆防波堤风电项目作为我国首个防波堤风电项目,成功地实现了陆域国产大型风机防腐防盐雾技术在防波堤上的首次应用,有效解决了海上风电设备在海洋环境下易受腐蚀的难题。制氢技术持续改善,工业制氢纯度达到 99.999% 以上。

三 天津新能源产业发展存在的问题及趋势预测

(一)天津新能源产业发展存在的问题

1. 产业增长低迷

2023 年,天津新能源产业链共包含 113 家企业,规模以上工业总产值 928.13 亿元,同比下降 15.5%。2024 年 1—6 月,天津市新能源产业规上工业总产值 376.96 亿元,同比下降 26.7%,下拉全市规上工业总产值 1.3 个百分点。从规模以上工业增加值看,2023 年,新能源产业链规模以上工业增加值同比下降 13.6%,四条子链均为负增长,其中锂离子电池子链同比下降 30.2%。2024 年 1—6 月,新能源产业链规模以上工业增加值同比下降 17.0%,四条子链均为负增长,其中太阳能子链同比下降 41.2%。主要是受市场价格持续下行、产能下降影响。2024 年 1—6 月,国内多晶硅料、硅片价格下跌幅度超过 40%,电池片、组件价格下跌超 15%。

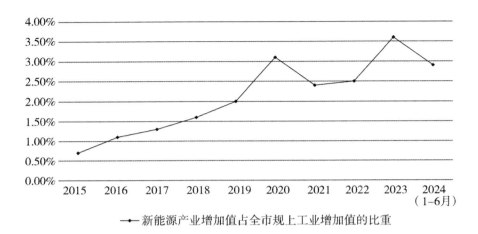

—◆— 新能源产业增加值占全市规上工业增加值的比重

图1　2015年以来新能源产业增加值占全市规上工业增加值的比重

资料来源：2015—2022年数据来源于《天津统计年鉴2021》《天津统计年鉴2023》，2023年、2024年1—6月数据来源于《统计信息》，第〔2024〕24号、第〔2024〕193号，统计口径为新能源产业链在链企业增加值占全市规上工业增加值的比重。

2. 产业发展质量有待提升

产业创新能力不足，核心竞争力有待提高。核心技术突破能力有待提升，锂电池核心隔膜技术、海上风电大兆瓦齿轮箱、光伏胶膜核心原材料（POE）、大功率逆变器IGBT芯片等关键技术"卡脖子"问题依然存在。创新载体建设有待完善，国家级联合创新平台建设推进缓慢。创新型人才短缺，尤其是高端创新型人才、领军人才缺乏。企业"重规模投产轻自主创新"问题较为普遍，自主研发投入相对较少。清洁化、智慧化有待提升，产业融合发展进程较慢。新能源产业与新一代信息技术产业融合不够深入，产品信息化、智能化水平不高。部分新能源项目的建设和运营过程中，存在环保问题，如噪声污染、土地资源利用问题等，需要进一步加强环保管理。

3. 生态环境和资源环境制约大

天津市不具备水电、核电开发条件；受空间规划和土地资源制约，风能、太阳能开发主要利用零散土地或建筑屋顶，难以形成规模发展空间有限。受政策约束，我市近海海域、潮间带、沿海滩涂、海岸陆地等无法开发，深海航道、锚地密集,满足国家规定海上风电布局"离岸距离不少于 10 公里、滩涂宽度超过 10 公里时海域水深不得少于 10 米"规定的海域有限。

4. 产业链上仍存在"短链""细链"

新型能源基础设施不足,制约产业规模的扩大。由于新能源发电具有间歇性和不稳定性,需要稳定的电网进行接入。但目前,天津市电网的接入能力有限,新能源发电企业的并网申请难度较大,这给新能源产业的发展带来了一定的障碍,能源基础设施建设仍需加快。新能源回收利用和无害化处理链条不健全,回收利用环节存在诸多环境污染风险,回收利用行业准入门槛低,回收企业良莠不齐,协同监管机制不健全,环保监管闭环尚未形成。对新能源产品全生命周期减污降碳意识不足、重视不够,产品出口面临"碳壁垒"约束。

(二)天津市新能源产业发展趋势预测

总体来看,新能源产业发展面临的国际国内环境将更加严峻复杂,天津市新能源产业发展面临的困难较大。从国外看,全球经济增长乏力,地缘政治危机凸显,贸易保护主义盛行,对全球供应链安全、大宗商品价格等会产生一定的影响。从国内看,国内有效需求不足等问题依然存在,且新能源产业竞争愈发激烈。《天津市新能源产业"十四五"专项规划》明确,2025 年天津新能源产业工业总产值突破 1200 亿元。为实现这一目标,天津新能源产业工业总产值 2024—2025 年至少应保持年均 13.7% 的增长率。目前来看,实现这一增速的难度较大。且随着特朗普赢得 2024 年美国总统选举,美国将进一步支持传统能源且保护其本土产业,我国新能源产业发展将面临更大的困难。但也应注意到,随着能源革命的加速推进,国内外强劲的新能源需求,为天津市新能源产业发展提供了广阔的发展空间。同时,国家及天津市政策支持不断加强、绿色金融支持不断加强、京津冀"六链五群"共同培育、中国资源循环集团落户天津等机遇叠加,预计未来天津市新能源产业发展潜力依然较大,尤其是在氢能产业方面。2023 年 9 月,天津市人民政府发布的《关于印发天津市加快新能源和智能网联汽车产业发展实施方案(2023—2027 年)的通知》提出,加快氢燃料电池商用车产业发展,打造氢能示范产业园,加快氢燃料电池商用车在津落地;推进氢能及综合能源供给体系建设,到 2027 年,累计建成 11 座商业和自用加氢站。京津冀氢能全产业链基本贯通,氢能物流产业链示范应用场景项目、渤天应急氢能装备产业园项目等多个国际国内重点项目加快推进,绿色交通、绿色化工、绿色航运、绿色航空等领域应用场景不断丰富,天津氢能产业将进一步集聚发展。

四 天津新能源产业高质量发展的对策建议

（一）提升产业发展质效

一是做优做强龙头企业。完善龙头企业库,通过政策、资金、项目和服务的倾斜。支持鼓励 TCL 中环等本地具有技术、市场、品牌优势的光伏头部企业开展兼并重组,盘活低效和闲置资质、资产、产能。充分利用本地海上风电资源,以三一风电等为重点,加快引进风力发电整机及配套产业链环节企业,谋划建设面向国际国内沿海地区的海上风电装备制造基地。二是加大专精特新企业梯次培育。加大对"隐形冠军"、独角兽企业的支持力度,鼓励并引导其成长为专精特新企业,加速培育"小巨人"企业,形成产业链优质企业梯次培育格局。三是积极开拓市场。顺应能耗双控向碳排放双控转变趋势,深度挖潜,加快开发本地新能源资源,着力提升本地工业企业用能新能源比例。四是加强能源国际合作。以共建"一带一路"为引领,拓展能源多元合作新局面,积极参与全球能源治理,加强标准体系国际衔接互认。

（二）创新能源开发利用模式

一是大力发展分布式光伏。推动"光伏＋"建筑、园区、交通、户用、旅游、机关公共事业等,支持具备条件的企业开展"光伏＋储能"等自备电厂、自备电源建设,提升农村地区配电网接入新能源能力,积极推广户用光伏。二是加快推动风电产业发展。积极落实"千乡万村驭风行动",支持鼓励风电开发企业充分利用农村地区零散土地,因地制宜推动风电就地就近开发利用。三是加强海上新能源开发利用。积极谋划论证海上风光项目，建设一批海上风电母港和集中式光伏电站，加快推动"海上发电、沿海吸纳"。探索推动风电等可再生能源资源挺进深远海，积极谋划推进深远海海上风电发电项目，探索发展漂浮式远海风电，持续有序推进规模化集中连片海上风电开发。积极推广"海上风电＋电解水制取氢气"模式，有效缓解海上风电快速增长和电网建设慢之间的矛盾，提高风能利用率。

（三）多措并举"强链""补链""延链"

一是供需协同发力。在供给端，培育稳定的新能源领域储能市场，完善电网规划建设，优化主架结构，提升新型电力系统对高比例新能源发展的适应性。在消费端，建立健全可再生能源电力市场的市场化交易机制，鼓励新能源就近消纳。完善绿电交易机制，优化绿证合法制度，扩大绿证核发范围。二是推进跨区域产业集群合作共建。加强京津冀协同发展，优化产业链条，完善产业生态，加快建立产业跨区域协同培育机制。发挥龙头企业、链主企业的发展带动作用，推动跨区域建链、补链、延链、强链。三是完善新能源回收利用体系。抓住中国资源循环集团在津落地的机遇，加快"风光锂电氢"等领域的循环利用布局。强化产品全生命周期管理，加强现代信息技术的应用，全面推行动力电池及光伏组件"数字护照"溯源管理。建立健全制度规范，明确动力电池生产再生料使用目标和强制要求。

（四）完善协同创新体系

一是健全新能源技术创新服务体系。大力发展清洁能源信息服务等各类中介服务机构，深化产学研用协同联动，通过政府牵头、高校及科研院所研发、中介开展推广服务与知识产权保护、企业实际应用以及居民最终使用，形成产业链式组织、服务与应用。二是强化企业创新主体地位。加快建设以企业为主导的制造业创新中心、工程研究中心、企业重点实验室等创新平台。支持鼓励 TCL 中环、爱旭股份超前研发新技术新路线，适时布局新技术新标准的优质产能，以产业标准引导本地下游客户采购更高水平的光伏产品。三是强化高层次人才引育。鼓励企业联合高校，加强专业人才培育。打好购房优惠、落户、现金补贴等政策组合拳，吸引高层次人才和紧缺人才来津创新创业。

（五）推动建设氢能应用基地

一是推动氢能产业从示范应用向大规模化发展。依托天津大陆制氢、荣程新能等氢能产业链各环节重点企业，引进一批与本地氢能企业有深度合作的氢能领域高水平创新型企业、服务机构和产业辐射带动能力强的项目。二是积极培育发展氢能商用车。依托荣程新能氢能商用车运输应用场景和动力系统能力，以天津港保税区为重点，加快招引氢燃料电池系统企业博世氢动力、整车企业一汽解放和供氢系统企业天海氢能等氢能商用车产业链上下游企业来天津落地，提升氢能商用车产业集群水平。

参考文献：

［1］高国伟、王永中：《大国博弈下的全球新能源产业链竞争与应对》，《国家治理》2023年第17期。

［2］胡仁、王利、赵昊彤，等：《江苏省新能源产业创新发展机制及优化对策研究》，《中国商论》2024年第10期。

［3］陈星星、田贻萱：《中国新能源产业发展态势、优势潜能与取向选择》，《改革》2024年第5期。

［4］王恰：《中国新能源产业高质量发展：进展、挑战及对策》，《当代经济管理》2024年第8期。

天津生物医药产业发展研究报告

丁绪晨　天津市经济发展研究院经济师

摘　要： 生物医药产业是天津市"1＋3＋4"现代工业产业体系中的三大新兴产业之一，是天津的传统优势产业，更是加快发展新质生产力的重要领域，关系着国计民生、经济发展和国家安全。本报告分析了天津生物医药产业的发展背景与发展现状，主要存在产业规模相对较小、企业整体竞争力弱、创新能力有待提升、产业协同层级不高等问题，在此基础上提出了细化生物医药产业支持政策、提升生物医药产业创新能级、加强生物医药产业协同发展、强化生物医药全产业链建设、注重优质生物医药企业培育、加大生物医药人才培养力度六个方面的对策建议。

关键词： 生物医药　产业创新　高质量发展

生物医药产业是天津现代工业产业体系中的重要新兴产业，是天津的传统优势产业，更是加快发展新质生产力的重要抓手。在《天津市制造业高质量发展"十四五"规划》中，规划了现代中药、化学药、生物药、高端医疗器械、智慧医疗和大健康五个产业发展领域。提升生物医药产业的核心竞争力，实现产业高质量发展，对于天津制造业强市建设具有重要推动作用。

一　天津生物医药产业发展背景

天津位于我国三大生物医药产业主要聚集区之一的环渤海地区，生物医药产业正随着全国生物医药产业的蓬勃发展而快速成长。党的二十届三中全会指出,完善推动包括生物医药等产业在内的战略性新兴产业发展政策和治理体系,引导新兴产业健康有序发展。生物医药产业的发展大环境持续优化,市场需求空间加速扩张,生物医药产业面临良好的发展机遇。

（一）全国产业规模快速增长

近年来,我国生物医药产业发展迅速,企业数量稳步增长,产业规模加速扩张。根据国家统计局数据显示,2024年前三季度我国规模以上医药制造业企业营业收入约1.84万亿元、同比增长0.2%。生物医药产业的发展壮大具有重大现实和经济意义,不仅在推动产业结构转型升级、助力新质生产力发展方面具有重要作用,而且能够为人们日益增长的卫生健康服务需求提供扎实保障。随着国家医疗保障体系的不断完善和相关产业政策的持续健全,我国生物医药产业规模将进一步扩大。

（二）国家监管机制不断完善

随着生物医药产业的快速发展,生物医药产业政策体系日渐完备,产品质量监管机制也逐步完善。新的产业扶持政策接续发布,为推动生物医药产业提质增效,国家出台《中医药振兴发展重大工程实施方案》《医药工业高质量发展行动计划(2023—2025年)》《医疗装备产业高质量发展行动计划(2023—2025年)》等,在《产业结构调整指导目录(2024年)》中补充了医药领域鼓励发展的产业和技术。国家药监局顺利成为PIC/S申请者。持续优化完善对药品委托生产、创新药上市评审等监管服务,助力生物医药产业向高质量发展转型。

（三）产业创新能力持续增强

创新是生物医药产业持久发展必不可少的关键一环,近年来,我国持续推行"重大新药创制"科技重大专项,引导众多社会资金进入生物医药创新领域。借助产学研联盟等各种方式,逐步构建起众多以企业为主体的国家级技术中心,助推生物医药产业创新能力不断跨上新台阶。2023 年,国家药品监督管理局药品审评中心共受理各类药品注册申请 18503 件,同比增长 35.8% ,是 2019 年的 2.3 倍。其中,化学药品 9813 件、增长 39.1% ,生物制剂 2168 件、增长 19.1% ,中药 1163 件、增长 176.3% 。①

(四)产业市场需求日益广阔

一方面,人口老龄化的加剧为生物医药产业的发展提供了更广阔的空间和更多的机遇。根据民政部《2023 年民政事业发展统计公报》,截至 2023 年末,我国 65 岁及以上人口为 21676 万人,占比 15.4% ,相较于第七次全国人口普查增加超 2600 万人,占比提高 1.9 个百分点。天津常住人口老龄化率达到 17.9% ,比第七次全国人口普查时提高 3.1 个百分点,老年人口规模的扩张对生物医药产业的发展带来巨大的市场需求。另一方面,人们健康意识的提升也在持续释放市场需求。根据国家卫生健康委《2023 年我国卫生健康事业发展统计公报》,2023 年,全国卫生总费用 9.1 万亿元,占 GDP 的 7.2% 。天津居民人均医疗保健支出约 4 千元,占消费支出的比重为 11.3% ,人们对卫生健康领域的投入稳步增长。

二 天津生物医药产业发展现状

近年来,天津生物医药产业规模稳步增长,产业规模突破 800 亿元,医药制造业增加值占规上工业增加值的比重逐步提升,产业发展势头持续向好。

(一)顶层设计持续优化

为推动生物医药产业实现健康发展,天津出台了一系列产业发展支持政策,从顶层设计上指引产业高质量发展,并且持续不断地优化生物医药产业发展环

---

① 资料来源:国家药品监督管理局药品审评中心《2023 年度药品评审报告》,https://www.nmpa.gov.cn/xxgk/fgwj/gzwj/gzwjyp/20240204154334141.html。

境。近年来天津促进生物医药产业发展的部分相关政策情况如表1所示。

表1 近年来天津促进生物医药产业发展的部分相关政策

出台日期	文件名称	主要内容
2021年5月	《天津市产业链高质量发展三年行动方案（2021—2023年）》	集中攻坚包括生物医药在内的数条产业链，发挥在原料药、仿制药、家用医疗器械等领域优势，夯实重组蛋白质药物、疫苗、高端制剂、诊断试剂等领域基础，打造中药现代化产业基地
2021年6月	《天津市制造业高质量发展"十四五"规划》	巩固提升化学药和现代中药优势，加快培育生物药、高端医疗器械、智慧医疗与大健康等新兴产业。到2025年，产业规模突破1000亿元
2021年9月	《天津市中医药事业发展"十四五"规划》	实施中医药服务体系提质扩容工程、全面提升中医药公共卫生应急能力和加强中西医结合工作等八方面18条重点任务
2021年11月	《天津市生物医药产业发展"十四五"专项规划》	着力构建"双城多区"产业发展空间布局，打造五大特色产业集群，实施八项重点工程。到2035年，产业规模突破5000亿元
2022年6月	《天津市工业布局规划（2022—2035年）》	生物医药产业以滨海新区、西青区、北辰区、武清区、宝坻区、静海区为重点，布局化学药、生物药、现代中药、医疗器械、智慧医疗和大健康5个细分领域，建成国内领先的生物医药研发转化基地
2024年8月	《关于全程服务生物医药产业重点区域、重点项目、重点产品管理办法》	推动生物医药产业政产学研用一体化、创新成果转化、企业做大做强、产业集聚发展

资料来源：根据相关规划方案内容整理。

（二）产业发展基础雄厚

一是工业体系较为完备。作为全国先进制造业研发基地,天津产业结构较为完整,行业大中小类覆盖率分别达到 100%、92.3%、91.0%,是全国工业产业体系最完备的城市之一。其中,医药制造行业小类覆盖率超过 80%。生物医药产业是"1 +3 +4"现代工业产业体系中的三大新兴产业之一,扎实的产业基础为生物医药产业的发展奠定了有力基础。二是产业链条愈发完善。通过持续建设和完善生物医药产业平台与载体,天津为生物医药产品的创新发展提供了重要支持,初步构建了涵盖全产业链各环节的产业服务平台体系。从产业链经营效益看,2024 年上半年,天津生物医药产业链营业收入超 400 亿元、同比增长 7.0%;同时,中医药产业链营业收入近百亿元,同比增长 7.5%,同样保持增长态势。[①]

（三）产业体系日益完善

一是产业园区支撑有力。产业园区是生物医药产业发展的重要承载地,根据《2023 中国生物医药产业园区竞争力评价及分析报告》,天津滨海高新技术产业开发区的综合竞争力位列第 7 名,天津经济技术开发区位列第 28 位。一批生物医药企业尤其是生物医药产业链、中医药产业链的链上企业在产业园区内汇聚发展,成为产业发展的重要主体。二是研发基础较为扎实。天津拥有 20 余个国家技术创新中心、国家和部委重点实验室和国家临床医学研究中心等国家级平台,以及 77 个国家级企业技术中心、11 个国家产业技术基础公共服务平台。三是产业结构不断健全。天津生物医药企业业务覆盖面较广,业务主要集中在现代中药、化学药和生物药等领域,现代中药是主体,生物药是快速发展的新兴领域,涵盖医药产品研发、临床试验、上市审批等多个发展方向,涌现出了一批生物医药细分领域内的优质企业、知名产品和学府机构。

[①] 天津市统计局:《上半年我市产业链生产运行情况》,《统计信息》第(2024)200 号,2024 年 8 月 1 日。

（四）产业集群聚集优化

一是空间布局进一步优化。天津已经形成了多个区域化、特色化的产业集群，基本构建起以滨海新区为核心，西青、北辰、武清、宝坻、静海等各具特色的区域发展格局。滨海新区是天津生物医药产业发展的主要区域。其中，天津滨海高新技术产业开发区具有重点生物医药创新中心、国家生物医药国际创新园等载体，布局了现代中药、生物药、医疗器械、智慧医疗和大健康等方向，在细胞和基因治疗领域具有较强竞争力（重点生物医药产业区域分布情况如表2所示）。二是品牌化集群开始形成。集群化是推动生物医药产业发展的重要路径，天津拥有1家国家级先进制造业集群（京津冀生命健康集群）、2家国家级创新型产业集群（天津泰达高端医疗器械产业集群、天津市细胞产业创新型产业集群）、1家国家级战略性新兴产业集群（天津市经开生物医药产业集群）等，为生物医药产业的集聚发展夯实了根基。

表2　天津重点生物医药产业区域分布情况

区域	主要产业园区	主导产业发展方向
滨海新区	天津滨海高新技术产业开发区、天津经济技术开发区、天津港保税区	天津滨海高新技术产业开发区重点发展现代中药、生物药、医疗器械、智慧医疗和大健康 天津经济技术开发区重点发展生物药、医疗器械与大健康、化学药 天津港保税区重点发展医疗器械、生物药
西青区	西青经济技术开发区、学府高新区	重点发展生物药、现代中药、医疗器械、智慧医疗和大健康
北辰区	天津医药医疗器械工业园、滨海高新区北辰科技园	重点发展现代中药、医疗器械、生物药、智慧医疗和大健康
武清区	武清经济技术开发区、天津京津科技谷	重点发展生物药、现代中药、智慧医疗和大健康
宝坻区	京津中关村科技城	重点发展生物药、医疗器械

区域	主要产业园区	主导产业发展方向
静海区	天津子牙经济技术开发区	重点发展生物药、现代中药、医疗器械、兽用药品

资料来源:根据天津市工业布局规划(2022—2035 年)相关内容整理。

三　天津生物医药产业存在问题

近年来,天津生物医药产业发展稳健,取得了一定的发展成绩,但同时也存在一些短板和不足,需要重点加以关注。

(一)产业规模相对较小

虽然天津生物医药产业规模稳步增长,但与石化、汽车等产业规模相比仍然存在较大差距。一是在产业体系中的占比偏低。在天津十大现代工业产业体系中,生物医药产业增加值、总产值占规上工业的比重均不足 10%,分别位居十大现代工业产业体系中的第 6 位、第 8 位,仅为石化产业规模的二三成左右。[①] 二是与先进地区差距较大。横向来看,天津偏小的生物医药产业规模难以形成较强的产业综合竞争力,在与国内外领先地区的竞争中处在不利位置,未能迈入国内生物医药产业第一梯队。2023 年上海生物医药产业规模达 9337 亿元,北京医药健康产业营业收入达 9761 亿元,均是天津的十余倍。

(二)企业整体竞争力弱

一是优质企业数量较少。整体来看,天津生物医药类优质企业数量仍然偏少。从上市生物医药行业企业来看,截至 2024 年三季度末,天津共有 A 股生物医药类上市公司 11 家,仅相当于北京、上海的四分之一左右。根据工业和信息化部 2023 年 11 月发布的"中国医药工业百强榜"榜单,天津仅医药集

---

① 资料来源:《天津统计月报》2024 年第 6 期等相关资料。

团、天士力、红日药业三家企业入选,分列第 36 位、43 位、52 位。二是企业创收水平不高。天津生物医药企业规模普遍与国内外领先企业存在较大差距,以上市公司龙头企业天士力为例,企业 2023 年度营业收入为 86.74 亿元,远低于国内领先企业上海医药(2602.95 亿元)和九州通(1501.4 亿元)。[①] 也未实现《天津市产业链高质量发展三年行动方案(2021—2023 年)》中到 2023 年年销售额超 100 亿元企业达到 2 家、年销售额超 50 亿元企业达到 3 家的目标(见图 1)。营业收入偏低在一定程度上限制企业研发投入,不利于生物医药企业做大做强。

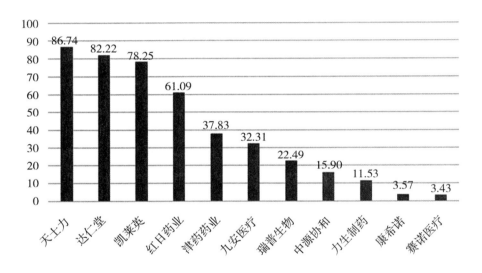

图 1　2023 年度天津生物医药产业上市公司营业收入(亿元)

资料来源:根据各上市公司 2023 年年度报告整理,下同。

(三)创新能力有待提升

一是研发创新投入不足。近年来,天津生物医药行业企业对研发创新的重视程度持续提升,但企业研发投入和研发强度仍相对偏低,高质量创新成果

---

① 资料来源:各上市公司 2023 年年度报告。

较少,产品附加值仍有提升空间。产业链在链企业整体研发投入强度仅4%左右,上市公司研发投入强度中位数也未达到10%,且受限于较小的营收规模,实际研发投入额相对较少,除天士力外,其余上市公司研发投入均未达到10亿元(见图2)。不仅低于国内领先企业恒瑞医药61.5亿元的研发投入、27%的研发强度,更远低于国际医药巨头瑞士罗氏公司超百亿美元的研发投入、超20%的研发强度。根据第九届中国医药研发创新峰会发布的《2024中国药品研发综合实力排行榜》,天津仅天士力、红日药业、津药药业3家企业入围百强,但分列第32位、57位、100位。二是转化渠道尚不畅通。高校、科研院所与园区企业间的研发联系不紧密,产学研合作效果不理想。根据《中国科技成果转化年度报告2023(高等院校与科研院所篇)》,天津仅天津大学一所高校入围高等院校科技成果转化总合同金额前50名。部分生物医药企业早期研发投入不足,导致很多项目由于在研发阶段缺乏资金支持而中止,创新成果的转化率较低。

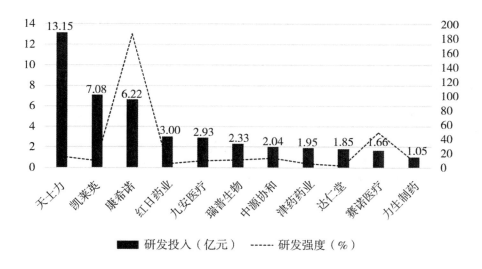

图2　2023年度天津生物医药产业上市公司研发投入(左轴)及研发强度

(四)产业协同层级不高

一是跨链融合程度有待提升。生物医药产业的研发生产涉及多个环节,但天津产业链创新链仍然存在断点卡点,部分原材料供应、生产设备、配套服务主要由长三角、珠三角甚至国外主体提供,从事体外模拟蛋白、动物实验和工艺研究、临床试验等环节的创新主体较少。二是跨区域协同力度有待加强。京津冀区域内生物医药产业研发成果的流动转移转化过程仍不够畅通有效,科技资源优势也未完全转化成为产业发展优势,北京创新成果在津实现产业化的相对较少,技术溢出效应不明显。京津冀生物医药产业集群的规模和能级仍有待提高,产业链上下游配套协作仍需深化。生物医药领域的跨区域监管和市场互认等标准仍需完善,医疗器械跨省委托生产时外迁企业仍需保留原注册地法人主体资格,生产地只能以分公司的形式设立,难以享受生产地面向法人主体的相关优惠政策,不利于企业自由流动和跨区域合作。

四 推进天津生物医药产业高质量发展的建议

生物医药产业是推动新质生产力发展的有力抓手,对提升产业发展能级具有重要支撑作用,在天津全力推进高质量发展"十项行动"的关键时期,需要进一步提升生物医药产业核心竞争力,夯实生物医药产业作为优势产业的重要地位,助推天津制造业实现高质量发展。

(一)细化生物医药产业支持政策

政策环境是决定生物医药企业投资项目和扩大生产的重要因素,需要根据企业发展需求,不断提升产业发展的支持力度。一是强化产业发展政策支持。加大对创新药品和高端医疗器械等领域的产权保护力度,持续完善审评审批服务工作机制,为企业做好研发、检验、审评、核查、审批等全过程跟踪服务,积极创新企业供地模式,满足产业用地需求。二是持续优化产业发展环境。从新药研发、临床试验到市场推广等生命周期各阶段,优化生物医药产业的发展环境,提升服务水平,在新药研发、报批等环节开辟绿色通道,加快实现医药产品的商业化。三是提升金融资源可得程度。生物医药产业具有高投入、高风险、长周期的特点,资本市场支持是企业发展不可或缺的重要因素。建议合理加大知识产权、商标等质押贷款力度,对生物医药企业贷款非故意逾期设置更合理的宽容期限。鼓励企业用好多层次资本市场,引导具备发展条件的企业挂牌上市,鼓励社会资本成立生物医药产业发展支持基金,助力产业持久发展。

(二)提升生物医药产业创新能级

生物医药产业发展离不开一流创新生态,需要将创新放在产业发展的关键位置,不断提升产业创新能级。一是加大研发创新投入力度。激发行业领军企业、高校和科研院所的创新积极性,发挥国家级创新平台、企业技术中心等平台资源的作用,打造高水平产业创新孵化体系,引导企业加大研发投入力度、开展关键核心技术联合攻关,提高研发费用加计扣除比例,降低企业研发成本,提高化学药、生物药、现代中药创新药的研发水平。二是提高生产的智能化水平。鼓励生物医药企业加强数字化生产工艺的应用,对生物医药产业各细分领域的创新示范项目给予适当奖励,利用人工智能等新技术赋能药品研发和生产,加快数字化转型制造工厂建设,提升企业生产的自动化智能化水平。三是不断增强临床试验能力。依托天津丰富的临床平台资源,支持药物临床试验各机构发展,打造完备的临床支持体系,以临床需求为导向,鼓励医疗机构、生物医药企业参与多中心临床试验,不断提升临床试验能力,助力生物医药产品的研发上市。

(三)加强生物医药产业协同发展

京津冀生物医药产业发展基础雄厚,产业互补性较强,在共同打造世界级先进制造业集群的过程中,生物医药产业将发挥重要作用。一是强化京津冀产业合作。统筹规划三地产业发展布局,统一执法监管标准,加快实现京津冀药品审评审批互认、中药材标准互认合作。发挥各自生物医药产业比较优势,强化产业链上下游对接合作,合力做大产业规模、增强产业韧性。二是做好错位承接精准孵化。畅通京津冀生物医药企业自由流动渠道,依托天津扎实的产业发展基础和舒适的生产生活环境,吸引更多生物医药领域专业人才和优质企业来津工作和投资,助力在津落户企业开拓天津市场,帮助企业与医疗机构对接合作,促进创新药品、医疗器械等进入天津医疗机构、药品销售网络。三是构建全方位的产业联盟。促进三地生物医药领域人才及技术的高效流动,鼓励高校、科研院所等技术研发单位之间加强跨区域的产业链分工合作,借助北京对全国生物医药产业的虹吸效应,顺势布局北京落地产业的产业链后端服务,不断凝聚区域产业发展合力。

（四）强化生物医药全产业链建设

生物医药产业的高质量发展离不开完善产业链的支撑,加强产业链建设可以有效提高生物医药产业的竞争力和安全水平。一是补齐产业链建设的短板。围绕制药、医疗器械、生物制造等子链条,针对产业链中的薄弱环节进行重点培育,加大招商引资力度,引进优质项目落地,推动化学创新药、现代中药、生物创新药和医用智能仪器设备等领域健康发展,增强产业链韧性。二是夯实产业链的关键节点。围绕高附加值原材料供应、生产设备、配套服务等产业链发展的关键环节进行强化提升,充分发挥人工智能和大数据等数字技术作用,带动生物医药产业创新发展,深入挖掘传统中医药潜在资源,形成更多国内、国际具有相对优势的创新药品,推动中医药产业链健康高质量发展。三是提升产业链的发展能级。着力推进各细分产业链做大做强做优,强化不同产业链和创新链之间的联系,鼓励企业逐步淘汰利润微薄、缺乏竞争力的低端仿制药和医疗器械的生产,加大对原研药、高技术壁垒仿制药和医疗器械的研发投入,推动企业从产业链的低端向高端转化。

（五）注重优质生物医药企业培育

生物医药企业是产业发展的重要支柱,促进产业内大企业和中小微企业平衡健康发展,对生物医药产业的稳健发展具有重要作用。一是构建梯度发展培育模式。聚焦生物医药产业各细分行业拥有自主知识产权、较强技术竞争力的高成长企业,制定产业图谱和招商图谱,着力在现代中药、化学药、生物药、研发和生产服务、医疗器械等领域发力,形成重点企业"一企一策"台账。二是发挥行业龙头引推作用。支持生物医药产业行业领军企业借助自身技术、资金和市场等方面的优势,带动产业链上下游企业优化发展,提升其在关键技术、优势品牌、行业整合等方面能力,以此带动各细分行业创新发展。三是提高民营药企发展能级。对生物医药领域的民营企业给予更多关注和帮扶,支持企业根据产业政策规划和市场需求,制定科学合理的发展战略,建立技术创新政策体系,打造高端医药产品,鼓励企业通过兼并重组提高细分领域的集中度和跨链融合度,整合上下游资源,推动产业链核心配套企业就近布局。

(六)加大生物医药人才培养力度

生物医药产业技术密集,产业发展离不开高素质的科研人员和从业者,强化专业人才引育能为产业发展提供坚实的智力保障。一是完善专业人才培养体系。建立多层次的人才培育政策,优化高等院校的专业设置,支持生物医药学科发展,不断改进教育模式,支持广大医药企业与高校和科研院所合作建立人才培养基地,合力开展生物医药人才培养计划。二是增强高端人才引育成效。精准实施生物医药产业人才引进计划,完善配套支持政策,建立产业创新人才流动机制,为来津就业创业的高层次人才做好住房、教育、医疗等相关保障,吸引国内外生物医药领域的顶尖科学家、领军人才和经营管理人才来津发展。三是提升产业园区服务能级。支持园区生物医药企业与医疗部门合作成立生物医药产业人才培养项目,推动生物医药产业园区形成研发生产、休闲娱乐配套齐全的服务体系,在产业园区运营、管理、生产等各个方面均配备智能化设施,提升园区生态环境,满足专业人才发展需求。

参考文献：

［1］任祝:《天津生物医药产业创新发展的金融服务体系建设对策研究》,《天津经济》2022 年第 12 期。

［2］姜达洋、张匆匆:《推进产业政策创新 促进天津生物医药产业高质量发展》,《产业创新研究》2023 年第 11 期。

［3］王坤岩、臧学英、郭贝贝:《天津滨海新区生物医药产业创新发展的经验与启示》,《产业创新研究》2023 年第 15 期。

天津文化与科技深度融合发展研究报告

单 晨 天津社会科学院经济分析与预测研究所副研究员

摘 要： 文化和科技融合是城市文化高质量发展的重要引擎,是提高城市文化软实力的重要途径。天津持续推进文化和科技融合发展,在文博领域数字化保护与开发、文旅领域数字化场景打造、数字文化产业拓展、公共文化数字化供给等方面取得了明显进展。贯彻落实习近平总书记对天津"四个以文"的重要要求,进一步推动文化科技深度融合,需加快文化公共关键技术攻关,建设文化大数据体系和创新平台,推进文化科技企业的梯次培育,提高文化产业园区等载体建设水平,着力培育文化和科技融合的新业态、新模式,完善文化和科技融合的保障机制,全面提升文化和科技融合发展水平。

关键词： 文化 科技 高质量发展 对策建议

习近平总书记指出,"文化和科技融合,既催生了新的文化业态、延伸了文化产业链,又集聚了大量创新人才,是朝阳产业,大有前途","探索文化和科技融合的有效机制,加快发展新型文化业态,形成更多新的文化产业增长点"。习近平总书记在视察天津重要讲话中提出要"在推动文化传承发展上善作善成",强调"以文化人、以文惠民、以文润城、以文兴业"。文化与科技融合是建设文化强国的重要抓手,是文化产业转型升级的内在要求。推动文化与科技融合发展,天津有良好的现实基础和鲜明的比较优势。丰富的历史建筑和传统文化资源，以及雄厚的科创基础实力，为天津文化与科技融合创新提供了良好的基础。天津推进文化与科技深度融合，需认清融合发展的优势领域、战略机遇以及目前存在的薄弱环节和问题瓶颈，深入贯彻践行习近平文化思想，把握文化与科技融合发展趋势与规律，坚持创新驱动，着力壮大创新型文化市场主体，培育新型文化业态和文化消费模式，全面提升天津文化科技创新能力。

一　天津文化与科技融合发展现状

（一）文化与科技融合拓展数字文博新模式

在文博领域，天津围绕智慧保护、智慧管理、智慧服务等方面，不断拓展数字化保护新模式，丰富数字化展示和互动新场景。2023年天津数字艺术博物馆建成开放，以全新的数字形式呈现中外优秀文化艺术，推出"梵高的世界"全景数字艺术互动大展、"天津数字文博展""发现敦煌"敦煌艺术情景式特展等展览，打造新型数字文化体验空间。在数字化保护方面，天津博物馆、北疆博物院等博物馆持续加大馆藏文物数字化保护力度，先后获得国家文物局文物保护专项经费支持，极大地提升了文物保护的效率和质量，推动了文物资源的活化利用。在数字化展示方面，天津博物馆、天津美术馆等文博场馆探索数字化展示的新模式，策划举办了"再现高峰——馆藏宋元文物精品展""长城数字成果展""声动千年——中国古代音乐文物特展""图灵花园——沉浸交互MR数字艺术大展"等丰富多彩的展览，通过云观展、云讲解、云导赏等方式，实现虚拟与实境的深度融合。在智慧博物馆建设方面，天津博物馆、大沽口炮台遗址博物馆和津云新媒体联合推出"VR天博""VR大沽口炮台"等数字产品，天津国家海洋博物馆完成全流程智慧藏品管理系统建设，对藏品进行数字化信息化管理。

（二）文化与科技融合打造文旅新场景

天津文化科技新消费场景展现出多元化与创新性特征，涵盖了沉浸式展览与演出、智慧旅游服务平台、线上线下融合消费场景以及夜间经济等多个方面,不仅为消费者带来了全新的体验感受,也为天津文旅产业的发展注入了新的活力和动力。在文化科技消费场景打造方面,天津依托独特的历史文化资源,运用全息投影、虚拟现实等先进技术进行创意开发,打造了"意风秘境"等多个沉浸式展览与演出项目,推出了"邂逅·天津"等实景演出。民园广场等热门景区通过举办大型沉浸光影秀,利用灯光、投影等技术手段打造梦幻般的夜间景观,推动了夜间经济的发展。在景区优化提质方面,古文化街正在进行智慧化改造,通过引入智能导览系统、AR 互动体验等科技元素,提升游客的旅行观光体验。在文旅推广和服务方面,天津通过举办"京津冀非遗购物节",采用户外线下直播方式,打通线上与线下壁垒,京津冀非遗老字号商品得到有效推广,销售渠道明显拓宽;举办 2024 中国文化旅游产业博览会,展示文旅发展的新业态、新模式、新场景、新趋势,突出"科技感"和"融合度",有效提升了天津文旅品牌的知名度和影响力。

(三)文化与科技融合推动文化产业取得新进展

在数字技术的强力驱动下,天津文化产业各领域正经历着前所未有的变革与发展,逐步开拓出广阔的线上空间。数字创意、网络视听、数字出版、数字娱乐以及线上演播等新兴产业蓬勃发展,极大地丰富了消费者文化体验形式和消费模式。例如,在数字出版领域,天津加快建设数字出版产业园,强化产业集聚和产业链上下游的协同发展,推进传统出版产业的数字化转型和创新发展。在动漫产业领域,天津积极扶持动漫企业发展,大力推进国家动漫产业园建设,集聚了神界漫画、大行道漫画等知名漫画企业,推出了多部具有地方特色的原创动漫作品,在国内外动漫市场上占据了一席之地。在演艺领域,传统演艺项目积极发展线上演播模式,通过高清直播、虚拟现实等技术手段将精彩的演出搬上网络平台,不仅打破了地域限制,扩大了受众群体,还为传统演艺项目带来了新的发展机遇和市场空间。国家数字文化出口服务基地(中新天津生态城)等载体平台正加快建设,通过搭建数字技术服务平台、促进传统文化交流互鉴、推动对外文化贸易发展、构建专业人才支撑体系等举措,为文化企业出海赋能助力，成为中华文化"走出去"的重要平台。

（四）文化与科技融合提升公共文化数字化建设水平

天津通过加强数字基础设施建设、推进公共文化服务数字化等措施，有效提升了公共文化服务的智能化、便捷性和影响力。围绕落实《天津市基本公共文化服务实施标准（2022 年版）》，天津加快建设智慧文化服务体系，推进数字服务平台建设，着力丰富数字文化资源和数字服务内容，全面提升公共文化服务的数字化水平；同时，加快推动天津公共文化云建设，促进基层全民艺术普及服务数字化转型升级。围绕加强数字文化资源数据库建设，天津图书馆推进特色数字文化数据库建设，形成了包括馆藏缩微文献影像、人文天津、天津曲艺、北辰农民画、天津老城厢、名人故居、天津地方志等专题数据库。滨海新区全力推进国家公共文化服务体系示范区建设，建成了国家公共文化服务体系示范项目"文化随行——滨海新区公共文化服务百姓数字互动平台"，成为服务百姓的"文化云"和加强公共文化管理的"管理云"。在积极拓展艺术表演的线上渠道方面，"劳动之美 笑容绽放"庆五一相声大会，通过国家公共文化云和天津公共文化云平台、天津市群众艺术馆数字馆平台等在线直播放送，极大提高了优质文化服务的可及性。

二　天津文化与科技融合发展面临的机遇与挑战

（一）天津文化与科技融合发展的机遇

1. 政策环境持续优化

我国高度重视文化和科技融合发展，党的十八大以来，先后出台了《关于促进文化和科技深度融合的指导意见》《文化和旅游部关于推动数字文化产业高质量发展的意见》《关于推进实施国家文化数字化战略的意见》等政策文件，为文化和科技融合提供了明确的政策导向和支持。在此背景下，我国不断强化文化领域创新体系建设，鼓励加强人工智能、虚拟现实等关键共性技术研发,推动文化和科技融合示范基地建设,促进产学研协同创新,提升文化保护、传播与管理技术水平;持续加大金融对文化产业的支持力度,鼓励社会资本投入文化科技融合领域,通过政府购买服务、税收优惠等措施,激发市场活力和创新动力;着力开展文化和科技融合领域的人才培养工作,培养一批具备跨学科知识和创新能力的人才;推动智慧图书馆体系和国家公共文化云等公共文化服务数字化建设,通过数字化手段提升公共文化服务的覆盖面和实效性。国家的高位支持和政策环境的不断优化,为文化和科技融合发展提供了重要的机遇和保障,有助于推动文化产业和科技产业的协同发展。

2. 数字文化产品和服务需求旺盛

随着人民群众精神文化需求的日益增长和消费升级趋势的加速推进,多样化、个性化的数字文化产品和服务的市场需求越来越旺盛,消费者对文化体验的需求不再局限于传统的观看、阅读等被动接受方式,而是更加倾向于互动性强、参与度高、体验丰富的文化活动。特别是年轻一代追求新颖、独特、个性化的文化体验,对科技与文化结合的产品和服务表现出浓厚兴趣,为文化与科技融合提供了广阔的发展空间。为了满足这种市场需求,文化与科技领域不断创新融合模式,运用虚拟现实、增强现实、混合现实、全息投影等先进科技手段,将传统文化元素以全新的方式呈现给消费者,推出系列沉浸式文化体验项目。例如,通过 VR 技术,消费者可以"穿越"到古代战场,亲身体验历史的波澜壮阔;通过 AR 技术,消费者可以在现实世界中与虚拟的文化角色互动,感受文化的魅力。"敦煌石窟数字资产管理平台"利用先进的数字技术对敦煌石窟进行了全面的数字化采集和重建,推出了"敦煌飞天"数字藏品、"伽瑶"数字虚拟人、"数字藏经洞"超时空参与式博物馆等一系列沉浸式文化体验项目,不仅让消费者能够近距离、多角度地欣赏敦煌石窟的艺术瑰宝,还通过互动体验的方式加深了消费者对中华文化的理解和认同。

3. 文化与科技融合催生文化新质生产力

当前,我国文化产业正处于转型升级、催生新产业、新消费和新质生产力的关键时期。新技术革命为文化创新发展提供了强大的动力,不仅改变了文化内容的生产和消费方式,也为文化产业的转型升级提供了强大动力,能够提升文化产业的科技含量和附加值,推动文化产业向数字化、网络化、智能化方向发展。首先,数字化技术使得文化资源加速向文化资产转变。数字化技术通过高清图像、音视频、数码材料等多种形式,将文化资源转化为可存储、可复制、可传播的数字资产,不仅保护了文化资源的原貌和历史价值,还极大地丰富了文化资产的形态和内涵。其次,文化与科技的融合能够催生新的文化业态。数字媒体产业、数字电竞产业、动漫及衍生品产业、网络文学产业等数字文化业态,将传统文化内容以新的形式呈现给观众,丰富了文化产品的表现形式,创造了全新的文化消费体验,为文化产业的转型升级提供了强大动力。最后,文化与科技的融合有助于构建更加完善的文化产业生态。通过大数据分析、云计算平台等先进科技手段,不仅能够实时追踪和分析市场需求,帮助文化企业快速响应市场变化,还能够推动文化产业链上下游的紧密连接和高效协同,促进文化资源的优化配置和共享利用,提高文化产业的整体效率和竞争力。

(二)天津文化与科技融合发展面临的挑战

1. 文化领域尚需构建完善的数据管理体系

天津持续强化对文化产业发展的动态监测,在文化大数据领域已具备了一定的数据整合与分析能力,但由于文化大数据本身涉及文化、旅游、历史、艺术等多个领域和部门,数据类型繁多且各具特色,不同来源的数据往往采用各自的标准和格式,缺乏统一的数据标准,使得数据之间很难实现互联互通。同时,数据共享机制的不完善也制约了文化大数据的高效利用,各部门之间的数据壁垒仍然存在,难以实现文化数据的及时共享和有效流转。

2. 文化科技企业集群发展程度有待提升

天津持续推动文化与科技融合,数字文化、沉浸式演艺等新业态持续涌现。但是,文化科技领域的龙头企业和"链主"企业数量相对较少,对产业链上下游带动作用不足,缺乏有效的协同机制来实现资源共享和优势互补,使得文化科技企业的集聚性不强。部分文化科技企业在科技创新方面投入不足,原创能力不强,具有独特性和创新性的文化产品和服务还不够,难以满足消费者日益增长的个性化、差异化文化需求。

3. 文化与科技融合的落地场景不够丰富

文化与科技分别属于不同的学科领域,科技创新更多地关注技术本身的前沿性和先进性,忽视了文化领域对技术的实际需求和适应性,而文化企业对前沿科技发展的情况和应用也缺乏深度了解,使得科技企业的技术创新与文化企业的应用需求难以实现精准对接和匹配。同时,文化和科技融合的市场机制还不够健全,资金和人才等关键要素配置效率不高,制约了文化与科技在更广范围和更深层次地融合,文化领域还有丰富的科技应用场景有待挖掘和开发。

三　推动天津市文化与科技深度融合的对策建议

(一)强化创新驱动和文化领域"新基建"建设

以文化科技融合进一步增强天津文化软实力,首要的是坚持创新。第一,强化文化科技融合的关键技术研发。鼓励企业加大研发投入,在智能创作、大规模复杂场景实时渲染等关键领域实现技术创新。拓展文化生产与传播技术,研发特色文化资源分类、VR/AR虚拟制作等技术,优化文化数据提取、存储、利用技术,提升文化传播效率和服务质量。深化文化管理与产业化技术研发,加强文化资源保护与开发利用,推动先进设备关键技术和安全技术研发。推动新兴交叉学科发展,促进文化艺术与传播学、心理学、计算科学融合,开展艺术创作与体验互动技术研发,提升文化产品的艺术性和互动性。第二,加快建立文化大数据体系。建立统一的文化大数据标准,完善数据共享机制,建立健全数据安全管理和交易机制,促进数据资源的高效流通,提高数据资源的利用效率,推动文化大数据产业快速发展。全面梳理天津文化资源,提取具有历史传承价值的文化元素、符号和标识,建设天津文化大数据体系和服务平台,形成天津文化基因库、文化遗产标本库、文化大数据云平台和数字文化生产线。运用新一代信息技术手段,实现优秀传统文化的活态化传承、创造性转化和数字化共享。第三,构建新型文化科技研发与创新平台。针对文化和科技深度融合的前沿趋势与迫切发展需求,紧抓天开园建设契机,重点培育国家实验室、科研机构及科技领军企业,提升文化科技的研发实力,全面升级科技对文化发展的强大支撑。构建开放高效的创新网络,鼓励和支持天津大学、南开大学、天津美术学院等高校及相关行业龙头企业,广泛开展项目合作创新,协同建设文化科技研发与创新平台,推动产学研用一体化发展,促进科技成果转化和应用。积极推动建设以龙头企业牵头、高校院所及上下游企业共同参与的文化科技创新联盟。

（二）提高文化科技企业集聚发展水平

以文化科技融合进一步增强天津文化软实力,下大力度提高文化科技企业集聚发展水平是关键。第一,建立文化科技企业的梯次培育体系。紧抓北京非首都功能疏解和产业转移契机,加速引进一批具有示范性、引领性的龙头文化企业,集聚一批具有元宇宙、数字孪生、游戏动漫、VR 内容制作等方面优势的文化科技龙头企业或专精特新企业。引导互联网及其他相关领域龙头企业布局数字文化产业。以龙头企业为引领,支持中小微文化企业向专业化、特色化、创新型方向发展,培育壮大一批特色鲜明的细分领域领军企业,提升文化科技企业集聚发展水平,形成"引进一批、提升一批、培育一批"的发展格局。第二,优化企业发展环境。强化文化和科技融合的金融支持,鼓励社会资本参与,形成多元化的资金投入机制,加大税收优惠和财政奖补政策支持力度,对在技术创新、市场拓展、品牌建设等方面取得显著成绩的企业给予奖励和补贴。鼓励企业通过并购、重组等方式整合资源,协助企业对接风险投资、私募股权等融资渠道,支持企业上市融资。设立原创作品奖励机制,建立健全容错机制。完善市场体系,营造公平竞争的市场环境,鼓励加强知识产权保护,打击侵权盗版等不法行为,保护企业创新成果,规范市场秩序。建设和引进一批特色产业孵化器、众创空间、公共技术服务和成果转化运用平台,构建适应入驻文化企业发展需要的多层次创新创业服务体系。第三,提高文化科技产业园区载体的建设水平。支持智慧山文化创意产业园、国家动漫产业园、海河柳林"设计之都"核心区建设,持续提升聚集区品牌影响力,围绕产业链、创新链选商育企,聚合上下游企业及关联业态,形成大中小微文化企业融通发展的创新生态群,打造具有国际影响力的产业集聚区和文化科技新地标。支持国家文化出口基地(中新天津生态城)、国家数字服务出口基地做大做强,提升国家对外文化贸易基地及其配套要素平台的服务效能,面向文化科技企业提供设备保税租赁服务、海外渠道拓展等专业、精准、高效地支持,助力企业开拓更广阔的国际市场。

(三)培育文化科技融合新业态、新模式

以文化科技融合进一步增强天津文化软实力,至关重要的是增加数字文化供给,发展数字文化新业态、新模式。第一,创新公共文化服务数字化供给。加速传统特色文化资源以及近代历史文化、红色革命遗迹的数字化转化进程,创新开发多样化的公共文化产品和服务。注重公共文化场馆的数字化、智慧化升级,将天津博物馆、周恩来邓颖超纪念馆等重要公共文化机构打造成为"数字文化场馆"的典范,利用云计算、虚拟现实等技术,创建线上虚拟展览和互动体验,实现文化体验方式的革新,加快文博事业数智化转型,释放文博文化活力。推广"无接触服务"模式,确保文化服务在数字时代下的无障碍获取。鼓励公共文化场馆与科技企业合作,开发创新性的数字化导览、在线文化课程等交互体验应用,丰富智能化服务场景,提升公众参与度。深入推进"数字文化社区"建设,推广"数字书屋"等数字化服务设施,为市民提供便捷、全面的公共文化服务,强化文化的普及与教育功能。第二,大力发展数字文化产业,着力培育文化产业新质生产力。大力发展音视频内容、音视频装备、数字文博、动漫游戏、数字出版、数字文化交易等重点产业。大力发展音视频产业,利用好津云"中央厨房"这一"新闻 + 政务 + 服务 + 互动"型智能化新媒体平台的独特优势,强化主流价值、主流舆论、主流文化的传播力度,促进数字化音视频内容产业实现高质量跃升。加快建设数字出版产业园,为入驻企业提供技术咨询、法律援助、知识产权保护、市场推广等公共服务,构建完善的产业生态体系,促进网络文学、网络影视、数字音乐等新型文化业态持续健康发展。鼓

励新兴业态与传统产业的深度融合发展,加速发展线上演播、数字创意、数字艺术、数字娱乐、沉浸式演艺等文化业态,加大品牌建设和市场推广力度。建立动漫游戏产业协作机制,推动动漫游戏产业平台的开放与共享,促进产业链上下游企业的紧密合作,提升动漫游戏产业集聚发展水平。

（四）建立文化科技融合的保障机制

以文化科技融合进一步增强天津文化软实力,必须以完善的市场体系以及高端要素为动力支撑。第一,建立跨部门协作机制。设立由文化、科技、经济等多部门参与的联席会议制度,定期就文化和科技融合的政策制定、资源配置等问题进行协商,确保政策的连贯性和实施的有效性。第二,优化市场机制。搭建文化科技市场供需对接平台,为科技企业和文化企业提供信息查询、项目对接、交易撮合等服务,降低交易成本,提高市场效率。鼓励和支持文化科技企业定期开展文化市场需求调研,了解消费者的真实需求和偏好,强化需求导向的创新体系,精准市场定位和产品创新方向,探索新的商业模式和服务形态,拓展市场空间。第三,强化人才培养和交流合作。加强科技与文化综合型人才培养,加大对文化科技融合领域复合型、创新型人才的培养和引进力度。鼓励高校与文化企业、科研机构合作,共建实习实训基地。鼓励企业、行业协会等组织举办各类技能大赛、创新竞赛等活动,培养既懂文化又懂技术的复合型人才,为文化和科技融合提供智力支持。鼓励文化科技企业参与国际交流与合作,引进国外先进技术和管理经验,同时推动中国文化产品和服务走向世界,提升国际竞争力。

参考文献：

［1］祁述裕:《培育新质生产力:科技与文化的"双轮驱动"》,《探索与争鸣》2024 年第7 期。

［2］燕连福:《以文化建设助推新质生产力的逻辑共契、难点问题及推进路径》,《西安

交通大学学报(社会科学版)》2024 年第 4 期。

〔3〕张雅俊,夏杰长:《文化与科技融合的驱动机制、挑战及对策》,《行政管理改革》2024 年第 6 期。

〔4〕魏鹏举:《作为新质生产力的文化科技融合与人文经济发展》,《福建论坛(人文社会科学版)》2024 年第 6 期。

〔5〕高洁崧,康建东:《科技赋能文化发展的着力点》,《人民论坛》2024 年第 7 期。

全面深化改革开放篇

天津北方国际航运核心区
建设研究报告

石森昌　天津社会科学院海洋经济与港口经济研究所研究员

摘　要： 2024 年北方国际航运核心区建设取得新进展,港口的航运枢纽能级持续提升、智慧绿色港口升级版稳步推进、港航新质生产力孕育新优势、港产城融出发展新格局。受地缘政治冲突、西方贸易保护等诸多因素影响,2025 年全球航运市场复苏前景不明朗,但国内进一步全面深化改革也带来新机遇。预计 2025 年天津港口货物吞吐量达到 5.93 亿吨左右,在超预期情况下有望突破 6 亿吨;港口外贸货物吞吐量达到 3.73 亿吨左右,港口集装箱吞吐量达到 2461 万标准箱左右。深入推进北方国际航运核心区建设,需要进一步提升港口枢纽能级、增强港口产业带动能力以及深化港航领域高水平对外开放。

关键词： 航运核心区　港口枢纽　产业　对外开放

一　2024 年北方国际航运核心区建设进展

2024 年以来,天津以深化港产城融合发展为抓手,加快推进北方国际航运核心区建设,航运产业环境不断优化,航运优质资源加速集聚,适港产业取得标志性进展,城市的国际影响力得到显著增强。2024 年 8 月发布的新华·波罗的海国际航运中心发展指数,天津在全球航运中心城市的排名为第 19 位,较上一年跃升 3 位。

(一)港口的航运枢纽能级持续提升

海向航线不断"上新"。2024 年以来,先后开通京津冀地区首条直航南美洲东海岸航线、天津港中远海运美东航线以及天津港直航中美洲海运航线,在成功运营智利车厘子直航快线后,又相继开通秘鲁进口蓝莓、厄瓜多尔和洪都拉斯进口南美白对虾等冷链专线,助力京津冀及"三北"地区与美洲地区的货物贸易往来。8 月,天津港携手中外运集装箱运输有限公司开通华北地区到东南亚的精品航线,畅通我国北方地区与东南亚地区货物贸易;中断三年的"天津—海南"外贸内支线正式恢复,服务内外贸一体化发展。

陆向通道扩容增效。宁夏—天津港首趟"一单制"铁海联运图定班列,包头—天津港"一单制"海铁联运班列,天津港—呼和浩特"海铁联运 + 内陆保税"集装箱班列,赤峰—天津港"公转铁"海铁联运集装箱班列,天津港—石家庄国际陆港"公转铁 + 散改集"粮食运输通道,"天津港—霍尔果斯—中亚国家"国际联运班列,以及山西应县—天津港煤炭集装箱运输通道等多式联运新通道陆续开通,运输模式加速向绿色、便捷、快捷转变。2024 年前三季度,天津港完成集装箱海铁联运超 100 万标准箱,同比增长 20%。

港口区域服务能力持续提升。天津港大力推进多式联运"一单制"扩线拓面,"一单制"物流服务已拓展到 12 条海铁联运通道,覆盖 8 个省、市、自治区,实现规模化应用。港口区域服务网点布局加快完善,天津港雄安新区服务中心入驻雄安综合保税区,新设天津港乌海服务中心、天津港内蒙古多伦无水港。天津港与京津冀地区政府部门和企业合作不断加强,2024 年以来,天津港先后与北京经济技术开发区管理委员会、北京市丰台区人民政府、河北港口集团签署战略合作协议,共同推动京津冀协同发展和津冀港口高质量发展。

(二)智慧绿色港口升级版稳步推进

智慧港口建设向纵深推进。港口自动驾驶示范区(一期)建设区域拓展至天津港欧亚国际集装箱码头,增加自动化码头技术应用场景,推动相关技术进一步迭代升级。拥有完全自主知识产权的全国首个件杂货智能一体化系统全面运营,世界一流智慧港口建设再迈关键一步。发布全新一代智能化集装箱码头管控系统,让智能化集装箱码头拥有了国产的"大脑"和"神经中枢"。天津港第二代智能拖轮"津港轮36"和陪试船"津港轮37"正式投产启用,是全球首艘具备自主伴航功能的高度智能化拖轮。"天津港至马驹桥物流园公路货运自动驾驶先导应用试点"项目在京津塘高速公路启动常态化道路测试,是国内智能集卡首次实现跨省测试。

"绿色港湾"建设硕果累累。"天津港绿色低碳港区建设实践"案例入选全国首批能源绿色低碳转型典型案例。天津港太平洋国际集装箱码头有限公司成为全国首家五星级绿色港口"无废码头"示范点。天津市首座光储充一体化新能源重卡公共换电站项目"重卡换电站建设组网与运营示范"启动建设。山西孝义—天津港的津晋新能源重卡双重零碳物流试点通道成功开通,开启煤炭中长途清洁集港运输新模式。天津港北疆港区至天津港保税区临港片区的氢能重卡示范运营线路开通,向实现运营百台氢能重卡的目标再进一步。天津港东疆北防波堤风电项目启动建设,年发绿电能力超 1 亿千瓦时,为东疆建设"低碳港区"提供充足的绿色能源。2024 年上半年,天津港风电总装机容量达到 74 兆瓦,"绿电"年发电能力达 1.7 亿千瓦时。

(三)港航新质生产力孕育新优势

港口大模型"领跑"智慧港口建设。2024 年 4 月,天津港集团与华为技术有限公司围绕开发港口大模型 PortGPT 签署合作协议,共同推进建设智慧港口升级版和加快港口数字化转型。2024 年 6 月,在 2024 世界智能产业博览会上,天津港"港口大模型 1.0 版"正式对外发布,在智慧港口建设方面继续"领跑"。港口大模型 1.0 版通过视频和图像识别港口现场生产的不同场景,可以用于对港口作业现场进行 24 小时智能化监管,未来升级后可以进一步拓展到港口调度指挥、办公辅助等应用场景,港口大模型将成为天津港发展港口新质生产力的重要载体。

绿色低碳算力中心夯实港口数字基础设施。为提升港口信息基础设施服务能力,加快国产化技术应用及替代,全面支撑世界一流智慧港口安全、稳定、高效运行,天津港集团加快规划建设绿色低碳算力中心,致力于打造国内港口行业数字基础设施标杆。通过绿色低碳算力中心建设,进一步规范天津港集团信息和通信技术服务的技术标准,构建港口数字化新架构、新底座,提升智慧港口建设和运营中数据的安全性与稳定性,为实现"打造数字孪生天津港,引领港口经济发展"的愿景目标夯实数字基础。

(四)港产城融出发展新格局

东疆港产城融出"新"高度。融资租赁优势进一步巩固,2024 年上半年完成 53 架飞机、105 艘船舶、4 座海工平台租赁业务,价值合计 68.6 亿美元,增长 42.6%。网络货运生态持续优化,规上网络货运企业达 48 家,累计完成营业收入 290.8 亿元,同比增长 23.9%,拉动交通运输业增长 14.4%。优质资源加速集聚,全球最大飞机租赁公司爱尔开普中国区域总部项目落户,设立克拉克森航运经纪(天津)有限公司,油滴(天津)汽车零部件再制造有限公司落户东疆成为全国首个试点企业。大力发展邮轮船供,截至 2024 年 8 月底,完成 122 次邮轮供应任务,配送食品金额超 1.03 亿元。

临港片区产业聚能起势。在海洋装备制造方面,总投资 21.46 亿元的海油发展天津海洋装备智能制造基地项目一期工程 2024 年底将全部建成,2025 年投产,实现海洋油气装备产品全生命周期的生产运营服务。在氢能产业方面,法国液化空气集团投资 10 亿元建设华北地区最大的氢能基地;新源氢能加氢母站二期项目正式投产,新增高纯度氢气产能达 7000 标立方米每小时。在粮油产业方面,天津港保税区临港粮油产业园已建成仓容 185.35 万吨,加工能力达到 693.8 万吨,正在参与申建"国家现代粮食物流(产业)示范园区"。

南港崛起千亿级产业集群。作为天津石化产业的主要承载地,南港工业区吸引了中石化、中石油、中海油等超40家石化企业,形成原油储备能力超千万立方米、LNG接收能力超千万吨、润滑油生产能力超百万吨的产业规模。2024年以来,20多个项目陆续试产、投产、达产,总投资超700亿元,全年产值预计达到1000亿元左右。园区支撑能力进一步提升,南港工业区海水淡化及综合利用一体化项目一期工程2024年底全部达产后,每天可生产15万吨海水淡化水,充分满足园区重大项目用水需求,将成为我国首个以海水淡化为主水源的化工园区。

港口文旅产业欣欣向荣。在邮轮旅游方面,2024年以来,天津国际邮轮母港共接待邮轮85艘次,进出境游客近30万人次,其中包括5个艘次的访问港国际邮轮,预计全年接待邮轮将超100艘次。在滨海旅游方面,泰达航母主题公园成功获评第三批国家级夜间文化和旅游消费聚集区,与国家海洋博物馆、东疆湾沙滩一起成为天津市滨海旅游热点景区景点。"十一"黄金周期间,上述三个景点分别接待游客18.2万人次、16.3万人次和3.61万人次。在滨海文化节庆活动方面,滨城向海乐活节、东疆浪潮海鲜狂欢节、泰达航母主题公园无人机焰火秀等系列品牌活动为滨海旅游注入强劲动力。

航运会展驶入"快车道"。2024天津国际航运产业博览会吸引421家企业和机构参展,专业参观团超70个,专业观众超6.8万人,签约重点项目65个,投资总额近400亿元。2024年中国航海日期间举办航海文化论坛、绿色航运金融论坛、工程船舶论坛、航运强国建设峰会等多场航海主题论坛。第四届世界一流港口多式联运大会发布"弘景·天津港海铁联运发展指数",为推动我国港口多式联运高质量发展提供一套可参考的评价监测体系。第十七届中国邮轮产业发展大会吸引来自全球13个国家和地区的邮轮上下游产业链企业家、专家学者等500余人参会,共促邮轮产业发展。

中心城区航运服务提质增效。河西区持续推进航运服务集聚区建设,2024年以来,举办11场航运主题日活动,新落地航运企业44家,上半年港航产业营业收入实现85亿元;进一步盘活国际航运大厦,引入中交协航运物流分会,海关、海事法院、中国银行天津分行等,入驻企业达到134家,60%是航运上下游企业,每年利税达到1.2亿元。河北区在旺海国际大厦规划建设 4.5 万平方米的航运特色载体,成立航运服务中心,打造集服务、交流、展示于一体的航运服务综合性平台,成功引入财通融资租赁(天津)公司等多家航运企业。

二 2025 年发展机遇、挑战与展望

受地缘政治冲突、西方贸易保护、全球大宗商品价格上涨和主要经济体资本市场风险增大等诸多因素影响,2025 年全球经济前景仍不明朗,全球贸易与投资格局面临很大不确定性。推进北方国际航运核心区建设,既要做好应对外部环境不确定带来的新挑战的准备,又要抓住国内深化改革带来的新机遇。

(一)进一步全面深化改革带来新机遇

国内宏观经济政策加力孕育新动能。2024 年 9 月 26 日,中共中央政治局召开的经济形势分析会议指出,要抓住重点、主动作为,有效落实存量政策,加力推出增量政策,进一步提高政策措施的针对性、有效性,努力完成全年经济社会发展目标任务。围绕推出增量政策,人民银行提出存款降息,股票回购增持再贷款,证券、基金、保险公司互换便利等措施。发改委将从加大宏观政策逆周期调节、扩大国内有效需求、加大助企帮扶力度、推动房地产市场止跌回稳、提振资本市场等五个方面推出一揽子增量政策。财政部推出的政策主要包括加力支持地方化解政府债务风险、发行特别国债支持国有大型商业银行补充核心一级资本、支持推动房地产市场止跌回稳、加大对重点群体的支持保障力度四个方面。在一系列增量政策的支持下,我国经济企稳回升有了基础,港口航运业在促进内贸发展、服务国内大循环方面可以发挥更大作用。

滨海新区高质量发展聚焦港产城融合。国家发展改革委负责人就进一步支持天津滨海新区高质量发展的若干政策措施答记者问时指出,聚焦解决的问题和提出的针对性支持举措包括,进一步强化海空两港枢纽作用,优化提升港航功能,强化资源配置能力,增强天津港辐射能力,推进冷链物流等临港配套设施和服务提质升级,加快建设区域航空枢纽。在进一步推动滨海新区高

质量发展的市政府新闻发布会上,相关负责人也指出,聚焦发挥双港功能资源优势,强化软硬联通,优化港航功能,发展港口经济,提升高质量发展枢纽竞争力。从中央到天津市,都把提升港口枢纽功能、增强天津港服务辐射能力、发展港口经济作为推动滨海新区高质量发展的重要内容,为深化北方国际航运核心区建设带来澎湃动力。

(二)外部环境不确定性带来新挑战

全球经济增长前景不明朗。由于受地缘政治冲突、美西方贸易保护、全球大宗商品价格加速上涨等诸多不利因素影响,国际主要经济组织机构对2025年的全球经济增长前景普遍不乐观。国际货币基金组织最新发布的《世界经济展望报告》中指出,预计2024年全球经济增速为3.2%,2025年全球经济增速为3.3%。世界银行在《全球经济展望》报告中指出,2025年和2026年全球经济增长率预测值为2.7%,低于新冠疫情前十年的3.1%平均水平;东亚和太平洋地区的经济增速预计将从2024年的4.8%左右降至2025年的4.4%。全球经济复苏缓慢将制约全球贸易量增长,进而影响全球航运业的发展。

西方贸易保护影响国际贸易格局。以美国为首的西方经济体实行破坏性而不是建设性的对外贸易战略调整,给全球贸易体系带来深刻负面影响。根据国际货币基金组织的数据,全球正在形成以美国及其盟友为中心、以中国等金砖国家为中心和以不结盟国家为中心的三大贸易集团。不同集团国家之间的贸易额比同一集团内部国家之间的贸易额低12%。2023年中美货物贸易总额为6645亿美元,同比下降11.6%,创下了两国正式建交以来贸易额最大降幅。2024年前8个月,墨西哥出口美国的商品总额达到3350亿元,而同期中国仅有2790亿元,墨西哥成为美国主要的商品进口国。在美国持续遏制打压下,中美双边贸易非但难以保持原有规模,还将在下行趋势中面临系统性重构。对于以欧美为主要贸易伙伴的天津而言,航运产业发展承压明显。

(三)2025年主要航运指标预测

港口货物吞吐量预测。采用比例趋势外推法预测天津市2024年、2025年的港口货物吞吐量。2019—2023 年间,每年前 8 个月的港口货物吞吐量占全年的比重分别为 0.660、0.672、0.676、0.681 和 0.678,该比值较为稳定。采用趋势外推法,得到 2024 年、2025 年前 8 个月港口货物吞吐量占全年的比重分别为 0.680 和 0.679。2024 年前 8 个月天津市完成港口货物吞吐量为 3.93 亿吨,得到 2024 年全市完成港口货物吞吐量的预测值为 5.78 亿吨。利用 2019—2024 年每年前 8 个月港口货物吞吐量数据,采用趋势外推预测法,预计 2025 年前 8 个月天津市港口货物吞吐量将达到 4.03 亿吨,结合 2025 年前 8 个月港口货物吞吐量占全年比重为 0.679 的预测值,预计 2025 年天津市港口货物吞吐量将达到 5.93 亿吨。综合考虑国内外经济发展形势和航运市场发展趋势,预计 2024 年天津市港口货物吞吐量将完成 5.78 亿吨左右,2025 年完成 5.93 亿吨左右,在超预期的情况下,2025 年有望突破 6 亿吨,参见图 1。

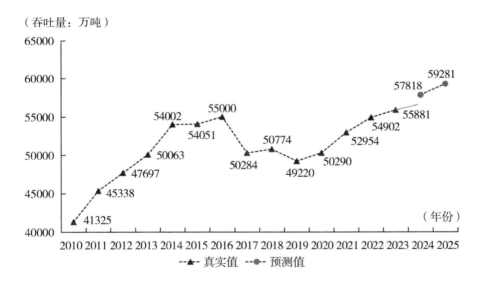

图 1 2010—2025 年天津港口货物吞吐量增长趋势图

外贸货物吞吐量预测。同样采用比例趋势外推法预测天津市 2024 年、2025 年的港口外贸货物吞吐量。从天津市外贸货物吞吐量增长规律看,2019—2023 年间,每年前 8 个月的外贸货物吞吐量占全年的比重相对较为稳定,分别为 0.654、0.671、0.669、0.678 和 0.674。采用比例趋势外推法预测,

2024 年、2025 年天津市外贸货物吞吐量有望分别达到 35066 万吨和 37345 万吨。综合考虑宏观经济发展形势和航运市场发展趋势，预计 2024 年天津市全年完成外贸货物吞吐量 3.51 亿吨左右，2025 年全年完成外贸货物吞吐量 3.73 亿吨左右，参见图 2。

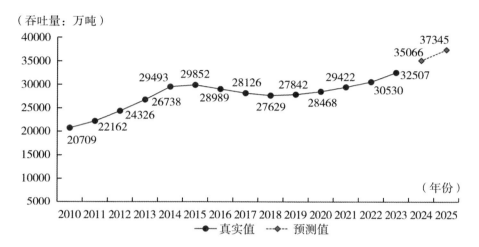

图 2　2010—2025 年天津外贸货物吞吐量增长趋势图

集装箱吞吐量预测。采用比例趋势外推法预测天津市 2024 年、2025 年的集装箱吞吐量。2019—2023 年间，每年前 8 个月的集装箱吞吐量占全年的比重分别为 0.661、0.654、0.689、0.692 和 0.703。采用趋势外推法，得到 2024 年、2025 年前 8 个月港口货物吞吐量占全年的比重分别为 0.697 和 0.700。2024 年前 8 个月天津市完成集装箱吞吐量 1619 万标准箱，得到 2024 年全市完成集装箱吞吐量的预测值为 2321 万标准箱。利用 2019—2024 年每年前 8 个月集装箱吞吐量数据，采用趋势外推预测法，预计 2025 年前 8 个月天津市集装箱吞吐量将达到 1724 万标准箱，结合 2025 年前 8 个月集装箱吞吐量占全年比重为 0.700 的预测值，预计 2025 年天津市集装箱吞吐量将达到 2461 万标准箱。综合来看，在国内外经济形势未发生大的系统性变化的前提下，预计 2024 年天津市集装箱吞吐量将达到 2321 万标准箱左右，2025 年达到 2461 万标准箱左右，参见图 3。

（吞吐量：万吨）

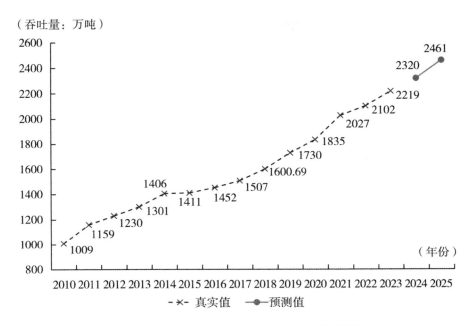

图 3　2010—2025 年天津集装箱吞吐量增长趋势图

三　高水平建设北方航运核心区对策建议

塑造通道型、平台型、海洋型、制度型、都市型开放新优势,以高水平对外开放促进高质量发展,需要持续提升天津港的枢纽能级,增强天津港服务辐射功能,做好港口带物流、物流带经贸、经贸带产业文章,在深化港产城融合发展中提升北方航运核心区发展能级。

（一）进一步提升港口枢纽能级

推进国家大宗商品储运基地建设。天津港的大沽口港区、高沙岭港区、大港港区以及南疆港区四个港区都有充足的可供开发利用的土地,并且有较好的粮油产业、能源产业、黑色金属储运发展基础。立足于更好服务京津冀协同发展国家战略,保障好区域及国家能源、粮食以及重要金属矿石等物资供应安全,提升产业链供应链韧性,我市应主动争取国家有关政策支持,积极谋划建设京津冀国家能源储运基地项目和京津冀国家粮食储运基地项目,争取国家发改委明确批复"天津北方黑色金属储运基地"项目,并力争推动上述项目进入"十五五"国家重大工程项目名单,支持天津港、国能海运、五矿发展等国内港口和能源矿石大型国企联合投资推进上述项目建设。

完善通达内陆腹地的集疏运体系。争取国铁集团支持,规划建设天津港西出通道霸州至徐水铁路,增强对西北地区的辐射能力;加快推进民北复线改造、津蓟铁路复线改造及北延工程,增强对东北地区的辐射能力;加快推进黄万铁路扩能改造前期工作,争取与朔黄 4.5 亿吨扩能改造同步实施,提升铁路煤炭集运能力。加快集装箱中心站二线束工程建设进度,在东疆港区集装箱智能化集装箱码头规划建设中,同步实施新港北中心站延伸线工程,实现港站一体化。增加京津冀地区城际和多式联运班列产品供给,以优质的集装箱运输产品实现港口增量增收。参考借鉴国内其他港口成熟成功经验,发挥路港协同联动机制作用,丰富完善政策保障体系,支撑集装箱海铁联运高质量发展。

持续推进智慧港口升级版建设。加快天津港 PortGPT(港口大模型)技术迭代升级,推动应用场景向港口业务的数字化交易、数字化生产、数字化管理、数字化运营等领域拓展。推动区块链技术在港航领域的应用,以加入环球航运企业联盟(GSBN)为契机,加快天津港业务数据标准化系统的建设和应用对接,积极推动 GSBN 的电子提单应用和集装箱无纸化放货试点业务,进一步完善天津港的港航数字化、智能化生态圈。深化与华为、中远海运(天津)、中远海运科技等国内数智港航领域领军企业合作,加快构建"港口 + 航运 + 物流"一体化发展的数字化港航供应链服务体系。

完善"枢纽港—无水港"联动接卸模式。充分吸收借鉴上海港 ICT、深圳港"组合港"和广州港"一港通"等模式,结合现有海铁联运"一单制",建立完善有天津港特色的"枢纽港—无水港"联动接卸模式,推动经由内陆无水港到天津港进出口货物实现"7×24"快速通关,内陆外贸企业经由天津港进出口实现全程"一次申报、一次查验、一次放行"。

（二）增强港口产业带动能力

做大做强做优海洋经济。依托海油工程、博迈科等龙头企业，进一步巩固提升海洋石油化工装备产业竞争力。依托国家海洋技术中心、天津大学海洋科学与技术学院和深之蓝公司等科研机构和企业，积极培育深海装备、海洋能装备和海洋观测装备等海洋装备新兴产业。尽快出台推进海洋信息产业发展的指导性文件。支持研发海洋大模型，探索建设生成式人工智能与海洋领域深度融合应用示范区。依托中船天津总装项目，加快建设船舶海工配套产业集群。聚焦船用电子电气设备、甲板机械、材料、舱室机械、通讯导航及自动化、船用舾装件等领域，加大引育一批行业领军企业，稳步提升中船天津总装项目的配套本土化水平。支持船舶配套企业提升产品制造、安装、应用、维护精细化管理水平，培育一批船舶配套特色品牌。

创新发展港口文旅产业。借鉴广州港太古仓项目的成功经验，建议对北塘渔港进行提升改造，与北塘古镇联动开发，打造成为集渔业文化体验、海鲜美食、海上休闲运动等功能于一体的特色港口海洋文化休闲体验区，争取列入市级"十五五"重大推进项目。支持天津港集团携手相关文旅企业进一步整合海港文旅资源，依托东疆湾沙滩景区等旅游载体，结合市场需求谋划开发游艇、游船等多层次、多主题、多场景旅游项目，支持天津港文化旅游区升级国家5A级旅游景区。由各级文旅部门牵头，组织实施一批港口文旅宣传推广活动，打造"百万市民游港区""全市各行业、各系统港口研学行"等主题活动，增强天津港口认知度。

加快发展跨境电商、冷链物流等新业态。打造跨境外贸综合服务平台，为跨境电商中小卖家提供"一件代发"等全流程申报、全链路物流服务；对企业运用关税减让、原产地累计规则、开放市场准入等高标准经贸规则进行综合服务。加快发展跨境电商新模式，鼓励支持跨境电商平台发展"9610（跨境贸易电子商务）"B2C业务和"1210（保税跨境贸易电子商务）"出口海外仓业务。立足我市冷链进口优势和适港特性，依托南北港口合作，大力发展临港冷链产业。借鉴广州港集团发展水产渔业的经验，加强天津港集团与广州港在水产内贸领域的交流合作。在两港原有内贸通道基础上,在两港间打造南北水产贸易大通道。

（三）深化港航领域高水平对外开放

建设高水平对外开放载体。对标学习洋山特殊综合保税区创新经验,在东疆综合保税区和天津港综合保税区临港片区实施更高水平的开放政策,促进投资经营便利。借鉴国际上自由贸易园区的通行做法,实施公平竞争的投资经营便利,探索试行商事主体登记确认制。推动货物自由进出,在全面实施综合保税区政策基础上,取消不必要的贸易监管、许可和程序要求,实施更高水平的贸易自由便利化政策和制度。推动重点领域服务业开放试点。推进信息快捷联通,建设完备的国际通信设施,构建安全便利的国际互联网数据专用通道,探索发展离岸数据加工、处理和服务,建设离岸数据加工枢纽。围绕离岸医疗服务等新业态发展需求,进一步放宽现代服务业高端人才从业限制,完善外国人在东疆港区和临港经济区工作许可制度和人才签证制度。

推动自贸区与港区联动发展。充分利用好国家《进一步支持天津滨海新区高质量发展的若干政策措施》,通过产业政策创新,发挥港口功能优势,推动自贸试验区同港区产业联通,集聚国内外联通全球产业链布局的国际化制造业企业并形成产业集群。着眼国际化消费中心城市建设,进一步创新自贸、保税消费政策机制,提升港口消费品进出口通道功能,扩大高品质消费品贸易。

参考文献:

［1］石森昌:《大力推进港产城融合高质量发展》,《天津日报》2024 年 2 月 2 日。

［2］岳付玉:《创新引领 天津金创区建设驶入快车道》,《天津日报》2024 年 10 月 13 日。

［3］任佳丽:《12 条海铁联运通道! 天津港多式联运"一单制"扩线拓面》,中国水运网,2024 年 9 月 25 日,https://www.zgsyb.com/news.html? aid = 696060。

［4］岳珊:《推动投资超700亿元的20余个项目试产投产达产 南港工业区产业高质量发展》,北方网,2024年10月13日,http://news.enorth.com.cn/system/2024/10/13/057747506.shtml。

［5］新华网:《天津南港工业区打造千亿级石化产业集群》,2024年10月10日,http://www.news.cn/photo/20241010/e4d829f7c66d4f549f948ff4f7a4da08/c.html。

［6］万红:《天津港港口大模型PortGPT1.0发布》,《天津日报》2024年6月24日。

天津外资外贸高质量发展研究报告

赵文霞　天津社会科学院海洋经济与港口经济研究所副研究员

摘　要： 近几年,天津外资外贸呈稳步增长态势,为经济高质量发展提供了坚定支撑。进出口实现稳步增长,贸易结构进一步优化,制度性创新平台持续发力,服务贸易增长迅速,贸易新业态发展成绩较为突出,通过多种形式扎实推进招商工作,双向投资合作持续深化。但是,贸易壁垒频现导致天津外贸增长困难加大,国际形势严峻复杂导致天津稳外资压力较大。同时,天津面临进出口贸易伙伴较为集中、高技术产品出口与部分地区仍有差距等问题。在现阶段外部环境不确定背景下,预计天津外贸进出口规模未来将略有上升,实际利用外资规模将略有波动。建议天津持续提升对外开放水平,培育高竞争力产业集群,提升服务领域国际化水平,把握数字贸易新发展机遇,构建数字贸易生态体系,加快对接国际高标准经贸规则,促进外资外贸高质量发展。

关键词： 外资　进出口贸易　高质量发展

2024 年 7 月,天津举办扩大高水平对外开放推进会,提出了争创通道型、平台型、海洋型、制度型、都市型开放新优势的举措,建设国家进口贸易促进创新示范区,实施跨境电商高质量发展三年行动,协同推进内外贸一体化发展,充分发挥全市开发开放区域外资外经主阵地作用,加快"走出去"合作平台扩容提质,实施自贸试验区提升行动,瞄准国际高标准经贸规则,挖掘首创性政策潜力等,扎实做好外贸外资外经工作,以高水平对外开放促进高质量发展,更好服务和融入构建新发展格局,奋力谱写中国式现代化天津篇章,体现了天津进一步扩大开放的决心和力度。

一 天津外资外贸发展总体现状

(一)货物贸易平稳发展

1. 进出口实现稳步增长

进出口总额增长持续。2024 年前三季度,天津市实现外贸进出口 6102.9 亿元,同比增长 2%。其中,出口 2905.7 亿元,增长 5.4%;进口 3197.2 亿元,微降 0.9%。按年来看,天津进出口总额从 2004 年的 432.4 亿美元,增长至 2023 年的 1494.4 亿美元。其中,进口额从 2004 年的 227.6 亿美元,增长至 2023 年的近 1000 亿美元,增长 320.7%。出口额从 2004 年的 204.8 亿美元,增长至 2023 年的 536.9 亿美元,增长 162.2%。不过,受内外部需求下降影响,相比 2022 年,2023 年天津进口、出口贸易规模均有所回调,见图 1。

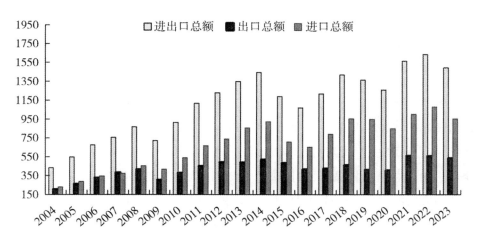

图 1 天津对外贸易发展情况(单位:亿美元)

资料来源:国家统计局。

2. 贸易结构进一步优化

贸易方式更加优化。一般贸易出口在全国和天津出口的占比均有显著提高。全国一般贸易出口占比从 2015 年的 53.4% 稳步提升至 2023 年的 64.6%,天津一般贸易出口占比由 2015 年的 43.1% 提升至 2023 年的 58.9%,见图 2。海关数据显示,2024 年前三季度,天津一般贸易出口 1745.8 亿元,占全市当月出口总值的 60.1%,占比略低于去年同期的 62.3%[①]。相比加工贸易,一般贸易产业链更长、附加值更高,一般贸易出口占比六成以上,说明天津外贸自主发展能力不断增强,贸易主体不断稳固。

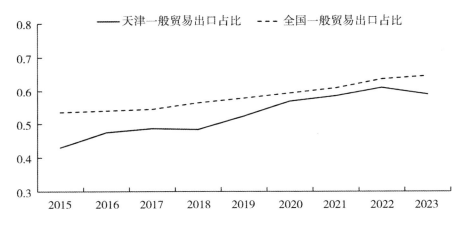

图 2　2015—2023 年全国和天津一般贸易出口占比变化趋势图

资料来源:海关总署与天津海关。

贸易伙伴更加多元。2024 年以来,天津与共建"一带一路"国家的贸易往来增长显著。2024 年前三季度,天津与共建"一带一路"国家进出口贸易额为 2545.4 亿元,与去年同期相比增长 6.2%,占天津市外贸总额的 41.7%。民营企业进出口总值增长显著,占比接近 50%,成为天津与共建"一带一路"国家经贸往来新的增长点。从商品结构来看,机电产品进口 400 亿元左右,占天津市对共建"一带一路"国家进口总值的 40% 左右;出口占比则接近 70%。

---

①　根据海关统计数据在线查询平台整理。

贸易品类更加丰富。2024 年 1—8 月,以发货人注册地分类的出口商品中,出口品类共有 3652 种,相比 2023 年同期 3595 种,增加了 57 种,出口品类更加丰富多样。进口品类数量略有下降,从 2023 年 1—8 月的 3334 种降低到 2024 年同期的 3324 种。2024 年 1—8 月,个人跨境电商商品(HS 编码 9805)出口 9639.9 万元,相比去年同期 5228.6 万元,增长了 84.4%;个人跨境电商商品进口有所下降,2023 年前 8 个月,个人跨境电商商品进口货值 9.1 亿元,2024 年同期进口货值约为 7.8 亿元①。2024 年上半年,天津跨境电商进出口额增长 26.6%,二手车出口额近 40 亿元、增长 2.3 倍。

3. 制度性创新平台持续发力

自贸试验区改革创新成效显著。自成立以来,天津自贸试验区切实发挥改革开放"试验田"作用,在产业发展、贸易监管、投资改革等领域累计实施 615 项制度创新举措,其中 42 项成果在全国复制推广。截至 2024 年 9 月,区内有各类市场主体近 9 万户,年均实际利用外资超过 20 亿美元,年均进出口额超过 2000 亿元人民币,以全市 1% 的土地面积,贡献了 30% 的外贸进出口额和 40% 的实际利用外资额,成为天津经济转型升级的重要引擎。

加快推动高水平开放平台建设。为积极对接国际高标准经贸规则,推动自贸试验区数据跨境流动政策落地,促进企业数据跨境流动便利化,2024 年 9 月,中国(天津)自由贸易试验区(机场片区)数据跨境服务中心在天津港保税区挂牌成立,为企业提供数据分类分级和数据申报、跨境负面清单政策咨询等服务。为进一步推动区域经济一体化发展、推进 RCEP 企业服务工作机制升级,2024 年 10 月,天津市(滨海高新区)RCEP 综合服务示范区正式启动建设,为促进天津外向型经济高质量发展提供新的载体平台。

(二)服务贸易创新发展

1. 服务贸易加快发展

推动形成一批服务贸易领域成果与案例。指导"天津数字贸易全球推介

---

① 根据海关统计数据在线查询平台整理。

平台文化板块国际推广活动"申报商务部、中宣部对外文化贸易"千帆出海"行动计划 2024 年重点项目。组织研究推进全国版和自贸试验区版跨境服务贸易负面清单落地实施切入点，初步探讨在天津自贸试验区突破"境外个人不得申请执业兽医资格考试、注册或备案"（全国版）措施。天津市华海通信技术有限公司入选《全国技术贸易创新实践案例》；开展高质量数字产品品牌征集活动，评选出 40 家 2023 天津数字产品品牌企业和 2023 天津数字技术品牌企业。

服务贸易项目成果丰硕。召开 2024 京津冀服务贸易协同与高质量发展论坛，集中签约涉及人才培养、中医药合作、北斗导航、数字经济及医药健康等领域的多个重要项目。组织 500 余家企业通过线上线下形式参与 2024 年中国国际服务贸易交易会，取得首发创新、联盟平台、成交项目、权威发布、战略合作以及投资等各类成果 40 余项，数量居全国前列。

2. 新业态发展成绩突出

保税维修试点扩容。成功争取"两头在外"保税维修试点政策扩展至滨海新区全域，获批全国首个保税再制造业务试点及在天津自贸试验区内开展再制造产品进口试点等 3 项政策，有力巩固了我市关联产业链、扩大招商引资、促进保税维修业务集聚。2024 年 1—7 月，天津保税维修进出口货值 129.9 亿元，同比增长 93.6%。

跨境电商发展迅速。天津大胆探索勇于创新，探索出了一系列贸易和通关便利化管理制度和经验，生态圈和产业链不断优化，实现了 9610、9710、9810、1210 业务模式全覆盖，机场、海港、邮局等多口岸均已开通跨境电商进出口业务。目前我市企业中 B2B 卖家占到 80% 以上，其中阿里巴巴国际站卖家近 2000 家，中国制造网卖家近 1000 家，B2C 中全球速卖通 2200 家，亚马逊、eBay、新蛋等平台上规模卖家约 500 家以上。2024 年上半年，跨境电商进出口238.8 亿元，同比增长 26.6%；其中出口 199.7 亿元，增长 29.2%；进口 39.2亿元，增长 14.8%。

仓储物流载体建设提速。东疆综合保税区于 2015 年获批跨境电商试点口岸；2021 年，东疆提出建设"东疆电子商务主题园区总体方案"，以创建国家电子商务示范基地为目标全面发展;2023年12月,东疆电商主题园区获批"天津市跨境电商示范园区";2024年,东疆对原天津港集团所属4.7万平方米保税仓进行整合,以保税仓储、分拨配送、选品展示等功能特色,打造东疆电商园升级版。空港大通关基地、菜鸟中心仓、京东公共仓等一批仓储物流载体陆续投产运营。海外仓布局进一步加快,已在欧美、日韩、澳新等国家和地区布局海外仓60余个,仓储面积达4万平方米。

3. 加力推进服务业扩大开放

服务业扩大开放综合试点成绩突出。天津强化滨海新区改革开放龙头带动作用,实施自贸区提升行动,深化服务业扩大开放试点,主动对接国际高标准经贸规则,营造市场化、法治化、国际化一流营商环境。《天津市服务业扩大开放综合试点总体方案》下发以来,天津形成20余项服务业扩大开放综合试点案例,积极谋划推出新一轮先行先试政策。其中,天津市在"细胞谷"建设、科技成果转化赋权、海铁联运"一单制"推广、融资租赁业创新发展、海关业务协同、保税集拼新模式、"船边直提""抵港直装"模式创新、融资租赁绿色评价机制等方面的经验做法入选国家服务业扩大开放综合试点示范最佳实践案例。

保税LNG加注试点资质落地。国际航行船舶保税燃料补给是衡量港口配套服务能力强弱的重要指标,也是推动天津港绿色贸易和绿色航运发展的重要路径。《天津市服务业扩大开放综合试点总体方案》提出,参照保税船用燃料油供应管理模式,允许液化天然气作为国际航行船舶燃料享受保税政策。2024年3月,《中国(天津)自由贸易试验区国际航行船舶保税液化天然气加注试点管理办法(试行)》正式印发,为在津开展保税LNG加注业务提供了政策支撑和实施路径。此后不久,中国(天津)自由贸易试验区管理委员会授予中海石油天津新能源有限公司(以下简称天津新能源)国际航行船舶保税液化天然气加注试点资格,我国北方首个保税LNG(液化天然气)加注试点资质落地天津经开区。

（三）持续推进优化营商环境

1. 双向投资合作持续深化

积极打造"投资天津"品牌。组织外资龙头企业供应链投资促进系列活动,促进我市高端装备产业链补链延链强链,首场"投资天津"跨国企业供应链大会 SEW 专场取得圆满成功,组织弗兰德传动在津召开风电企业座谈会。外资稳存量促增量工作扎实推进,在津投资的世界 500 强企业超过 290 家。2024 年上半年实际使用外资 31.6 亿美元,外资企业税收增长 15.2%,体量占全市的 34.6%。空客、诺和诺德、SMC 等一批重点项目加快推进。2024 年 1—7 月,实际使用外资完成全年 50 亿美元任务目标的 66.2%,超过时序进度 7.9个百分点。

对外投资增长显著。天津"走出去"合作平台聚集力进一步增强,2024 年上半年,备案境外企业机构家数增长 54.2%、对外投资额增长 1.8 倍;对外承包工程新签合同额、完成营业额分别增长 68.1% 和 30.5%,服务促进企业抱团出海成效显著。

2. 多种形式扎实推进招商工作

加快塑造平台型开放新优势。充分发挥开发开放区域外资外经主阵地作用,引导外资更多投向先进制造业、高新技术产业、生产性服务业,出台支持政策促进在津设立外资研发中心。开展全方位、多形式境内外推介活动,合力争取标志性大项目落地,依托商务部"投资中国"活动,在丹麦、德国、日本、阿联酋开展专场推介,持续扩大我市国际影响力。发挥外资权益保护、外企圆桌会议、重点项目专班等机制作用,营造一流营商环境。拓展绿色经济、数字经济等新兴领域对外投资合作,将中埃·泰达苏伊士经贸合作区打造成为产业链供应链合作示范区,努力把天津打造成为高质量外资承载地。

以项目促招商作用明显。充分发挥天津市"走出去"合作平台作用,以项目合作促企业落户,成功促成乌兹别克斯坦 Hyper 集团落户东丽区,与中铁十八局、中交天航局等天津企业达成合作协议,推动华西能源、十一科技、海陆建设、同德化工等一批企业落户天津开展对外投资合作业务。积极推动在谈项目进展、进一步扩大在津业务布局。会同公安局帮助爱普生取得全国首张商务部批准的出口易制毒化学品的批复;空客二线项目最大单体建设总装厂房施工完成,诺和诺德无菌灌装生产厂项目开工建设,英力士集团天津 30 万吨 ABS 生产基地项目成立合资公司。

二 天津外资外贸高质量发展面临的挑战

(一)外部环境不确定性加剧

全球经济增长不确定性风险高启。目前,世界经济发展不确定性上升,企业复苏难度较大,居民和企业信心不足,加之战乱、政治等因素的影响,短期内外部经济面临的结构性、周期性、阶段性问题突出,外部环境复苏不稳、经济动力不足的局面持续加剧。国际货币基金组织(IMF)2024 年 7 月发布的《世界经济展望》对 2024 年全球经济增速的预测值为 3.2%,略低于 2023 年的实际增长率 3.3%。全球经济增速下滑将导致我国外贸出口需求不足。

贸易壁垒频现导致外贸增长困难加大。传统的多边贸易体系正在逐渐解体,以美国为首的西方经济体各自为政,实施单边关税上调或产业限制措施,扭曲了贸易和资源配置,并催生了其他经济体的报复性举措,进一步削弱全球经济增长的前景。美国也加大对盟友的施压力度,共同应对中国制造,给外贸出口提升造成较大压力。2024 年 9 月,美国宣布对从中国进口的太阳能电池板和锂电池分别征收 50% 和 25% 的关税,对中国制造的电动汽车征收 100% 的关税。2024 年 10 月 4 日,欧盟表决通过了对中国电动汽车加征关税的提议,最终中国出口欧盟的电动汽车关税最高将达到45.3%。

国际形势严峻复杂导致稳外资压力较大。一方面,全球经济衰退风险加剧,导致跨国企业对外投资意愿下降,影响了全球跨国投资活动开展,对国内利用外资造成巨大挑战。另一方面,发达经济体全力推动资本回流,全球跨国投资持续低迷,导致我国对外资的吸引力有所减弱。同时,地缘政治冲突加剧,美国通过对外投资审查手段,限制美国企业与我国企业合作,加大对我国的技术封锁,既阻止我国企业投资当地,也阻止美国企业投资我国。跨国企业出于降低产业链供应链成本和风险考虑,被动推动供应链多元化、近岸化,导致我国稳外资的压力较大。

(二)内部贸易结构有待进一步优化

1. 进出口贸易伙伴较为集中

美国仍是天津的主要贸易伙伴。2023 年前 8 个月,天津市与美国的进出口总额为 702.62 亿元,占天津市进出口总额的 13.22%;2024 年前 8 个月,天津与美国的进出口总额略有上升,提高至 717.1 亿元,占比达到 13.24%,见表1。韩国是天津的第二大贸易伙伴,不过天津与韩国的进出口总额呈下降趋势,从 2023 年前 8 个月的 464.16 亿元、占比 8.73%,下降至 2024 年前 8 个月的 430.64 亿元、占比 7.95%。就出口而言,2024 年 1—8 月,天津出口至美国的货值为 269.09 亿元,占天津出口总额的 10.54%,韩国是天津第二大出口目的地,占天津出口总额的 6.59%。就进口而言,2024 年 1—8 月,天津进口自美国的货值为 448.01 亿元,占天津进口总额的 15.65%,进口自韩国的货值为 262.47 亿元,占天津进口总额的 9.17%。美国、韩国、日本、德国、巴西是天津前五大贸易伙伴,2024 年前 8 个月,天津与前五大伙伴国的进出口贸易占天津进出口规模的 40% 左右。

表1　天津与主要贸易伙伴进出口情况

时间	贸易伙伴	进出口（亿元）	总占比	出口（亿元）	出口占比	进口（亿元）	进口占比
2023 年 1—8 月	美国	702.62	13.22%	262.19	10.71%	440.44	15.37%
	韩国	464.16	8.73%	178.80	7.30%	285.36	9.96%
	德国	401.60	7.56%	97.37	3.98%	304.23	10.62%
	日本	394.19	7.42%	150.69	6.15%	243.50	8.50%
	巴西	286.55	5.39%	127.17	5.19%	159.38	5.56%

时间	贸易伙伴	进出口（亿元）	总占比	出口（亿元）	出口占比	进口（亿元）	进口占比
2024 年 1—8 月	美国	717.10	13.24%	269.09	10.54%	448.01	15.65%
	韩国	430.64	7.95%	168.17	6.59%	262.47	9.17%
	日本	373.57	6.90%	154.26	6.04%	219.31	7.66%
	德国	369.69	6.82%	113.98	4.46%	255.71	8.93%
	巴西	233.30	4.31%	56.88	2.23%	176.42	6.16%

资料来源：天津海关。

2. 高技术产品出口占比有待提升

高技术产品出口与部分地区仍有差距。与上海相比，天津在部分产品的出口方面仍有差距。2024 年 1—8 月，上海电子元件出口 1487.43 亿元，天津出口 236.69 亿元，上海电子元件出口是天津的 6.28 倍。且电子元件占上海出口的 12.71%，占天津出口的 9.27%。集成电路出口货值，上海为 1198.72 亿元，天津为 118.18 亿元，上海是天津的 10.14 倍；且集成电路占上海出口总值的 10.24%，占天津出口总值的不足 5%。"新三样"出口中，上海锂离子蓄电池出口 240.99 亿元，天津出口 65.86 亿元；上海电动汽车出口 651.94 亿元，天津电动汽车出口货值为 36.14 亿元；天津光伏产品的出口总额相当于上海太阳能电池的出口货值，见表 2。

表 2 2024 年 1—8 月天津、上海电子元件等产品出口情况

时间	贸易伙伴	出口（亿元）	本市出口占比（%）
上海	电子元件	1487.43	12.71
	集成电路	1198.72	10.24
	锂离子蓄电池	240.99	2.06
	电动汽车	651.94	5.57
	太阳能电池	36.62	0.31

续表

时间	贸易伙伴	出口（亿元）	本市出口占比（%）
天津	电子元件	236.69	9.27
	集成电路	118.18	4.63
	锂离子蓄电池	65.86	2.58
	电动汽车	36.14	1.42
	光伏产品	32.45	1.27

资料来源：天津海关与上海海关。

三 天津外资外贸发展趋势研判

（一）外贸持续增长面临较大压力

天津外贸进出口规模将略有上升。利用 2023 年 1 月至 2024 年 8 月期间的数据，采用指数平滑算法，在 90% 的置信区间，考虑季节性调整，预测 2024 年 9 月至 2025 年 1 月天津外贸进出口月度规模，参见图 3 所示。乐观预期下，2024 年全年，天津外贸进出口总额接近 8340 亿元；悲观预期下，2024 年全年，天津外贸进出口总额约为 8021 亿元。在 90% 的置信水平下，预计 2024 年全年，天津外贸进出口货值为 8179 亿元，比 2023 年增长 2.13%。

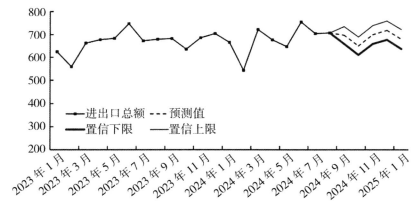

图 3　天津进出口总额月度变化趋势图（单位：亿元）

资料来源：由海关统计数据在线查询平台整理、计算得出。

（二）外资保稳提质面临一定挑战

实际利用外资规模缓慢下降。利用 2017—2023 年的数据,在 80% 的置信区间,采用指数平滑算法,预测 2024 年及 2025 年全年天津实际利用外资规模,参见图 3 所示。乐观预期下,2024 年天津实际利用外资规模将超过 80 亿美元,2025 年有望达到 85 亿美元。在 80% 的置信水平下,预计 2024 年全年,天津实际利用外资规模约为 53. 21 亿元,比 2023 年下降 7.86% ;2025 年,实际利用外资约为 49 亿美元。受内外部经济环境不确定性增加影响,国际产业链、供应链区域化、近岸化、本土化、短链化趋势明显,无论是地方还是全国层面,近几年实际利用外资规模均有所收缩。

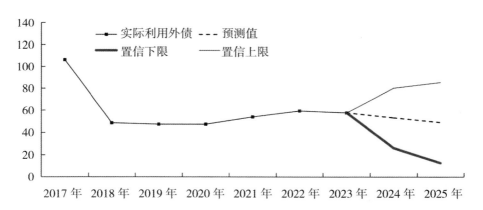

图 4　天津实际利用外资变化趋势图(单位:亿美元)

资料来源:由 2017—2023 年《天津市国民经济和社会发展统计公报》整理、计算得出。

四　促进天津外资外贸高质量发展的建议

（一）提升对外开放水平,畅通国际物流通道

天津拥有得天独厚的港口优势,可以进一步通过优化物流通道,提升经济运行效率,促进对外开放。一是充分利用地理优势和港口资源,加强与国际主

要港口和物流枢纽的合作,构建高效、便捷的国际物流通道。通过持续优化港口设施、提升物流效率和服务质量,吸引更多的国际货运选择天津作为中转站或目的地。二是加强国际通道的安全保障和便利化措施。通过完善口岸监管体系、加强国际合作与信息共享,确保国际物流通道的安全稳定。同时,推动贸易便利化措施的落实,降低物流成本和时间成本,提升天津的国际竞争力。三是通过智慧海关建设,加强与周边港口的交流协作,共同推进无纸化贸易和相关证书电子化共享、联网核查等,不断提升天津口岸营商环境。

(二)推动产业转型升级,培育高竞争力产业集群

作为北方重要经济中心,推动产业转型升级和培育高竞争力产业集群对天津经济持续健康发展具有重要意义。一是明确产业定位,聚焦高端制造业、现代服务业和战略性新兴产业。通过政策引导和市场机制,推动传统产业向高端化、智能化、绿色化转型,加大对新兴产业的培育力度,如人工智能、大数据、云计算等,形成新的经济增长点。二是强化产业链协同,促进产业集群发展。通过优化产业布局,引导上下游企业集群发展,加强产业链上下游企业的合作与交流,提升产业整体竞争力。同时,积极引进国内外优质企业和项目,推动产业集群快速发展。三是加大科技创新投入,提升产业创新能力。加强企业、政府机关与高校、科研院所的合作,建设具有市场竞争力的研发机构和创新平台,推动产业技术创新和成果转化。

(三)提升服务领域国际化水平,加强国际市场交流合作

天津需要在推进服务业国际化、加强国际交流合作等方面进一步加强努力,促进外资外贸高质量发展。一是完善服务业市场准入。引进国际先进的服务理念和管理模式,积极培育具有国际竞争力的服务品牌和企业,推动服务业向高端化、智能化、专业化方向发展,参考高标准国际经贸规则,建立和完善更加开放透明的市场准入管理模式。二是推动高端服务业集聚。利用自贸试验区的先行先试优势,降低服务贸易壁垒,适度放宽航运服务业的市场准入以及相关限制,加大对航运经纪、航运金融、海事法律服务等政策支持,大力发展

沿海掮带、保税燃料油加注等业务,积极培育航材租赁、航运结算等新业态,吸引来自日本、韩国、新加坡等国家航运服务业的要素供给。三是加强与国际市场的交流合作。通过组织国际性的展会、论坛等活动,搭建国际交流合作平台,吸引国际知名企业和机构来津投资兴业。同时,积极参与国际经贸合作,推动天津产品和服务走向世界。

(四)把握数字贸易新发展机遇,构建数字贸易生态体系

数字贸易正在快速重塑全球产业链、价值链,天津应把握数字贸易创新发展机遇,构建数字贸易生态体系。一是在战略层面积极寻找数字商机,利用天津的物流、地理、区位优势积极促进电子商务发展,促进新业态下本地数字初创企业集聚与联系,将天津自贸试验区提升为数字创新中心,叠加国家层面的数字创新政策(如数据存储及安全等)与区内市场监管和制度体系相结合,通过新的激励措施促进数字产业升级。二是探索开展数字关境,研究数字贸易特殊监管试验制度设计,选取代表性行业开展离岸数据业务,赋予部分规模以上数据中心、云服务商、数据平台等作为海关特殊监管委托代理。三是加快数字口岸建设,打破涉外监管部门的数据壁垒,加快涉海、涉港、涉船等数据共享,实现口岸全业务数据落地。四是跟踪企业现实需求,以问题为导向、以场景为落点,结合本市产业特点,针对目前数据管理负面清单具有原则导向性而颗粒度不足的特点,列出覆盖部分领域场景的正面清单,聚焦存在急迫需求的业务场景,促进数据跨境流动。

(五)持续优化营商环境,加快对接国际高标准经贸规则

当前,国际经贸规则越来越重视知识产权保护、竞争政策、政府采购等"边境后规则",应在国企改革、政府采购、竞争规则等方面加快与国际规则对接。一是国企改革方面,提高国有企业经营的透明度,在自贸试验区金融创新中,突出国有企业和中小企业等各类企业信贷融资公平。二是政府采购规则方面,提高政府采购透明度,试点开放政府采购市场,允许进口货物和服务参与自贸试验区内的政府采购业务。深入推进"无纸化贸易",鼓励采用中英双语

发布采购信息，便利国际供应商更好地了解和参与。三是竞争政策和监管一致性方面，确保竞争政策实施的公平性，提高各部门监管标准的一致性。四是投资准入方面，将投资准入与跨境服务贸易负面清单合并，积极在天津自贸试验区探索试行新的负面清单模式。

本报告系天津市哲学社会科学规划课题一般项目"天津自贸试验区融入高标准自由贸易区网络的机遇、挑战与对策研究"（TJYJ23-007）的阶段性成果。

参考文献：

［1］滨海发布：《天津市（滨海高新区）RCEP综合服务示范区启动建设》，2024年10月8日，https://www.china-tjftz.gov.cn/contents/16116/582490.html。

［2］滨海发布：《天津自贸试验区（机场片区）数据跨境服务中心挂牌成立》，2024年9月19日，https://www.china-tjftz.gov.cn/contents/16116/581889.html。

［3］付子豪：《2024年上半年天津实现外贸进出口4003亿元》，中国新闻网，2024年7月30日，https://www.chinanews.com.cn/cj/2024/07-30/10260383.shtml。

［4］霍艳华、吴涛：《中国（天津）跨境电商领军者峰会将于11月8日在津举办》，北方网，2024年10月10日，http://news.enorth.com.cn/system/2024/10/10/057742480.shtml。

［5］马晓冬：《国家服务业扩大开放综合试点示范最佳实践案例出炉 我市一批经验做法入选》，《天津日报》2022年12月29日。

［6］深圳特区报：《天津自贸区：改革扬帆风正劲 创新潮涌渤海湾》，2024年10月8日，https://www.china-tjftz.gov.cn/contents/16116/582491.html。

［7］史莺：《天津与共建"一带一路"国家贸易往来增长显著 2024年前8个月贸易额同比增5.5%》，《今晚报》2024年10月9日，http://news.enorth.com.cn/system/2024/10/09/057738095.shtml。

天津海洋经济发展研究报告

徐丛春　国家海洋信息中心研究员

李明昕　国家海洋信息中心副研究员

摘　要： 海洋是高质量发展战略要地，发达的海洋经济是建设海洋强国的重要支撑。天津依海而建、因海而兴，海洋区位与资源是天津最大的先天优势和资源禀赋。同时，也要看到相比其他先进海洋城市，天津现代海洋产业竞争力有待提升，海洋自主创新能力仍需增强，海洋对外合作水平依然不高，海洋经济全域发展格局尚未形成，海洋城市文化潜力和品牌价值亟待挖掘。推动海洋经济高质量发展，高水平建设现代海洋城市，要提升产业能级，着力构建现代化海洋产业体系；打造创新生态，着力增强海洋科技自主创新能力；深耕"一带一路"，着力深化海洋高水平开放合作；坚持陆海统筹，着力推动陆海产业协同发展；挖掘文化价值，着力打造海洋文化旅游消费目的地。

关键词： 海洋经济高质量发展　现代海洋城市　现代海洋产业体系

海洋是高质量发展战略要地，发达的海洋经济是建设海洋强国的重要支撑。党的二十大提出"发展海洋经济，保护海洋生态环境，加快建设海洋强国"，为新时代新征程加快推动海洋经济高质量发展指明了方向。天津依海而建、因海而兴，海洋区位与资源是天津最大的先天优势和资源禀赋。大力发展海洋经济，加快推动海洋产业转型升级，对于天津完善现代产业体系、激发培育新动能、引领高水平对外开放、打造高质量现代海洋城市具有重要意义。

一 天津市海洋经济发展现状

海洋经济是天津经济发展的重要支柱产业。2023 年,天津市海洋生产总值 5550 亿元,占地区生产总值比重 33.2%,占全国海洋生产总值比重 5.6%,位居全国第七。

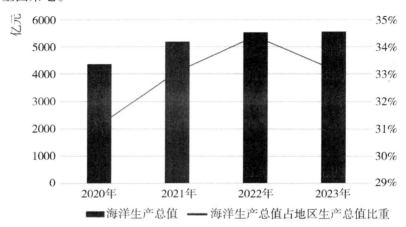

图 1 2020—2023 年天津市海洋生产总值及占地区生产总值比重

资料来源:国家海洋信息中心。

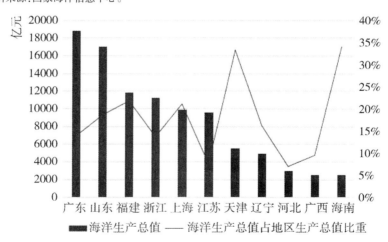

图 2 2023 年沿海地区海洋生产总值及占地区生产总值比重情况

资料来源:国家海洋信息中心。

（一）海洋经济发展布局持续优化

"双核"引领齐头并进。"滨城"核心发展区着力引动能、优环境,加快推进国家级海洋工程装备制造创新型产业集群,完善邮轮配套设施,举办绿色航运金融论坛,为海洋产业集聚发展营造良好发展环境。"津城"核心支撑区着力抓载体、促集聚,积极搭建涉海创新平台,不断加强高端航运总部引育,打造小白楼国际航运集聚区,举办天津国际航运产业博览会论坛,高水平集聚航运资源加快落地。

"五区"联动特色发展。南港工业区油气化工全产业链建设初具成效,渤化集团"两化"搬迁改造项目顺利推进。天津港保税区临港片区海洋装备创新集群加快形成,天津港保税区获批建设天津市海洋装备产业主题园区,海油工程天津智能化制造基地正式投产。天津港港区港口绿色化、智能化水平显著提升,天津港"集疏港智慧平台"建设应用,"船边直提""抵港直装"作业模式得到推广。滨海高新区海洋片区持续做强以海洋油气为依托的总部经济,中海油天津研发产业基地项目投入使用。中新天津生态城加强亲海文旅形象宣传,相继推出海博馆蓝色家园、航母公园平津战役纪念展等文旅产品,中农批国家冻品交易中心一期项目竣工。

（二）现代海洋产业体系逐步完善

海洋新兴产业加速培育壮大。海水淡化应用规模持续增长,截至 2023 年末,海水淡化工程规模 30.6 万吨/日,全年淡化海水利用量 3127 万立方米。先达海水淡化项目四条生产线安装完成,海水淡化产能提升至 12 万吨/日。自然资源部天津临港海水淡化与综合利用示范基地一期正式投用,中盐盐业技术研发中心天津临港研发基地投入运营。海上风电装备制造加快建设,三峡集团与天津市签署深化战略合作协议,支持企业加快海上风电光伏投资建设,拓展陆上"新能源 +"融合发展模式。海洋药物和生物制品业创新研发能力持续增强,丹娜生物加快企业总部基地建设,基于鲎资源利用平台开发相关检测产品。航运高端要素加快集聚,截至 2024 年 6 月末,东疆累计完成 778 艘国际船舶、81 座海工平台租赁,价值合计约 329.4 亿美元。

海洋优势产业地位不断巩固。京津冀港口协同迈出新步伐,天津港集团投资入股津冀集装箱码头公司和津唐集装箱码头公司,推动津冀港口合理分工、错位发展。天津港海铁联运通道达到 45 条,"一单制"海铁联运服务模式初步实现规模化应用,2024 年上半年天津港海铁联运量完成 69.1 万标准箱,同比增长 21.8%。海洋油气产量稳中有升,2023 年油气当量超 3680 万吨,原油产量增量占全国原油总增量比例 50%。"两化"搬迁改造项目二期氯碱一体化装置项目、恒阳化工物流二期项目等港产融合项目加快建设。京津两地工(经)信部门联合为南港工业区授牌"京津电子化学品基地"。东疆综合保税区完善天津邮轮母港综合配套服务设施,推动天津交通集团游客集散中心在邮轮母港揭牌。汉沽盐场荣获"全国海洋科普教育基地"称号,开展了第三届海盐文化旅游节等大型活动。海晶文化园正式开园纳客。

海洋传统产业加快提质增效步伐。长芦汉沽盐场建设水产园区首次采用蒸汽换热养殖,保证养殖稳产高产,出虾 41000 公斤。中心渔港国家骨干冷链物流基地现已建成冷库库容约 60 万吨,建成加工车间面积约 4 万平方米。汉沽盐场持续优化盐业产品结构,开发牙膏产品和海盐热敷包,积极打造"贡盐砖"。天津临港造修船基地技术中心加快建设,Arctic LNG 2 项目首个模块 ESS 顺利装船。中船天津加快高端船舶转型步伐,打造大型集装箱船、VLCC、滚装船等大型民用船舶建造基地,2024 年上半年大船天津在手订单 33 艘,交付散货船等船型 3 艘。

(三)海洋经济创新能力取得突破

海洋领域重大关键技术取得新突破。我国自主研发的首个海洋油气完井工具智慧工厂在天津投产,我国首个深水高压气田"深海一号"二期投产,攻克深水高压油气藏开发的世界级难题。亚洲首套船用风力系统助推系统研发成功,实现绿色航运技术突破。天津港集团发布全新一代智能化集装箱码头管控系统 JTOS。天津大学发布深海移动观测平台"浮星"、水下信息传输系统等科技成果,能够感知指定区域的海洋变化。天津理工大学发布海上施工的新材料、用于海洋油气资源开发的水下工具、远洋船舶驾驶员脑电信号监测系统等技术成果。天津市水产研究所成功突破日本蟳、深海名贵鱼种"蓝瓜子斑"等人工繁育技术。

海洋科创及产教融合平台建设加快推进。天津科技大学获批海洋资源化学与食品技术教育部重点实验室,完成海洋科学博士学位授权一级学科点申报,天津科技大学海河科创学院、天津卓越工程师学院揭牌,持续加强海洋科技人才培养。截至2024年7月,天津海洋装备产业(人才)联盟凝聚成员单位超170家,吸纳企业、高校及科研院所入盟,资产总额超5500亿元,持续推进校企之间在人才培养、产学研方面的合作。截至2024年9月,天津港保税区高端装备制造(海洋工程装备)产教联合体凝聚成员单位约130家,将人才培养嵌入产业链培育,打造"海油工程定制班"等,通过"订单班""学徒制"探索海工技能人才培养新范式,组织数十场产教融合对接活动。

(四)海洋经济进入绿色发展轨道

海域空间资源集约节约利用持续强化。进一步加强海岸线分类管理,强化用海要素保障。天津市规划和自然资源局制定出台《关于试行海域立体分层设权的通知》,鼓励对海上风电、跨海桥梁、海底隧道、海底电缆管道、温(冷)排水等用海实施立体分层设权。天津港东疆北防波堤风电项目采取立体分层设权方式用海,成为全国首个获得用海批复的防波堤风电项目。

海洋产业加快低碳可持续发展。持续推动船舶使用岸电示范区建设,有效引导船舶靠港使用岸电,推动船舶燃料低碳转型。成功建造"第四代＋"自航自升式海上风电施工平台"港航平5",搭载智能系统,高效支撑海洋清洁能源开发利用。天津滨海新区大港"渔光互补"光伏发电项目并网发电,水上发电、水下养殖,实现经济和生态效益双提升。

(五)海洋对外合作水平稳步提升

海洋产业开放合作深入推进。积极落实远洋渔业企业运回自捕水产品政策,推动远洋渔业企业与境外开展技术合作。邮轮母港迎来"欧罗巴"号等5

个访问港航次，入境外籍游客达到 4000 人，实现了母港航线和访问港航线双向复苏。

园区开放合作水平不断提高。天津港保税区创新船舶保税维修新模式，为装备运维服务集聚发展创造了领先制度条件。东疆综合保税区国际航行船舶保税 LNG 供应基地加快建设，京津冀首个 LNG 保税仓库成功接收 22 万立方米的进口 LNG，完成天津首单保税业务。邮轮供应服务不断提升，明珠国际邮轮供应（天津）有限公司落户东疆，积极打造集仓储、交易、配送等功能于一体的综合性船供载体。

二 天津市海洋经济发展存在的问题与短板

（一）现代海洋产业竞争力有待提升

一是海洋产业结构亟待优化，新动能发展不足。海洋油气、海洋化工等传统海洋产业仍然占据主导地位，海洋新兴产业虽然增长速度较快，但占全市海洋经济总量不足 10%。二是海洋产业短链、断链问题较为突出。产业链协同能力欠佳，产业集聚效应不明显，海水淡化产业示范基地和大型试验场对研发测试、成果转化、产业集聚的带动效能有待发挥。海油工程、中船（天津）等龙头企业的配套企业有超过一半集中在长三角地区，我市配套企业少且均处于附加值不高的零部件生产维修、物流环节。

（二）海洋自主创新能力仍需增强

一是海洋科技研发资源分布呈"碎片化"状态，缺少创新联合体、高端智库、海洋大学、海洋研究院等平台型机构，难以吸引高端复合型人才。二是缺少高层次国家级创新平台，目前我市只有 2 个国家级创新平台，对比青岛建成的 12 个国家重点实验室和工程技术研究中心差距较大。同时，也缺乏高质量海洋科技成果推广应用平台，以及可承接成果转化应用和产业化的龙头企业，难以形成从实验室到产业化的良性循环。

（三）海洋对外合作水平依然不高

一是天津港的战略资源优势未充分发挥,通道优势未充分转化为港口经济优势,港产城融合发展有待进一步提升,航运金融、航运咨询、海事仲裁等高附加值业态发展滞后,2024年新华·波罗的海国际航运中心指数,天津位居第19位,与全球第8大港口的地位不相称。二是国际海洋产业合作层次和水平总体不高,主要集中在海洋船舶与海工装备制造、海洋工程建筑业等少数行业领域,海水淡化与综合利用等优势领域国际合作还不多。三是国际海洋展会、海洋合作论坛、国际海洋领域高端论坛等有国际影响力的合作载体平台不多,国际话语权和影响力不足。

（四）海洋经济全域发展格局尚未形成

一是海洋经济区域布局亟待拓展优化。当前,山东、江苏等海洋先进省份均提出全省范围内推动海洋经济全域发展,无锡、常州、泰州等非沿海城市相继印发海洋经济规划,标志着海洋经济由沿海向全省全域覆盖进入新阶段。相比之下,天津海洋经济空间布局仍以滨海新区为主,尽管近两年来航运服务企业在市内六区布局有所增加,但"津城"核心支撑区功能发挥不足,海洋经济仍面临陆海分割局面。二是区域产业优势尚未与海洋产业深度融合。我市生物医药和信创产业领域具有良好发展基础,但在海洋领域发展几乎空白,从事海洋药物与生物制品企业不足5家,海洋信息与大数据产业发展较为滞后,陆海资金、技术、人才等要素融合不足,陆海统筹、引陆下海的格局尚未形成。

（五）海洋城市文化潜力和品牌价值亟待挖掘

一是城市海洋文化资源挖掘不充分,海洋历史文化遗产、海洋工业文明、渔盐文明以及现代海洋文明等文化资源亟待提升,对河海文化的传承和利用有待强化,具有区域特色的河海文化活动不多,海博公园的有效利用、"博物馆＋公司"的运行管理模式需进一步探索完善,文化引领作用有待进一步增强。二是海洋品牌价值亟待提升。海洋城市品牌认知不够清晰,海洋特色城市风貌不够突出鲜明,河海文化特色品牌塑造有待提升,宣传力度与广度不足。

三　天津市海洋经济发展面临的国内外形势

(一)蓝色经济正成为全球经济的重要增长点

主要国家与国际组织纷纷加紧战略布局,全球海洋经济版图深刻重构,恢复速度加快,有望超过全球经济平均水平。根据 OECD 测算,2030 年海洋经济对全球增加值的贡献额可能会翻一番,超过 3 万亿美元,许多海洋相关行业都有潜力超过全球整体经济增速。多家国际组织或政府机构发布蓝色金融工具相关标准框架,推进蓝色金融工具的运用向标准化方向发展。总的来看,蓝色经济正成为全球经济的重要增长点,可持续蓝色经济投资逐渐成为国际投资热点。

(二)国际海洋合作机遇中蕴藏风险

互济互惠的蓝色伙伴关系逐渐成为构建新型国际关系的重要领域,构建海洋命运共同体逐渐成为新的共识。在"一带一路"框架下,我国海洋合作不断深化拓展,积极推进构建中国—东盟蓝色经济伙伴关系,与欧盟、非洲、太平洋岛国、东南亚国家建立海洋合作论坛机制,逐步构建起广泛的蓝色朋友圈。但同时,世界经济恢复放缓,逆全球化呈长期化常态化加剧趋势,产业链重构的趋势日益明显,我国海洋制造业发展面临着高端产业链向发达国家"回流"和中低端向东南亚、南亚国家"分流"的严峻形势。

(三)高水平向海开放的经济格局持续深化

随着我国开放型经济形态的不断深入,高度依赖海洋的开放型经济形态和优进优出、两头在海的经济格局将持续深化,更高水平开放型经济的"依海"特征更加明显,为海洋经济在更大范围、更宽领域、更深层次的高质量发展提供了新的空间。天津港口枢纽引擎地位进一步提升,服务京津冀协同发展和共建"一带一路"的能力持续增强,为打造海洋开放门户、参与高水平国际竞争合作提供良好的发展基础和支撑保障,助力海洋经济高质量发展迈上新台阶。

(四)沿海地区掀起现代海洋城市建设热潮

深圳、青岛等海洋城市相继提出建设全球海洋中心城市、引领型现代海洋城市的发展目标,向海发展已经成为提升城市发展能级、推动高水平对外开放的必由之路。同时,沿海多地加快机构改革助力强省强市建设,浙江、海南、广东、辽宁、深圳、珠海、舟山等地省市组建海洋厅、海洋经济发展局等专职管理机构,强化海洋领域战略部署,将为新一轮向海图强、加快海洋强省(市)建设提供坚实的组织保障和政策支撑,助力海洋经济高质量发展迈上新阶段。

四 天津市海洋经济高质量发展的对策建议

(一)提升产业能级,着力构建现代化海洋产业体系

提升现代海洋产业能级是现代海洋城市建设的核心内容与动力引擎。一是巩固增强优势海洋产业国际竞争力。加快建设世界一流港口,促进港航服务智慧绿色转型,建设船用绿色燃料运营平台,积极发展清洁能源智慧供应链业务,实现绿色航运全产业链运营管控。做强天津邮轮母港品牌。培育本土邮轮配套供应链,搭建邮轮船供物资采购配送体系,完善国际邮轮旅游中心基础设施和周边配套服务,拓展国际邮轮旅游线路,积极争取邮轮公海游航线试点。二是培育壮大海洋新兴产业。持续推动海水淡化规模化应用,完善海水利用进入市政管理的制度保障,合理进行淡化水输水管网、加压泵站等设施的规划布局,完善淡化海水税收优惠、绿电补贴、污水处理费减免等政策,健全淡化海水水质、浓海水排放等相关标准,安全稳妥推进淡化海水进入市政管网,引导企业安全合规排放。加快建设国家级海洋工程装备创新型产业集群,充分发挥保税开放优势,争取国家支持建设全国最大海上工程装备保税制造中

心、国家级海洋工程保税研发示范区,打造"综合保税 + 产业升级"的样板和标杆。持续拓展海洋信息数据服务应用,推动建立海洋大数据开放共享与交易服务机制,引导海洋信息服务个性化需求与定制化供给的有效对接。三是推动海洋传统产业转型升级。拓展现代渔业产业链,加快推进中心渔港北方冷链物流与水产品加工集散中心建设,力争建成集源头采购、水产加工、仓储、冷链物流、交易于一体的现代化渔港。积极优化海盐产品结构,深化拓展浓海水及苦咸水综合利用与深加工,加快推动光伏风电、文化旅游、海上养殖与传统制盐及盐化工产业的深度融合。四是积极发展海洋现代服务业。加快发展海事金融、保险、法律、登记等高水平航运服务,巩固涉海融资租赁领先地位,做大国际船舶海工平台等跨境租赁业务,持续推进跨关区"保税租赁 + 保税展示交易"等业务创新。拓展提升多元化海洋金融服务,探索设立海洋科创投资基金、蓝色产业投资基金等服务海洋经济高质量发展的投资基金,持续优化涉海企业上市融资服务。五是提升海洋产业链韧性水平。实施重点海洋产业链长制,建立专家咨询机制,绘制海洋产业链图谱和产业地图,通过产业链招商、产业链金融、产业集群布局、特色产业园区、产业公共服务平台等补链强链,为海洋产业链巩固和发展提供空间、资源、资金、人才等要素保障。

(二)打造创新生态,着力增强海洋科技自主创新能力

增强海洋科技自主创新能力是现代海洋城市建设的核心竞争力。一是建设高能级海洋科技创新平台。强化海洋科技力量整合与资源共享,聚焦原创性突破和前沿战略技术储备,超前在海洋空间利用、生物基因、清洁能源、新材料等领域加强部署、构建战略优势,推动建立海洋领域重点实验室,鼓励建立国家和地方国家海洋科技创新平台,打造国家海洋科技创新策源地。进一步发挥天津港保税区高端装备制造产教联合体、天津海洋装备产业联盟等作用,推动智慧融合集成式创新。二是强化海洋创新主体培育。培育一批涉海专精特新企业和高新技术企业,打造新型海洋科技创新联合体。鼓励涉海企业、海洋科研院所建立海外研发中心、联合实验室、国际科技合作基地。三是强化科技研发和成果转化支持力度。培育海洋产业专业化创新创业孵化体系,构建

市场导向的海洋科技成果转移转化机制,完善技术、资金、人才、数据等要素集聚融通的产业创新生态。举办全国海洋产业创新大赛等具有全国乃至国际影响力的赛事。综合运用"贷、投、保、担"等金融资源,为海洋科技创新主体提供全生命周期资金支持。探索创建"团体标准—地方标准—行业标准—国家标准"一体化科技成果标准转化机制。四是凝聚培育海洋英才。支持涉海高校打造专业化特色海洋学院,增进校企及科研机构合作、产教融合,开展涉海人才联合培养和订单式培养,打造高层次、复合型、国际化海洋人才。支持天津科技大学建设渤海研究中心暨海洋经济新质生产力发展中心。依托天津海运职业学院、重点航运企业,打造国际海员培训和保障服务中心。

(三)深耕"一带一路",着力深化海洋高水平开放合作

高水平的海洋开放合作是现代海洋城市建设的实现路径。一是以海上丝绸之路为核心推动海洋产业开放合作。推动有条件的远洋渔业企业开展境外技术合作,在缅甸等渔业资源相对稳定的海域或地区开展捕捞生产。发挥海底光缆工程总包和技术优势,积极承接东南亚、中东、非洲等"一带一路"共建国家和地区项目,持续做大做强海底光缆和通信产业规模。培育具有国际影响力的海水淡化工程总包龙头企业,重点选取中亚、西亚等"一带一路"缺水国家,以自主海水淡化技术和装备输出为核心,推动海水淡化与综合利用技术、装备"走出去"。二是打造高端海洋开放平台。依托天津自贸实验区推动海洋领域制度创新,深化国际船舶登记制度创新,争取在东疆综合保税区设立船舶登记办事机构,进一步优化船舶登记工作流程,提升登记服务水平。推进区域性国际航行船舶保税油供应基地建设,建设国际航运船舶船用物资、备品备件分拨配送中心,创新东疆邮轮船供配送模式,拓展航运中心服务功能。创新仲裁服务模式,完善临时仲裁制度建设,建立机构仲裁与临时仲裁相衔接机制,丰富完善多元化争议解决体系。三是深化海洋科教文化交流合作。依托"中国—东盟智慧海洋中心",打造多层次教育、科技与人才交流的合作共同体。推进与中亚、西亚国家在海水淡化领域技术研发、平台建设、标准互认、人员交流与培训等全方位合作。四是持续提升海洋事务国际影响力。发挥国家级海

洋科研机构集中的优势,深化与国际组织、东盟、日韩等主要国家与地区海洋事务深度合作。

(四)坚持陆海统筹,着力推动陆海产业协同发展

陆海统筹推动产业协同发展是现代海洋城市建设的内在要求。一是优化海洋产业集群空间布局。强化核心区引领作用和集聚区辐射效应,加强"津城""滨城"双核联动,引导五大海洋产业集聚区协同发展。探索编制出台海洋产业地图,支持重大产业项目、产业链配套项目等根据产业地图进行集聚布局。充分发挥陆海自然资源特色和优势,因地制宜塑造宜居宜业宜游的生产、生活、生态空间。二是推动港产城深度融合发展。推动陆海资源要素顺畅流转,进一步打通陆海运输通道和经贸线路,大力发展海铁联运。拓展港口经济产业链,推动世界一流的绿色智慧港口建设的同时,大力振兴临港产业,优化口岸营商环境,加快提升现代海洋服务软实力,强化保税船供等服务能力。发展邮轮经济,引导邮轮游与陆上游联动发展。依托天津港保税区制度型开放优势,打造高端海洋装备园区。

(五)挖掘文化价值,着力打造海洋文化旅游消费目的地

深厚的海洋文化是现代海洋城市建设的思想基石。一是挖掘河海文化资源潜力。全面盘清河海文化资源家底,建立河海文化资源目录,制定河海文化遗产发展指引,做好河海文化资源保护与利用。大力发展研学产业园等河海文化主题研学旅行产业,开展集河海文化教育、文化传播与实践研究于一体的系列活动。二是丰富海洋城市生活场景。持续打造"向海乐活节"文旅品牌,营造河海联动、四季相连、海上＋陆上、日场＋夜场全新模式。统筹海博馆周边土地资源开发利用,推动"博物馆＋公司"运营发展机制,建设文旅融合的海洋主题公园,塑造河海文化艺术场景和城市景观,推动城市空间融合海洋文化艺术与海洋科技体验,打造特色鲜明、业态多元的河海文化体验街区。三是塑造海洋城市特色风貌。建设符合天津"津沽泽国、北国江南"的地标性建筑、雕塑、景观,规划建设亲水空间、公共设施、海滨广场、特色商业和文化艺术设施,

开展海味提升、网红打卡地设计与空间精细化营造,塑造现代化海洋城市生活方式。四是丰富发展河海文化产品和服务。加快发展非遗手工艺品、影视艺术产品等河海文化创意产品,支持产品进景区,统筹联动海洋景区、主题公园、文化场馆、商超、酒店等文旅业态打造特色消费场景,打造河海休闲游、游艇游、邮轮游、自驾游等精品旅游线路。

参考文献:

［1］经济与合作发展组织(OECD):《海洋经济2030》,林香红、宋维玲等译,海洋出版社,2019。

［2］许爱萍、成文:《天津海洋经济高质量发展路径研究》,《环渤海经济瞭望》2024年第3期。

［3］张伯妍、李楠:《各方携手壮大天津海洋装备产业链集群》,《滨城时报》2024年7月17日。

［4］单毅、朱绍祥、王鼎鑫:《天津港保税区打造世界级海洋经济产业集群》,《滨城时报》2024年1月27日。

［5］李亭:《向海图强,迈向"深蓝"——天津擦亮海洋经济"新名片"》,《大众投资指南》,2024年第22期。

［6］陈璠:《保护沿海滩涂 发展生态旅游》,《天津日报》2024年7月26日。

［7］李勋祥:《青岛在全球海运城市中位列第28位》,《青岛日报》2024年4月20日。

［8］张文亮、张靖苓、赵晖,等:《以新发展理念引领天津海洋经济生态化发展的思考》,《江苏海洋大学学报(人文社会科学版)》2020年第3期。

天津金融业高质量发展研究报告

沈艳兵　天津社会科学院经济分析与预测研究所副研究员

摘　要： 2024 年我市积极贯彻中央金融工作会议精神,扎实推进金融创新运营示范区建设,取得良好成效。金融业持续增长,金融在服务"三新""三量"中发挥了重要作用,普惠金融质效显著提升,绿色金融创新发展持续深化、特色金融业态不断壮大。为深入贯彻京津冀协同发展重大国家战略,高水平建设金融创新运营示范区,推动我市金融高质量发展,要紧紧围绕以服务实体经济为核心,积极推进各项政策措施落实,推动金融与全产业链深度协同,着力发展科技金融、产业金融、航运金融、数字金融、绿色金融、普惠金融、养老金融等重点金融领域,积极培育引进高质量金融人才,营造良好金融生态,深入推进金融创新运营示范区创新发展迈上新高度。

关键词： 绿色金融　数字金融　普惠金融　金融创新运营示范区

2024 年,我市积极落实"稳中求进、以进促稳、先立后破"的发展思路。金融创新运营示范区建设经历九年扎实推进,金融数据持续增长,金融创新案例不断推出,多项全国首单频频涌现,金融业已成为支撑我市高质量发展的支柱产业之一,对全市经济发展的支撑性不断显现。

一 天津金融业发展现状

（一）2024年天津金融发展总体情况

1. 金融业保持增长，社会融资规模增速加快

全市金融运行呈现"稳中有进、质量提升"的良好局面，前三季度，金融业增加值同比增长6.5%，高于全市服务业增加值同比增速1.1个百分点，高于全国金融业增加值增速1.3个百分点。社会融资规模合理扩大，累计增加3256亿元，存款增速保持在较高水平，贷款总量稳定增加，有力支持实体经济高质量发展。截至9月末，全市社融存量7.55万亿元，同比增长7.8%，增速比上年同期提高0.4个百分点。社会融资规模结构总体呈现银行业融资稳定增长、委托贷款和信托贷款同比增多、地方政府债券融资占比提升的特点。从图1中可以看出，2024年1—9月份，各项存贷款余额总体略有增长，但贷款同比增速略有下降态势，存款同比增速波动较大。

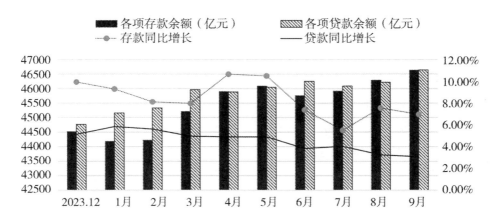

图1　2024年1—9月天津金融机构本外币（含外资）存贷款情况

数据来源：中国人民银行天津分行官网。

2. 金融在服务"三新""三量"中发挥重要作用

在做实"三量"方面,着力通过盘活闲置资产资源推进金融集聚标志区建设,差异化打造金融主题及特色楼宇,如在解放北路的金融历史文化区建设天津金融展示中心和金融机构服务中心、在友谊北路沿线两侧的金融发展活力区建设金融实体展示中心、在东疆综合保税区的租赁创新示范区和于响中央商务区的产业金融发展区打造金融主题特色楼宇等。

在促进"三新"提升方面,金融精准向"新",在引育新动能上发挥了积极作用。截至 2024 年 6 月末,在津银行机构向各类科创企业发放贷款余额 2431 亿元,信用贷款占比 51%,为科创企业提供保险保障 3020 亿元。有 7 家银行在天开园设立科创特色机构,113 家金融机构与天开高教科创园签约,设立总规模超 77 亿元的 11 只基金,园内企业投融资额超 9 亿元。同时,继续扩大"科技—产业—金融"新循环试点;开展"百家机构、千亿融资、服务万户企业"科技金融能力提升专项行动;实施金融助力科技型中小企业共同成长计划;建立科技园区金融服务"主办行"制度;通过单列 50 亿元科技型支小再贷款优先额度引导金融机构为科技型企业提供多元化、接力式服务;天津 OTC 与全国股转公司签约落地"绿色通道""公示审核"对接机制,助力 10 家津企新三板挂牌。

3. 普惠金融提质、扩面、增量成效显著

我市普惠金融发展在不断提质、扩面、增量中取得显著成绩。滨海新区和津南区入选 2024 年财政部普惠金融示范区将获得更多发展支持。截至 9 月末,全市小微企业贷款余额 1.09 万亿元,同比增长 16.0%,占全部企业贷款余额的 34.9%,比上年同期提高了 3.8 个百分点。在支持乡村振兴方面,各机构以金融科技助农项目为主体,运用数字技术提高金融服务能力,建立完善了多层次、广覆盖、可持续的农村数字普惠金融服务体系,八部门共同编制了《天津市金融科技赋能乡村振兴示范工程工作方案》。在支持中小微企业方面,截至 6 月末,发放创业担保贷款 1.63 亿元,累计助力带动创业企业 2000 余户。截至 4 月底,"信易贷"平台累计为 31 万家企业发放贷款 1809 亿元信用贷款。市担保公司一季度共为近 300 家优质企业提供融资担保服务,同时与多个单位向全市中小企业发放各类服务包,实现政策、技术、服务汇集,共同助力中小微企业发展。在服务新市民方面,截至 2024 年 6 月末,已有 10 余家银行保险机构推出新市民专属金融服务方案,主要商业银行共对 105.38 万名新市民提供了个人贷款服务,贷款余额较去年同期增长 22.3%。

4. 绿色金融创新发展持续深化

我市绿色领域贷款保持较快增长,截至 9 月末,全市绿色贷款余额 6673 亿元,同比增长 17.8%,高出全部贷款增速 14.7 个百分点。积极创新绿色金融产品,持续优化绿色金融服务。出台了"天津绿金十条"、扩大碳减排支持工具运用等政策;成功发行首单应用银行间市场创新发行机制的绿色债务融资工具——碳中和绿色中期票据;推出首笔碳挂钩贷款。东疆综合保税区出台了全国首个融资租赁绿色评价机制,上线运营了全国首个绿色租赁数字化综合应用平台"绿租云",落地全国首笔标准化绿色租赁业务,接连发布《绿色融资租赁项目评价指南》等三项团体标准。

(二)天津金融市场运行情况

金融市场整体发展稳中有进,各类金融市场充分发挥自身优势,成为服务"十项行动"高质量发展的重要支撑。

一是银行业发展稳中有进。我市银行业着力提高金融资源配置的精准性、有效性,提升行业发展可持续性,积极服务经济社会高质量发展。前三季度,全市银行业机构向实体经济提供的融资合计增加 2769 亿元,占社会融资规模的 85.0%。其中,对实体经济发放的人民币贷款增加 1753 亿元;对实体经济发放的外币贷款折合人民币增加 106 亿元。信贷业务重点加大对实体经济、重点领域、薄弱环节的支持力度,制造业贷款保持 10% 以上的增速。上半年,银行业总资产、总负债同比分别增长 5.78%、6.06%;存贷款保持合理增长,各项存款、贷款同比分别增长 6.83%、4.97%。银行业不良贷款率同比下降 0.29 个百分点,处于历史较低水平。

二是保险市场发展质效不断提升。我市保险业持续完善保险产品体系,不断优化服务,截至 2024 年 8 月,我市保险业实现原保险保费收入 611 亿元,同比增长 11.3%，其中，寿险收入 401 亿元，同比增长 15.6%；健康险收入 87 亿元，同比增长 8.8%；财产险收入 116 亿元，同比增长 1.8%；意外险收入 7 亿元，同比减少 12.5%。为进一步营造保险业发展的良好生态，充分发挥保险业"减震器"和社会"稳定器"功能，25 家中小财产保险公司成立了天津市财产保险公司中小机构合作联盟，进一步优化保障服务。

三是证券、期货、基金市场在培育新质生产力方面表现突出。证券、期货和基金市场主要指标略有下降，截至 2024 年 8 月，全市上市企业累计达到 71 家，比上年同期减少 1 家，滨海新区占比 60.56%，比上年同期（61.1%）略有下降，上市公司总股本同比增长 1.27%，总市值同比减少 13.7%。新三板挂牌公司比上年同期减少 2 家。期货总资产较上年同期增加 11.1%，净资产和净利润比上年同期分别减少 1.3% 和 76.0%。私募基金管理人家数比去年同期减少 36 家、基金产品数量减少 122 只，基金净值同比减少 12.9%。基金和债券市场在培育和发展新质生产力、支持实体经济高质量发展方面表现突出，如筹建了规模为 2 亿元的数字经济产业基金，致力于以国家超级计算天津中心为核心的产业链上下游投资孵化；总规模 3 亿元的雨林基金聚焦支撑高精尖产业发展的科技服务专业机构及机构链接的优质服务对象开展股权投资。成功落地了首批银行间债券市场"量价分阶段簿记""时间优先配售""截标后确定规模"创新发行机制融合试点债券等。

（三）金融创新运营示范区创新发展的特征

2024 年，在国家《关于金融支持天津高质量发展的意见》和我市《关于推动金融创新运营示范区高质量发展的政策措施》的政策引领下，金融创新运营示范区建设步入新阶段，呈现出新特征。

一是金融"活水"助推科技创新高地建设成效显著。培育科创企业离不开金融支持，天开高教科创园作为科技创新策源地、科研成果孵化器、科技服务资源集聚区，是我市新质生产力发展高地和盘活存量资产的典型。截至 2024 年 8 月，天开高教科创园累计获得贷款 5.95 亿元。以海河产业基金、天开九安海河海棠 50 亿科创母基金等各类基金在助力天开园发展中充分发挥金融作用,截至 2024 年 5 月,天开高教科创园拥有的各类基金规模已达 63 亿元。同时,在《关于进一步支持天开高教科创园高质量发展的若干政策措施》(天开高教科创园政策 2.0 版)中,升级了包括加快培育上市潜力企业、吸引创投资本和金融机构入驻、引导国有创投和担保机构服务园区企业等金融政策,打通了股权、债权及其他金融服务通道,努力解决园区科创企业"融资难、融资贵"的难题。通过打造天开高教科创园科技与金融的服务生态体系,共同推动科创企业的可持续发展。

二是特色金融业态不断壮大。融资租赁、商业保理作为金融创新运营示范区两大亮点持续保持全国领先。在全国率先探索出保税租赁、融资租赁出口退税、离岸租赁、售后回租、联合租赁、委托租赁等多种业务模式,吸引来一大批行业龙头企业形成租赁业聚集区,规模不断壮大,截至 2024 年上半年,全市融资(金融)租赁公司资产总额已超 2 万亿元,机构数量和管理资产规模居全国前列;全市商业保理公司资产总额近 3000 亿元,保理融资款余额超 2500 亿元,稳居全国首位。我市航运金融指标排名全球第 14 位、国内第 4 位,居于北方首位。东疆已成为全国租赁资产最集中的区域,在全国享有"东疆租赁模式"美誉,船舶、海工等跨境租赁业务占全国 90% 以上,正加快世界级船舶租赁中心建设。

三是金融服务京津冀协同发展不断深化。京津冀协同发展战略实施十年来,我市各类金融机构持续提升金融服务京津冀协同发展质效,为助力优化区域空间发展格局、增进产业协同创新提供了有力金融支持。如推动超 6 万亿元协议支持资金加快投放;发行全国首单京津冀科技创新资产支持票据;全市金融机构支持京津冀协同发展项目贷款余额近 7500 亿元,较 2017 年末增长 78.9%。三地银行不断强化业务协作,形成金融合力,如建立跨境人民币结算便利化优质企业互认机制、指导辖内征信机构对接"京津冀征信链"、建立完善数据信息共享机制、建立"三地六互"金融改革创新交流合作机制、联合设立"产业链金融支持计划"专项支持京津冀产业链民营小微企业融资、打造服务京津冀地区小微企业、个体工商户的金融创新平台"智慧商务通"。

四是金融高质量赋能实体经济发展。各类金融机构聚焦"十项行动",以高质量金融服务助力实体经济发展。一方面积极推动产业金融可持续发展，金融服务重点产业链发展升级成 3.0 版，2024 年上半年各"主办行"向对口服务产业链新增授信超 780 亿元，同比增长 18%，新发放贷款 280 亿元，同比增长 27.5%。截至 2024 年 7 月末，天津 OTC 汇集各类培育企业 5780 家，累计实现融资 867 亿元，与 78 家企业签署上市综合服务协议，近两年已服务 10 家企业登陆新三板、2 家企业上市北交所。另一方面金融支持向科技创新企业倾斜，全市高新技术企业和科技型中小企业贷款保持两位数较快增长。在《天津市未来产业培育发展行动方案（2024—2027 年）》中提出"金融赋能未来"，即通过拓宽资金供给渠道、优化未来产业金融服务，有效利用金融市场赋能未来产业发展。

二　天津金融业高质量发展的趋势研判

根据国际货币基金组织（IMF）预测，2024 年全球经济增速减缓，科技进步和创新将成为推动经济复苏的重要力量，人工智能、金融科技、未来产业等先进领域将成为新增长点。受国内外一些超预期因素影响，我国经济发展面临一定挑战和下行压力。对此，国家金融管理部门和我市金融管理部门都主动发力，强化监管防范金融风险，构建金融有效支持实体经济重点领域和新质生产力发展的长效机制。

（一）以政策为引领将推动我市金融创新运营示范区建设迈上新高度

2023 年 10 月底召开的中央金融工作会议强调"要加快建设金融强国，全面加强金融监管，完善金融体制，优化金融服务，防范化解风险，坚定不移走中国特色金融发展之路，推动我国金融高质量发展"。以此为契机，我市金融创新运营示范区建设迎来了新的发展机遇。首先是国家层面出台了首个支持天津发展的综合性金融政策——《关于金融支持天津高质量发展的意见》，提出了一揽子层次高、范围广、含金量足、针对性强的支持措施，为我市金创区未来的发展提供了政策支持和引领。其次是市政府印发的《关于深入推进金融创新运营示范区建设的方案》指明了具体发展目标,未来 3 年,维持在融资租赁和商业保理行业的全国领先地位,同时塑造具有主题和特色的金融集聚区;未来 5 年,预期金融业增加值占地区生产总值的比重将达到 15%,租赁整体资产规模预计达到 2.7 万亿元;至 2035 年,全面建成国际一流的国家租赁创新示范区和全国商业保理之都。最后是市政府和各相关部门相继出台了更详尽的、有针对性的促进金融领域全方位、高标准发展的政策措施,如《关于推动金融创新运营示范区高质量发展的政策措施》《关于做好金融五篇大文章赋能天津高质量发展的实施意见》《天津市科技创新金融服务能力提升"百千万"专项行动方案》《天津市推动上市公司高质量发展行动方案》《关于规范和促进天津银行业保险业发展绿色金融的指导意见》《天津市进一步优化支付服务提升支付便利性实施方案》等。未来,在中央和地方各项政策引领下,我市金融创新运营示范区建设将迈上新高度,金融改革创新能力走在全国前列,在引领全国金融开放创新、服务区域经济和社会发展中发挥更大作用。

(二)在推进中国式现代化进程中金融支持体系将进一步完善

金融体系现代化是中国式现代化建设中不可或缺的组成部分,是推进中国式现代化的重要力量。金融支持体系是一个综合的、相互关联的、复杂的金融系统,它主要通过为实体经济发展提供资金支持和金融服务、优化资源配置、分散投资风险、促进国际贸易等方式推动经济增长和社会进步。中央金融工作会议提出"切实加强对重大战略、重点领域和薄弱环节的优质金融服务。做好科技金融、绿色金融、普惠金融、养老金融、数字金融五篇大文章"。习近平总书记曾强调"必须加快构建中国特色现代金融体系",包含金融调控、金融市场、金融机构、金融监管、金融产品和服务、金融基础设施"六大体系",推动金融高质量发展。市政府也高度重视发挥地方金融的作用,围绕重大战略、重点领域和薄弱环节,不断完善政策框架、创新结构性货币政策工具、健全金融组织和产品服务体系、强化政策落实,着力提升金融服务实体经济质效,这些都将进一步促进我市金融支持体系不断完善,助力高质量发展。

（三）金融赋能新质生产力将不断提升实体经济发展质效

培育新产业、催生新模式、形成新动能是发展新质生产力的主要内容,其中,重点培育战略性新兴产业和未来产业,发挥创新链对产业链的支撑作用,以科技创新引领实现高水平科技自立自强是新质生产力的发展核心。金融作为链接科技和产业的重要工具,能有效提升新质生产力发展质效,从中央到地方都在积极推动金融赋能新质生产力发展。第一,我国持续优化金融信贷结构,引导更多信贷资源流向新质生产力领域,人民银行数据显示,2024年前三季度,制造业中长期贷款同比增长14.8%,其中高技术制造业中长期贷款同比增长12%、专精特新企业贷款同比增长13.5%。2024年10月国家四部委部署落实一揽子增量政策助企帮扶,其中着力推动金融机构加大对实体经济的支持力度,特别是加快推动专精特新中小企业和"小巨人"企业高质量发展。第二,我市多项金融举措助力新质生产力发展。如持续推动"科技—产业—金融"新循环,建立监管"四张清单",畅通金融活水流向科技创新的"最后一公里";人民银行天津市分行引导金融机构创新金融产品及服务模式,打造"科技型企业金融服务便利店";工商银行等15家金融机构设立23家科技金融特色专营机构,为科技型企业提供有针对性的投融资服务等。金融支持与科技创新、数字化转型、服务保障等共同构建起促进专精特新中小企业发展壮大机制,完善全周期培育体系,将极大促进专精特新中小企业高质量发展。科技金融赋能新质生产力的能力不断提升,会加快培育和壮大我市新质生产力发展。第三,京津冀协同发展不断走深走实,必然推动北京科技创新优势和天津先进制造研发优势结合,促进产业链、创新链、人才链、资金链的深度融合、高效联动,让更多科技成果转化为新质生产力。天开高教科创园作为科创新地标,通过不断引入新的金融服务机构,优化融资方式和途径等多种方式助力发展新质生产力。

三 天津金融业高质量发展的对策建议

在我市金融创新运营示范区建设即将迎来第 10 个年头之际,要继续扎实推进金融创新运营示范区高质量发展,增强金融创新运营示范区辐射带动作用,为加快建设金融强国贡献天津金融力量。

(一)加快推进各项金融政策落地落实见效

随着国家和我市推进金融改革创新的各项政策出台,加快推动各项政策落地见实效是今后一段时间要着力推进的工作。一是要强化宏观政策的调控力度,以中央政策为引领积极推进我市促进金融发展的各项政策措施的精准落地,统筹抓好金融软硬件建设。二是要加快推进重点领域金融改革任务,保质保量落实好《关于推动金融创新运营示范区高质量发展的政策措施》中的对金融机构集聚、全产业链金融发展、营造良好金融生态、金融人才发展等方面的资金、政策、考核等具体支持措施。三是督促各相关部门和金融机构积极应对各项政策,适时推出操作性强、效果好、让群众和企业可感可及的金融产品和服务举措。

(二)扎实做好金融"五篇大文章"

在推进中国式现代化进程中,要践行市政府"四个善作善成"要求,持续优化金融支持体系,倾力做好金融"五篇大文章"。第一,要完善我市金融支持科技创新体系,聚焦我市金融服务科技创新的短板弱项,凝聚多方合力完善金融支持科技创新体系,鼓励各类金融资本加大对科技创新领域的投入,形成对科技创新各环节的差异化支持路径,满足不同阶段科技创新链条的金融需求。以政府引导基金先行撬动更多社会资本转化为"耐心资本",并不断壮大"耐心资本"的力量,引导其布局我市科技创新赛道。第二,要培育绿色金融组织体系,优化绿色信贷、绿色保险、绿色债券产品服务供给,开展绿色租赁、转型金融等金融标准试点,强化金融机构绿色金融评价,重点提升绿色金融服务效能、深化产融对接、破解发展难题、促进资源整合,持续推进我市绿色金融改革创新。第三,深化普惠金融体系建设,加大金融创新和服务供给力度,更好满足弱势群体、小微企业和农民等的金融需求,切实解决他们贷款难贷款贵问题。第四,夯实数字金融发展的基石,充分发挥"津心融""信易贷""绿租云"等各类数字平台的功能,打造我市数字金融综合服务平台。同时,积极扩大金融数字支付便利化服务的范围。第五,鼓励各类金融机构着力发展养老金"第三支柱"(个人养老金和其他个人养老金融账户),积极拓宽养老产业融资渠道,持续提升养老服务金融质效。

(三)以科技赋能全面提升金融服务实体经济质效

金融在推动实体经济高质量发展方面发挥着不可替代的作用。一是要深化政策协同,加强政策支持力度。结合《关于金融支持天津高质量发展的意见》等政策措施的要求,发挥特有的政策优势,不断优化资源配置,以确保金融服务实体经济取得良好实效。二是在风险可控前提下,逐步完善我市多层次金融服务体系,特别是要深化对主要制造业产业链供应链的金融支持举措,鼓励各类金融机构充分利用科技赋能不断丰富金融产品和服务,持续加大对实体经济的全方位支持力度。三是在培育发展新质生产力方面,充分发挥科技金融的作用,积极落实各类支持政策措施,力争在盘活存量、培育增量、提升质量,推动科技创新、产业焕新、城市更新方面形成天津实践经验。四是强化数实融合,通过实体融资和数字融资相结合,全方位服务实体经济,继续鼓励各类金融机构向数字化转型,探索扩大数字化市场服务主体范围,为实体经济创新发展提供更多支持。

(四)以高校资源为依托引育高质量金融复合人才

随着新金融的发展,我市对高质量的复合型金融人才的需求愈加迫切。一方面要依托我市南开大学、天津大学、天津财经大学等优质高校资源,把金融学科建设和金融人才培养作为高校发展的重要板块,创新金融人才培养模式,从知识结构、教学理念方式等方面积极进行革新,加强学科交叉创新,按照

"高精尖缺"导向,着力培养具有全球胜任力的复合型、专业型、创新型的"金融＋数据科学"人才,以应对未来新金融发展的多种需求。另一方面,要加大对高层次金融人才的引进力度。制定对高端紧缺金融人才的奖励机制和优厚的待遇政策,持续强化对金融人才的各项服务保障措施,形成"引进来、留得住"的良性人才发展机制。

参考文献：

［1］张庆君、邵磊:《增强金融服务实体经济能力 谱写中国式现代化天津篇章》,《天津日报》2024 年 10 月 11 日。

［2］岳付玉:《我市金融系统聚焦高质量发展"十项行动" 加大力度支持实体经济重点领域发展》,《天津日报》2024 年 1 月 27 日。

［3］王国刚、赵伟霖:《中国式现代化建设中的现代金融体系构建》,《经济理论与经济管理》2023 年第 5 期。

［4］岳付玉:《天津金融创新运营示范区建设不断提速》,《天津日报》2024 年 7 月 12 日。

天津民营经济发展研究报告

天津社会科学院区域经济与城市发展课题组①

摘　要： 民营经济高质量发展对实现中华民族的伟大复兴和全面建成社会主义现代化强国具有深远意义。天津始终坚持"两个毫不动摇"，落实落细各项壮大民营经济发展政策，持续优化民营经济营商环境。近年来，天津民营经济量质齐升，民营企业数字化绿色化转型加速推进，并在产业链供应链建设中贡献更大作为。然而，现阶段龙头民营企业数量有待提升，民营企业生产经营仍承受较大压力，制造业民营企业核心竞争力仍需提高。为支持和推动天津民营经济高质量发展，本文从持续培育壮大龙头工业、加大民营经济要素支持以及加快转变民营经济发展方式等方面提出对策建议。

关键词： 民营经济　发展瓶颈　对策建议

　　党的二十大报告中提出："优化民营企业发展环境，依法保护民营企业产权和企业家权益，促进民营经济发展壮大。"党的二十届三中全会《中共中央关于进一步全面深化改革、推进中国式现代化的决定》指出，高水平社会主义市场经济体制是中国式现代化的重要保障，强调坚持和落实"两个毫不动摇"，促进各种所有制经济优势互补、共同发展。天津全面贯彻落实习近平总书记重要指示精神，坚决落实好完善市场经济基础制度的各项任务，把民营企业和民营企业家视为"自己人"，激发民营企业经营活力，持续优化民营企业的营商环

---

① 执笔人：刘肖。课题组成员：孙德升、赵云峰、贾玉成、崔寅、付正淦

境,全力支持民营经济做大做优做强。

一 2024年天津民营经济发展环境现状

(一)民营经济利好政策落地落实

2023年7月19日,《中共中央 国务院关于促进民营经济发展壮大的意见》发布,强调了民营经济的重要地位与积极作用。此后国家发展改革委等部委相继发文,从强化要素支持、维护民营企业家合法权益、优化营商环境等方面提出具体规范措施。2023年11月,天津市为深入贯彻习近平总书记关于民营经济发展的重要论述,结合本市民营经济发展现状,出台《关于促进民营经济发展壮大的若干措施》(简称"民营经济发展壮大29条"),从七个方面推动民营经济发展壮大,强化天津市民营经济竞争力。

2024年天津市《政府工作报告》强调增强民营经济发展活力。要求未来有序扩大民间资本市场准入,持续清理妨碍统一市场和公平竞争的政策措施,对市场主体发展政策做到一视同仁,建立畅通与民营企业常态化务实交流机制。天津市人民政府出台《关于深入推进金融创新运营示范区建设的方案》,旨在提升民营企业金融服务的可获得性和满意度。政府积极探索对接跟踪民营企业有效金融需求,拓宽民营企业直接融资渠道,完善金融服务定价机制,引导银行加大对民营企业发展的支持力度,持续推进减费让利,让金融服务更加惠企利企。各银行不断开发新产品,优化完善服务民营企业的授权机制。截至2024年一季度末,辖内民营企业贷款平均利率水平4.09%,较2019年同期下降1.2个百分点。《天津市促进现代服务业高质量发展实施方案》提出强化服务业的招商引资,激活民间力量,市场化盘活存量资源,以促进民营服务业企业发展壮大。天津市积极为民营企业搭建各类交流平台,通过系列亮点特色活动,促进各方共享资源、交流技术、探索市场。《天津市推动大规模设备更新和消费品以旧换新实施方案》提出分类分级推动企业设备更新和技术改造,支持制造企业高端化、智能化和绿色化技术改造,焕发民营企业生机活力。

在"两新"工作的推动下,民营企业设备加快更新步伐。

(二)民营营商环境持续优化

持续打造一流营商环境,激发民营企业内生动力和创新活力。《天津市2024年营商环境质量提升行动方案》通过实施行政审批集成便利行动、监管服务创新赋能行动、投资促进能力提升行动、"海河英才"安居乐业行动、法治建设支撑保障行动和魅力城市近悦远来行动六项措施,系统推进天津政务服务更为便捷高效,法治环境更为放心,营商环境更具人文关怀。

构建民营企业服务体系,为民营企业纾困解难。2024年7月出台《天津市人民政府关于印发天津市推动"高效办成一件事"进一步优化政务服务提升行政效能工作方案的通知》,要求持续推进线下办事"一门一窗"、线上办事"一网通办"和诉求"一线应答"拓宽政务服务渠道,健全政务服务制度、标准体系、政务服务工作体系。同时公开发布《天津市"免申即享"政策清单(2024年版)》,借力大数据分析,推动"政策找人"。天津市持续完善与民营企业常态化沟通交流和解决问题机制。据市发展改革委公开信息,2024年一季度,政企互通信息化服务平台共收集民营企业问题2207件,已解决2045件,解决率92.7%,满意率99.7%。

加大法律服务供给,为民营经济提供法治保障。一方面,强化惠企政策宣传引导,提升政策解读工作质效,提高政策系统解读规范性。持续举办"惠企大讲堂"系列惠企政策宣讲活动,推动企业知晓政策出台、明晰政策内容、享受政策便利,打通政策落实"最后一公里"。在2024年"民法典宣传月",贯彻落实习近平总书记关于"法治是最好的营商环境"的重要论述,持续深入开展民法典等相关法律法规普法宣传。另一方面,将信用修复工作作为优化法治环境的重要抓手。探索建立区级信用修复线下帮办服务机制,不断创新信用修复服务模式。武清区、滨海新区先后建立区级信用服务窗口,提供"一站式服务",重塑企业信用。武清区、红桥区、东丽区、津南区构建信用修复"两书同达"机制、滨海新区构建信用修复"函书同达"机制、和平区构建"四书同达"机制,引导和帮助失信主体纠正违法失信行为,高效推进"信用修复一件事"。

2024年6月,举行"津诚信商"品牌发布会,进一步发挥商会在民营经济领域信用体系建设中的示范引领作用,积极弘扬企业家诚信精神,推动民营经济高质量发展。

二 2024年天津民营经济发展的主要特征

(一)民营经济量质齐升

民营经济规模有效提升。近年来,天津市着力培育壮大市场主体,持续优化营商环境,民营经济主要经济指标稳中有进。统计数据显示,2024年前三季度,全市民营经济增加值4798.3亿元,同比增长6.0%,快于全市经济增速1.3个百分点,民营经济占全市地区生产总值的比重为37.9%,对全市经济增长的支撑作用持续增强。全市民间投资达到千亿元,同比增长8.6%,快于全市固定资产投资4.4个百分点。其中,工业民间投资快速增长16.5%。天津民营经营主体174.6万户,同比增长1.4%,民营经营主体数量占全市经营主体数量的比重为97.8%。全市民营企业外贸出口总额1367.2亿元,同比增长5.3%,占全市外贸出口总额比重为47.1%,跃升为我市第一大外贸主体。天津民营企业进出口2775.3亿元,增长6%,有进出口实绩的民营企业同比增加12%,占同期天津有进出口实绩企业总数的八成以上。

民营企业创新水平不断增强。天津市分层建立优质企业梯度培育库,培育了一批民营科技领军企业。2024年上半年,中小微民营企业和专精特新"小巨人"民营企业同比增长为5.8%和9.1%,分别快于全市平均水平1.4和4.7个百分点,分别上拉全市2.3个百分点和0.3个百分点。截至2024年三季度,天津市评价入库科技领军(培育)企业308家,其中民营企业约占72%。同时,有质量有潜力的民营企业数量不断增多。天津市新增华来科技、恒达科技等5家新三板挂牌企业,新增微纳芯、浩源汇能等5家拟上市公司,上述企业均为民营企业。天开高教科创园开园时间不足2年,2500余家人工智能、生物医药、新能源新材料等高科技企业在此落户。核心区已有106家注册企业入库国家科技型中小企业,约 1/3 企业正式步入科技型企业成长的国家级评价序列。伴随科技创新能力不断提升,民营企业对天津市地方财力增长提供更为有力的支撑。2024 年前三季度,民营经济实现税收总额 1264.8 亿元,对全市税收贡献率达 45.8%,比 2023 年年底提升了 0.3 个百分点。

(二)民营经济数字化绿色化转型加快推进

民营企业与数字技术的融合程度逐渐加深。数字技术是引领新一轮技术革命的主导技术,"智改数转"是民营企业降本、提质、增效,抢占发展制高点的关键之举。天津市实施智能制造赋能工程,推动民营企业从"天津制造"向"天津智造"加快转型。近年来,加大力度建设数字基础设施,积极引进国家级工业互联网,培育行业级、企业级工业互联网平台,建设多层次工业互联网平台体系。加大力度提升企业信息化建设并搭建优质的融通创新公共服务平台,培育爱玛科技、玖龙纸业等 200 个上云上平台应用示范项目。多年来,滨海新区与华为云共同推动中小企业数字化转型合作,依托华为技术和平台能力,以及众多智能科技公司形成数字生态伙伴,为民营企业提供明确的数字化转型路径,共同推动民营企业设备制造数字化、工厂软件云化,形成软件研发和行业应用之间良性互动的双赢局面。截至 2024 年 5 月末,华为云直接为超过 700 家中小企业提供"上云上平台"和数字化转型服务。

民营企业绿色低碳发展水平逐渐上升。天津以"双碳"目标为牵引,积极推进绿色低碳转型升级,实现生产过程的清洁化和资源的循环利用。一方面推进碳达峰碳中和,常态化开展对重点碳排放企业进行年度碳核查,推动民营企业全部完成碳配额清缴,并推动钢铁、化工等行业的重点企业完成全国碳市场系统在线报告与核查。另一方面,聚焦交通、石化化工等领域的企业研发、设备升级改造、生产销售等重点环节,推广绿色技术,相关标准给予一次性的专项财政补贴奖励,激励民营企业绿色化发展。截至 2024 年 5 月末,40 家企业入选国家绿色工厂,7 家企业入选国家绿色供应链管理企业名单。

（三）民营企业在产业链供应链建设中贡献更大作为

近年来，天津以产业链为关键抓手，构建起"1＋3＋4"现代化产业体系。其中，民营企业作为成龙配套、成链成群的产业生态的重要一环，发挥支撑作用。

在信创产业、生物医药、低碳经济等领域，民营企业成为延链、强链、补链的关键力量。在民营龙头企业带领下，以产业链为依托形成创新联合体，形成产业链上下游紧密合作，融通发展的产业发展业态。天津聚集信创产业生态企业超过 1000 家，打造了"中央处理器—操作系统—数据库—服务器—整机终端—超级计算—信息安全服务"的信创全产业链条。在信创产业链条的重要环节具有龙头企业作为支撑，包括在中央处理器中具有影响力的飞腾、海光 2 家民营企业，在四大传统国产数据库中，拥有南大通用和神舟通用 2 家民营企业。在众多优质民营企业的支撑下，"中国信创谷"建设效果显著。截至 2024 年 8 月末，软件产业收入达到 2218 亿元，同比增长 14.2%。在生物医药领域，瑞普生物、正天医疗、纳通防护、华鸿科技、华大基因等一批生物制造民营企业落户于天津港保税区生物制造谷园区，优质民营创新企业与新型研发机构、科研院所、科创园区共同构建了多层次创新载体。2024 年，凯莱英等民营企业与科技、卫生健康等职能部门、研发平台和肿瘤医院等医疗机构以及其他国有企业共同组建天津市生物医药产业联盟，该产业联盟成功入选首批全国工商联民营企业科技创新基地。在低空经济领域，航大天元、爱思达航天科技等众多航空航天领军民营企业共同为天津低空经济提供支撑，并在 2024 年 7 月成立低空经济产业联盟，形成了政府引导、企业为主、市场化运作的低碳产业合作交流平台。

2024 年 10 月，天津市首批 17 个产业链创新联合体揭牌成立。在战略性新兴产业、未来产业以及产业安全等制造业领域，联合体共汇聚 9 家链主企业和 62 家链上重点企业，近 50 家国家级创新平台、70 家市级创新平台，形成以企业牵头、大学科研院所支撑、终端用户共同参与的协同创新模式。其中，瑞普生物、金桥焊材、天地伟业等民营企业作为产业链链主，在推动技术创新和产业升级发挥重要作用,并有力支撑了产业链的高质量发展。

三　现阶段天津民营经济发展的主要瓶颈

（一）龙头民营企业数量有待提升

天津龙头民营企业数量仍然偏少,且与其他一线城市存在一定差距。根据中国企业联合会和中国企业家协会联合发布的《2024 中国企业 500 强》,天津仅有 4 家民营企业入选。根据中华全国工商业联合会发布的《2024 中国民营企业 500 强》,天津市仅有 8 家民营企业入榜,仅有 1 家企业进入该榜单前100 强。天津市拥有的民营企业数量在各省市中仅排名 16,远远低于北京市（23 家）和上海市（20 家）,且落后于重庆市（9 家）。从行业分布来看,中华全国工商业联合会发布的《2024 中国民营企业 500 强》,天津仅有 11 家民营企业入榜,且没有企业排名进入 50 强。《2024 中国服务业民营企业 100 强榜单》,仅有 1 家民营企业入榜。

（二）民营企业生产经营仍然承受压力

课题组连续多季度对我市民营企业进行抽样调查,结果发现,2024 年第三季度,超过三成的受访企业综合成本环比上升,且原材料成本和人工成本是企业综合成本上升的主要来源。超过三成的企业原材料成本（31.87%）和人工成本（32.21%）较上季度环比提高,28.06% 的企业污染治理成本较上季度环比提高。房租成本（75.33%）、融资成本（74.32%）和能源成本（70.23%）较上季度持平的企业占比超过七成,税费成本（7.95%）以及物流成本（7.40%）较上季度下降的企业占比相对较高。

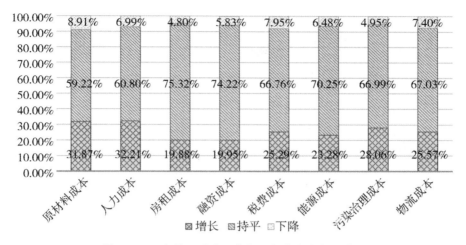

图1　2024年第三季度民营企业各类成本变化情况

（三）制造业民营企业竞争能力仍需提高

　　天津市工商联和市发展改革委共同主办的第十三届天津市民营经济健康发展工程发布会公布了2024年天津市民营企业百强企业榜单。榜单显示,营业收入百强中,制造业和服务业民营企业数量分别为32家和68家。依法纳税百强中,制造业和服务业民营企业数量分别为12家和88家,其中制造企业的纳税额占比仅为4.7%。相较于天津服务业民营企业,制造业民营企业的实力及社会贡献有待增强。战略性新兴产业百强由65家工业企业和35家服务业企业构成,虽然工业战新上榜民营企业共65家,但战新总产值占全市规上工业战新企业总产值占比仅为20.8%。反映出民营制造企业发展在转型升级方面仍有较大上升空间。此外,我国正处于产业转型升级和新旧动能转换的关键期,制造业民营企业只有不断提升核心竞争力,才能在高质量发展道路上行稳致远。

四 进一步推动天津民营经济发展壮大的对策建议

(一)持续培育壮大龙头企业

1. 培育优质企业做优做强

第一,促进龙头企业与行业优质企业加强协作。鼓励龙头企业与优质企业组建产业联盟,整合要素资源做大做强。以产业链为抓手,鼓励龙头企业通过服务外包、提供应用场景等方式与产业链以优质企业加强交流,进而促进民营优质企业提升产品质量,扩大企业规模。第二,持续提升产业园区的承载能力和吸引力。立足产业园区定位,全力招引经济效益高、品牌知名度高和发展潜力大的行业领军企业和龙头企业。利用龙头企业带动产业园区集聚成势,定期组织园区企业交流会,促进资源、信息和技术共享,从而为培育更多优质企业奠定基础。第三,引导民营企业深度融入京津冀协同发展。积极推动民营企业积极融入京津冀"六链五群"建设,不断积累技术资源与市场资源,提升配套能力,逐渐成为深耕某一细分领域的优质企业。

2. 持续提升政务服务效能

第一,包联帮扶龙头企业和重点配套企业。实时监测、定期分析入库梯度培育企业的重点经营指标。建立"企业管家"服务管理机制,增强企业投资信心。强化专班服务和"一对一"指导帮扶,力争做到"无事不扰、有事服务"。第二,持续提升服务质效。不断优化从企业开办、项目审批到竣工验收的企业全生命周期服务质量。定期组织开展政企座谈交流和实地调研,梳理并更新重点民营企业帮扶需求清单,积极协调解决企业跨部门、跨层级的重点诉求,及时总结服务过程新经验。第三,强化政务服务数据赋能。优化政务服务平台功能。实现线上线下标准统一、融合互通。提高政务服务数据汇聚治理和分析挖掘能力。通过数字技术赋能,增强政务服务的前瞻性、预见性与敏捷性,从而为优质企业提供更为精准的服务。

（二）加大民营经济要素支持

1. 缓解资金压力

第一，丰富民营企业融资方式。适度降低民营企业债券融资市场门槛，加快公司信用类债券产品创新。培养民营企业利用资本市场融资能力，支持有条件的民营企业通过新三板挂牌、IPO上市等方式进行股权融资。此外，支持海河产业基金、天使投资引导基金及其子基金为优质民营提供资金支持。第二，降低民营企业融资成本。搭建民营企业、金融机构的对接平台，持续开展银企交流活动，定期协调金融机构向民营企业宣传金融政策、提供金融政策咨询和金融辅导等服务。大力推动担保业务创新，积极探索政府融资再担保机制，降低民营企业融资门槛。第三，加强融资信用服务平台建设。引导民营企业将销售数据、采购数据、财务数据等关键信息与金融机构共享，降低银企信息不对称。金融机构应用大数据、人工智能等数字技术刻画民营企业的精准画像，分析民营企业科技融资需求、融资条件和风险特征，获得更精准的风险预警和决策支持，降低为民营企业贷款的业务处理成本和风险成本，进而提高金融机构对民营企业融资的支持力度。

2. 强化人力资源支撑

第一，深化教育与产业深度融合。积极发挥天津科教资源优势，根据企业和行业的发展需求开展教学改革，邀请企业深度参与学科专业规划方向设置、开发课程，调整人才培养方案，使得教育能够更加贴近产业需求。特别是围绕生物医药、海洋工程装备、高端装备制造、新能源等重点产业链条，培养满足市场需求的复合型人才。第二，健全终身职业技能培训体系。建设公共实训基地，丰富线上职业技能培训平台的培训内容，提供优质的线上培训资源和课程，推动培训资源共建共享。根据时代发展新要求，不断丰富培训课程，如数字工具使用能力、人际沟通交流能力等。第三，提升教育培训质效，促进培训与就业的良性互动。根据劳动者群体特点，量身定制培训内容，加大培训服务力度。大力推行"订单式"培训模式，针对性地开设订单培训班，培养企业急需的高技能人才。

3. 多措并举降低企业要素成本

第一,加强民营企业用地资源供应。提升土地节约集约利用水平。建设多层框架标准化厂房,通过租赁、分割转让等方式,鼓励开发利用地下空间,加强土地立体化利用。丰富民营企业土地使用权的抵押模式,并且增加长期租赁、先租后让、弹性年期出让等模式,适应不同用途和需求的民营企业,降低民营企业的用地成本。第二,降低物流成本。完善物流基础设施建设,大力发展多式联运,支持引导多式联运"一单制""一箱制"发展。加强智慧物流建设,推动人工智能应用场景在物流行业中深化拓展,提升物流质效。第三,缓解企业税费、原材料等成本压力。持续优化税费服务,助力优惠政策落实落细,推动税费优惠应享尽享。加强能源资源保障,围绕节能降碳、安全生产,加大重点行业节能设备更新力度,缓解原材料、能源成本压力。

(三)加快推动民营企业转型升级

1. 推动民营企业数字化转型

第一,激发民营企业数字化转型需求。加强数字化转型政策指导宣传,提供免费数字化学习课程,开展数字化战略或者数字化转型规划培训课程,让更多民营企业明确数字化转型的意义,明晰数字化转型的基本方式,进而增强数字化转型的主动性。第二,支持开发"小快轻准"产品和解决方案。聚焦各领域数字化转型的共性问题,特别是针对聚集程度高、产值规模高的行业,支持数据服务商尽早开发行业共性数字化改造方案。向数字化服务商征集基于生产制造环节、开发生产过程全周期、管理决策等不同场景的云服务应用和轻量化数字化产品,降低民营企业数字化门槛。第三,加快建设数字化转型的公共服务体系。强化数字化转型产品和服务供需的对接,将各类数字化改造需求依据使用场景进行梳理分类,建立需求名单,引导服务商根据名单设计、开发方案。同时积极向民营企业推介已推出的"小快轻准"数字产品和解决方案,供企业自愿选择。

2. 提升民营企业科技创新能力

第一,建设多元智库创新网络。建立民营企业与高校、科研院所常态化沟通交流平台,定期组织产业链龙头企业与中小企业的企业家间进行科技创新的分享交流会议,建立互信互利的信息对接渠道,为民营企业了解科学前沿技术和市场需求提供渠道,增强民营的科技创新战略规划能力。第二,积极鼓励有条件的民营企业深层次地参与国家、省部级重大科技项目。为促使民营企业成为产业技术自立自强的重要一环,支持民营企业面向国家需求,与国家级实验室合作,开展重大关键共性技术攻关和产品研发。第三,积极探索科技成果转化新模式。加强天开高教科创园等科技成果转化平台建设,推动各类科技成果转化项目库向民营企业开放,减少校企间信息不对称,不断探索将科研院校等科技创新成果专利许可权有条件地授权企业使用的路径和模式。

参考文献:

［1］ 王钰莹、原长弘、张树满:《从合作迈向融合:民营企业产学研联盟组合多样性》,《科学学研究》2021 年第 7 期。

［2］ 文余源、刘洋:《数字化赋能民营企业高质量发展研究》,《金融理论探索》2024 年第 5 期。

［3］ 周文、张奕涵:《民营经济与新发展格局:发展动力与促进机制》,《天津社会科学》2024 年第 6 期。